世界の転換期《ターニング・ポイント》を知る11章

世界の転換期を知る11章編集部［編］

山川出版社

監修―木村靖二　岸本美緒　小松久男

はじめに

本書は、二〇一八年から二〇二三年にかけて山川出版社から刊行された「歴史の転換期」シリーズ全一一巻の内容を簡明な一冊本の形でご紹介し、面白そうだと思われた巻を手にとっていただくための入り口として編集したものです。グローバルヒストリーなど世界史を広い視野から多面的に考えようとする動きが活発な今日、最新の学問的な知見を踏まえ、さまざまな時期の「世界」を新しい切り口で提示してみたい――本シリーズはこのような考えに基づいて企画されました。世界の歴史の大きな転換期となった年代を取り上げ、その年代に各地域の人々がどのように生活し、社会の動きをどのように感じていたのか、世界史の共時性に重点をおきながら考えてみることがこのシリーズの趣旨です。グローバルな視点から世界史像を描く試みは、今日ではすでに珍しいものではありません。ではそのなかで、本シリーズの狙いと特徴はどこにあるのか。ここでは、それをいくつかの面から述べてみたいと思います。

第一に、「転換期」ということの意味についてです。今日の時点から振り返ってみれば、それぞれの時期の「転換」の方向性は明確であるようにみえます。地域により、早い遅いの差はあれ、また独特の特徴はあれ、歴史はある一定の方向に向かって発展してきたのではないか……。しかしこのような見方は、のちの時代から歴史を振り返る人々の陥りやすい、認識上の罠であるともいえます。今日の私たちからみると、歴史の軌道は自然に「それしかなかった」ようにみえてしまうのです。それでは、「今日から当時の社会を振り返る」のでなく、「当時の社会から未来をみようとする」立場に立ってみたらどうでしょうか。当時の世界各地に生きる人々の生活に即してみれば、彼ら彼女らは「世の中が大きく変わっている」ことを体感しつつも、彼ら彼女らを押し流すこの潮流がどこに行くのか予測できないまま、不安と希望のなかで日々の選択をおこなっていたといえるでしょう。そのような諸地域の人々の具体的経験をかさね合わせることで、歴史上の諸「転換期」は私たちに、今日の視点から整序された歴史の流れに比べてより複雑な、そしていきいきとした歴史の姿を開示してくれるのではないでしょうか。

第二に世界史的な「共時性」についてです。本シリーズの各巻は、それぞれ特定の一年を西暦表示でタイトルに掲げています。これについては、当然疑問がわくことと思います。グローバル化が進んだ十九世紀・二十世紀ならともかく、古代・中世についてそうした世界史的「共時性」(シンクロニシティ)を想定することは意味がないのではないか、と。もちろん、本シリーズの編者、執筆者もそうした厳密な共時性を強引に主張しようとしているのではなく、各巻の諸章の対象を、その年のみについて論じているわけではありません。また、世界史上の「交流」や「衝突」など、地域を超えた動きやそれを担った人々を特別に取り上げてそれだけを強調しようとしているのでもありません。少なくとも十八世紀以前において、絶対多数の人々は、自らの生きる地域や国の外で何が起こっているのかをほとんど知らなかったでしょうし、本シリーズの多くの章においては、そのような普通の人々が主人公になるでしょう。それにもかかわらず、特定の年に焦点をあてて世界各地の状況を眺めてみることによって、当時の人々が直面していた問題とそれへの対応の多様性と共通性を、ばらばらでなく、広い視野から分析する可能性が開けるのではないでしょうか。広域的な気候変動や疫病のような同時代的現象のほかにも、情報や技術の伝播、商品の流れのように、時間差をもちながら世界各地に影響を与えてゆく事象もあるでしょう。また、類似の状況に直面しながら、それぞれの地域で異なる対応がみられる場合や、あるいはほとんど

考察1　人々の選択した道　*human choice*

歴史の道は、1本ではなかったはずです。「世の中が大きく変わる」潮流のなかで、当時の皇帝や王や官僚や武将や商人や農民が、日々選択してきた結果が歴史の道として残るのです。自然に敷かれるものでもなく、先を予測できるものでもないのです。

考察2　世界史的共時性　*synchronicity*

気候変動や疫病のように、同じ時期に「同じ」問題に直面するものもあれば、情報・技術・商品の伝播のように、時間差をもちながら世界各地に影響を与えてゆくものもあります。転換とともに、その時差がもたらす歴史も考察してみましょう。

考察3　地域から世界史をみる　*regional perspectives*

地域に根ざしたヴィヴィッドな実例を通して「生きた」歴史がみえてきます。そして、それぞれの地域を源として広がる水紋の重なり合い、ぶつかり合いから生まれる大きな潮流を俯瞰してみましょう。

影響を受けない場合もあるでしょう。そのような対応の違いがみられた際に、それはなぜなのかを考えてみることは、それぞれの社会の特質に対する理解を深めることにも繋がるでしょう。遠く離れた地域で生まれ、相互に何らの情報ももたなかった人々を「同時代人」と呼ぶことは普通はないでしょうが、それでも彼ら彼女らがコン・テンポラリーすなわち同じ時を共有していた、ということの面白さを味わってみたいと思います。

第三に「世界史」とは何か、という問題です。今日、グローバルヒストリーという標語を掲げる著作はたくさんありますが、「一国史」の枠組みを超えるという点でほぼ共通するとはいっても、その方法はさまざまです。本シリーズは「世界史的」視野をめざしつつも、必ずしもグローバルヒストリーという語は用いず、それぞれの執筆者に任意の方法で執筆していただき、また対象についても自由に選んでいただく方針をとりました。世界史といっても、ある年代の世界をいくつかの部分に分割してそれぞれの部分の概説を書いていただくというかたちではなく、むしろ範囲は狭くても可能な限りいきいきとした実例を扱っていただくようにお願いしました。したがって、それぞれの巻は、その年代の

「世界」を網羅的に扱うものには必ずしもなっていません。しかし、各巻の諸章の対象を一国あるいは一地域の枠のなかに押し込めず、世界に向けて開かれた脈絡のなかで扱っていただくことも、執筆者の方々に同時にお願いしたところです。「世界」をモザイクのように塗り分けるのではなく、いわば具体的事例を中心として広がる水紋のかさなり合い、ぶつかり合いとして描き出そうとしたことが、本シリーズの特徴だと考えています。

以上、三点にわたって本シリーズの主眼を簡略に述べました。歴史の巨視的な動きも、大政治家、学者から庶民にいたる諸階層の人々の模索と選択のなかで形成されていきます。本シリーズの視点はグローバルであることをめざしましたが、それは個々の人々の経験を超越した高みから世界史全体を鳥瞰するということではなく、今日の私たちと同様に未来の予測しがたさに直面しながら選択をおこなっていた各時代の人々の思考や行動のあり方を、広い同時代的視野から比較検討してみたい、そしてそのような視点から世界史的な「転換期」を再考してみたい、という関心に基づいています。このような試みを通じて、歴史におけるマクロとミクロの視点の交差、および横の広がり、縦の広がりの面白さを紹介することが本シリーズの目的です。本書が、このような本シリーズに通ずる入り口となることを願っています。

岸本　美緒

凡例

●本書は木村靖二・岸本美緒・小松久男監修「歴史の転換期」シリーズ全11巻（二〇一八〜二三刊行）の各巻の序章をもとに作成している。

●用語・固有名詞の表記については、シリーズの各章に従った。

目次

第1章

紀元前二二〇年　帝国と世界史の誕生

南川　高志

まず取り上げる世界の転換期は、古代ローマや秦・漢によって、支配する側とされる側の秩序が形成された時代です。どのように帝国の秩序がつくられ、浸透していったのかをみてみましょう。

紀元前二二〇年

日本が弥生時代の紀元前三世紀、地球の裏側、地中海を囲む地域では、アレクサンドロス大王の後継者たちが統治していたヘレニズム諸王国（一三頁参照）のあいだやバルカン半島内のギリシア人の諸勢力のあいだで、争いが激しくなりました。地中海の西部でも、イタリア半島中部のローマが勢力を拡大して半島を統一し、さらに西地中海地域に強い力をもっていた北アフリカの都市国家カルタゴ*と対立して、戦争（第一次ポエニ戦争*）を引き起こしました。これらの争いは、同じギリシア人同士の地域紛争として、あるいは国家の権益をめぐる争いとして始まり、戦争にまでいたったものでしたが、初めのうちはそれぞれの地域のできごとでした。ところが、これらの諸地域は、やがてすべてローマの支配下におかれてしまうことになります。この過程を歴史書に

カルタゴ　フェニキア人が北アフリカに建設した海港都市国家。

ポエニ戦争（前二六四〜前一四六）イタリア半島を統一したローマが、西地中海の覇権を握るカルタゴに挑んだ三回にわたる戦争。ポエニとはラテン語でフェニキア人の意。

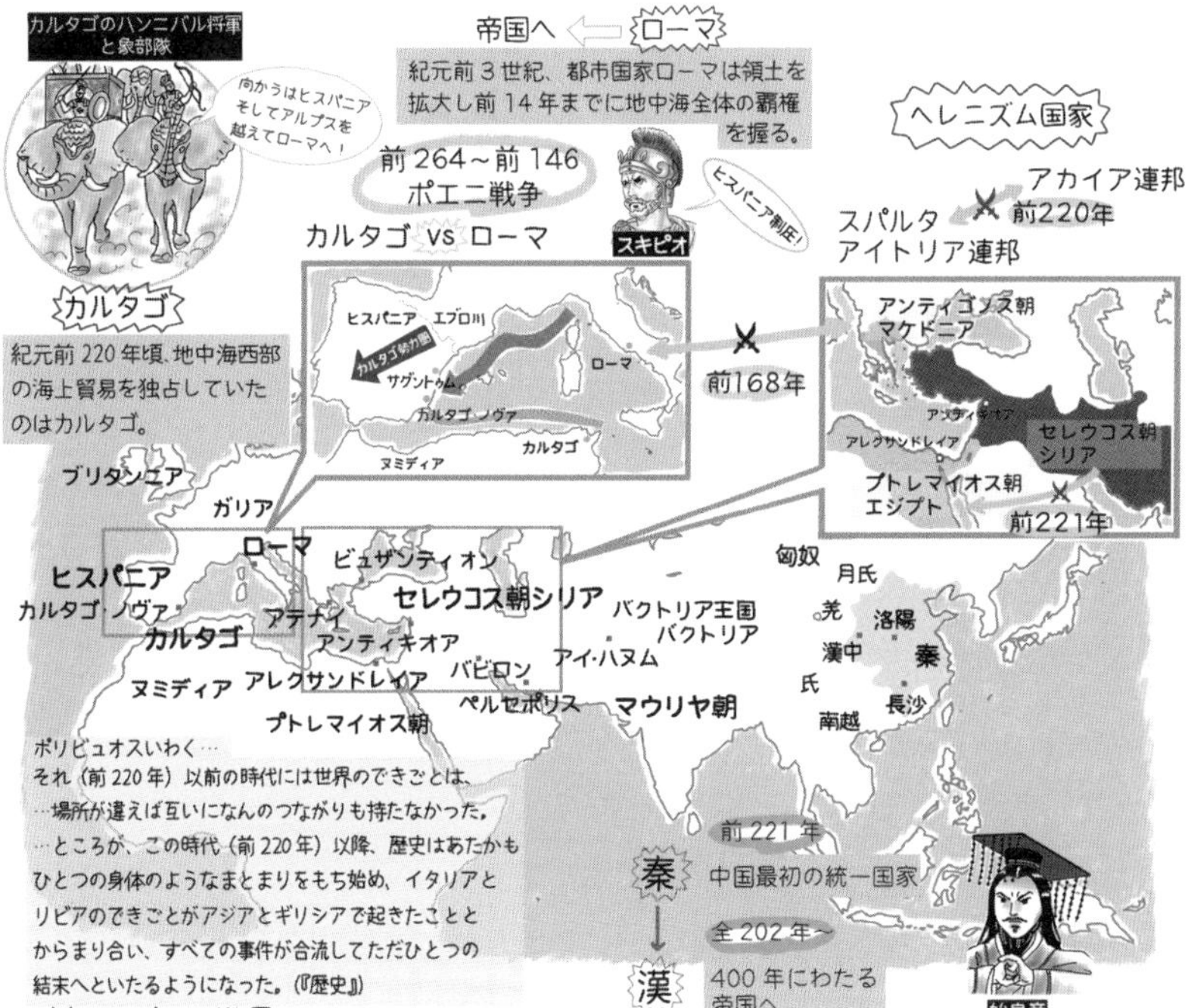

前220年の世界

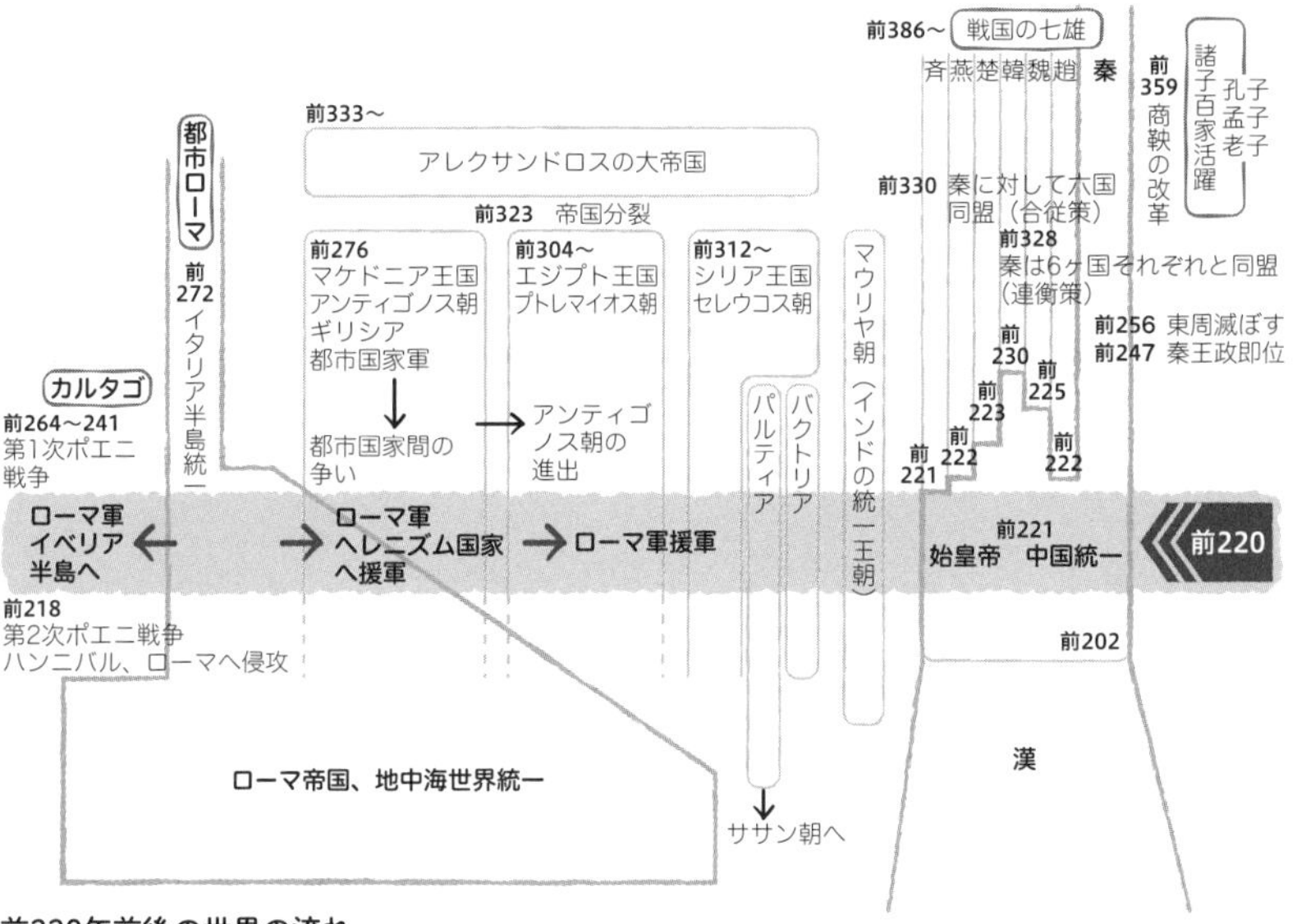

前220年前後の世界の流れ

綴った人物がいました。前二〇〇年頃に生まれたポリュビオス*というギリシア人です。

ポリュビオスは、その歴史書の記述を明確な理由をもって前二二〇年から始めています。この年、ヘレニズム諸王国の一つであるマケドニア王国と、ギリシア人の都市国家の同盟であるアカイア連邦の連合が、ギリシア人の有力都市国家スパルタといま一つの都市国家の同盟であるアイトリア連邦の連合との戦いを始めました。その翌年になると、セレウコス朝シリア王国の王アンティオコス三世*がプトレマイオス朝エジプトが支配するシリア南部に攻め込みました。さらに、前二一八年になって、ローマとカルタゴのあいだに再度戦争が始まりました。第二次ポエニ戦争、俗にいうハンニバル*戦争です。ポリュビオスは、これらの争いが、やがてまとまりをもって、一つの結末、すなわちローマの勝利へといたったというのです。

ポリュビオスの運命

このようなローマの覇権確立にいたる過程を描いたポリュビオスは、じつはローマの発展の犠牲者でした。ギリシアのペロポネソス半島の都市国家の一つ、メガロポリスに生まれた彼は、有力政治家の息子でした。メガロポリスはポリュビオスが生まれた当時、先にふれた、地域の都市国家が結びついたアカイア連邦の中心的存在になっており、彼の父親はその有力者でした。アカイア連邦は、ペロポネソス半島の有力都市国家であるスパルタと対立して、北からギリシアに影響をおよぼしているマケドニ

ポリュビオス（前二〇〇頃～前一二〇頃） ギリシア人の歴史家。ローマのスキピオ家に厚遇され、第三回ポエニ戦争に参加し、カルタゴの滅亡を現地で目撃した。著書『歴史』では、ローマの世界支配の実現の過程を描いている。

アンティオコス三世（在位二二三～前一八七） セレウコス朝シリアの王。東方に勢力を拡大するが、前一九〇年、ローマに敗れ、地中海地方の勢力は失った。

ハンニバル（前二四七～前一八三） カルタゴの将軍。第二回ポエニ戦争で象を率いて冬のアルプスを越え、前二一六年、カンナエの戦いでローマ軍に大打撃を与える。

ポエニ戦争とローマの領土拡大

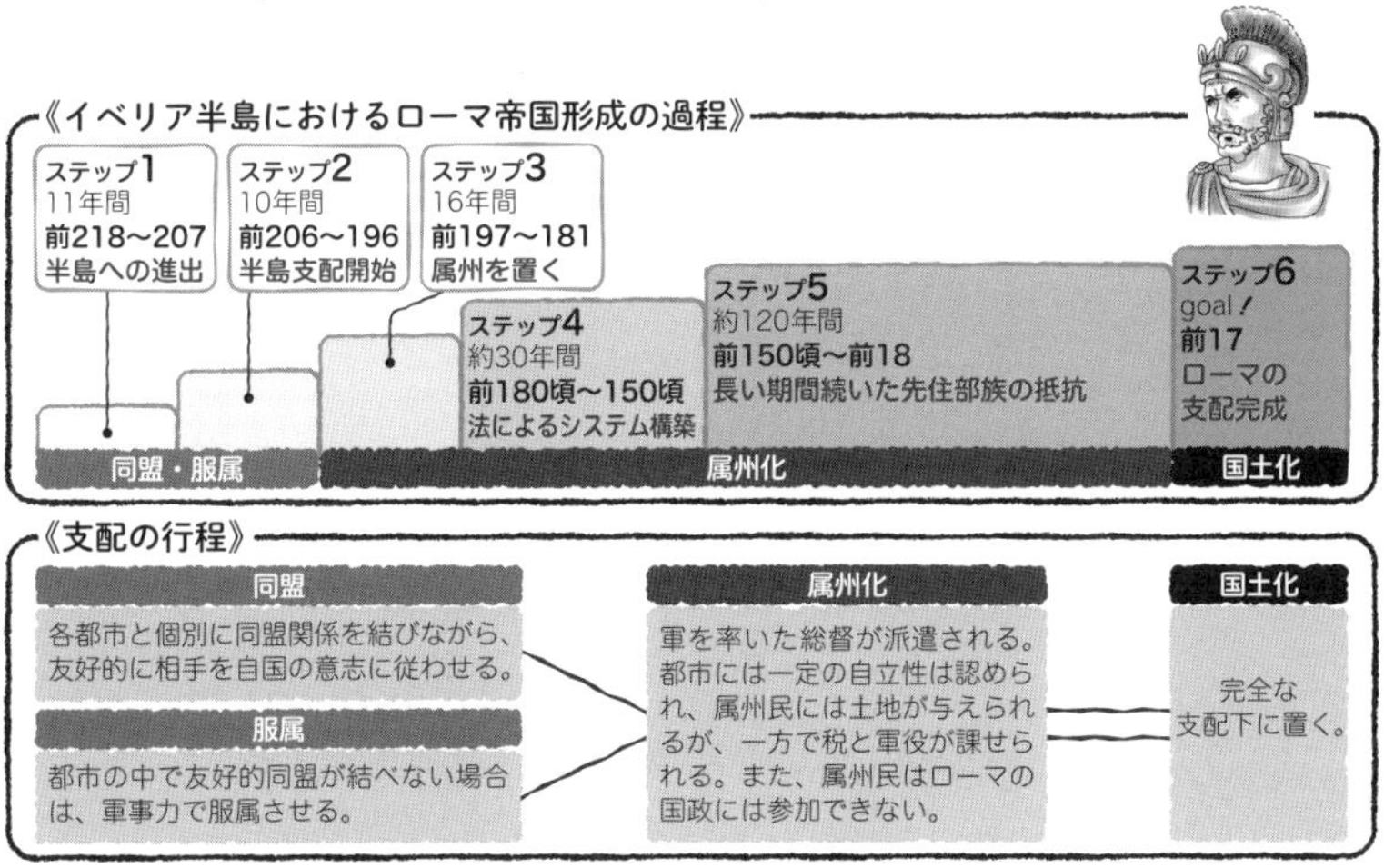

ローマ帝国の支配システム構築方法

1　きちっとした土地台帳と徴税システムをつくる
2　そのシステムは在地有力者に運営させる
3　支配以前からの都市をそのまま利用する
4　道路や河川のインフラを整備し、経済も発展させる
5　ローマ風生活様式をはやらせる

ア王国に接近していましたが、そのマケドニア王国が西からやってきたローマと戦争する事態になったのです。

ポリュビオスは、アカイア連邦の政治指導者として活動し始めましたが、前一六八年にマケドニア王国がローマとの戦いに敗れると、アカイア連邦は戦争でローマ支持を明確にしなかった責任を問われ、千人もの人質を出すように迫られました。ポリュビオスは、この人質の一人として、ローマ市に行くことになったのです。

ところが、彼はローマ市において、当時の指導的政治家たるスキピオ家に厚遇され、この家の子弟の教育に携わることになりました。そして、とくに小スキピオ*の名で知られるこの家の主人の信頼を得て、彼に同伴し、イベリア半島や北アフリカを訪ね、小スキピオが指揮したローマ軍がカルタゴを滅ぼした第三次ポエニ戦争を現地で体験しています。一七年間におよんだローマ市滞在で、彼は政界の指導的人物とも交流することになり、覇権国ローマを内側から観察することができました。前一五〇年に人質の立場から解放され、故郷に戻るも、その後もローマを助ける役割を果たしました。ポリュビオスは、こうした経験を踏まえて、四〇巻にもおよぶ長大な歴史書を著したのです。

ローマ帝国の形成

ポリュビオスがその歴史書の出発点とした前二二〇年、ローマと北アフリカの都市

スキピオ（小、前一八五〜前一二九） ザマの戦い（前二〇二年）でハンニバルに大勝した大スキピオの長子の養子。ローマのイベリア半島支配を確立した。

フィリッポス五世（在位前二二一〜前一七九） アンティゴノス朝マケドニアの王。セレウコス朝のアンティオコス三世と同盟を組み、エジプトのプトレマイオス朝に侵出。これに対し、プトレマイオス朝がローマに派兵を要求した。

ヘレニズム 広い意味では、キリスト教的伝統を意味するヘブライズムに対して、ヘレニズムはギリシアの精神を意味し、この二つがヨーロッパ文明の基調を成す。狭い意味では前三三四年のアレクサンドロスの東方遠征からプトレマイオス朝滅亡までの三〇〇年間に、ギリシア的要素とオリエント的要素が融合した文化・社会を指す。

国家カルタゴとの関係はひどく緊張していました。そして、第一次ポエニ戦争の雪辱をはたさんとするカルタゴの将軍ハンニバルが動き出し、前二一八年に戦争となりました。アルプスを越えてイタリアになだれ込んだ彼は、トラシメネス湖畔の戦いやカンナエの戦いでローマ軍を破り、ローマを危機に陥れました。しかし、諸都市をローマから離反させることに失敗し、やがて補給を絶たれてイタリア支配を維持できなくなってしまいました。そして、ローマがカルタゴ本国を攻撃したために救援に戻り、前二〇二年のザマの戦いで敗れたのです。ローマは、こうして難敵ハンニバルを打ち破ってカルタゴに勝利し、地中海西部における覇権を握ったのです。

　この第二次ポエニ戦争の終了後、地中海東部に介入し始めたローマは、前二〇〇年からマケドニア王国の王*フィリッポス五世との戦いを始め、前一九七年これに勝利しました。さらに、前一九二年からはセレウコス朝シリア王国のアンティオコス三世と戦い、前一八八年にこの戦いにも勝利をあげました。こうして、*ヘレニズム諸王国との戦い

アレクサンドロスの大遠征と諸国の分化

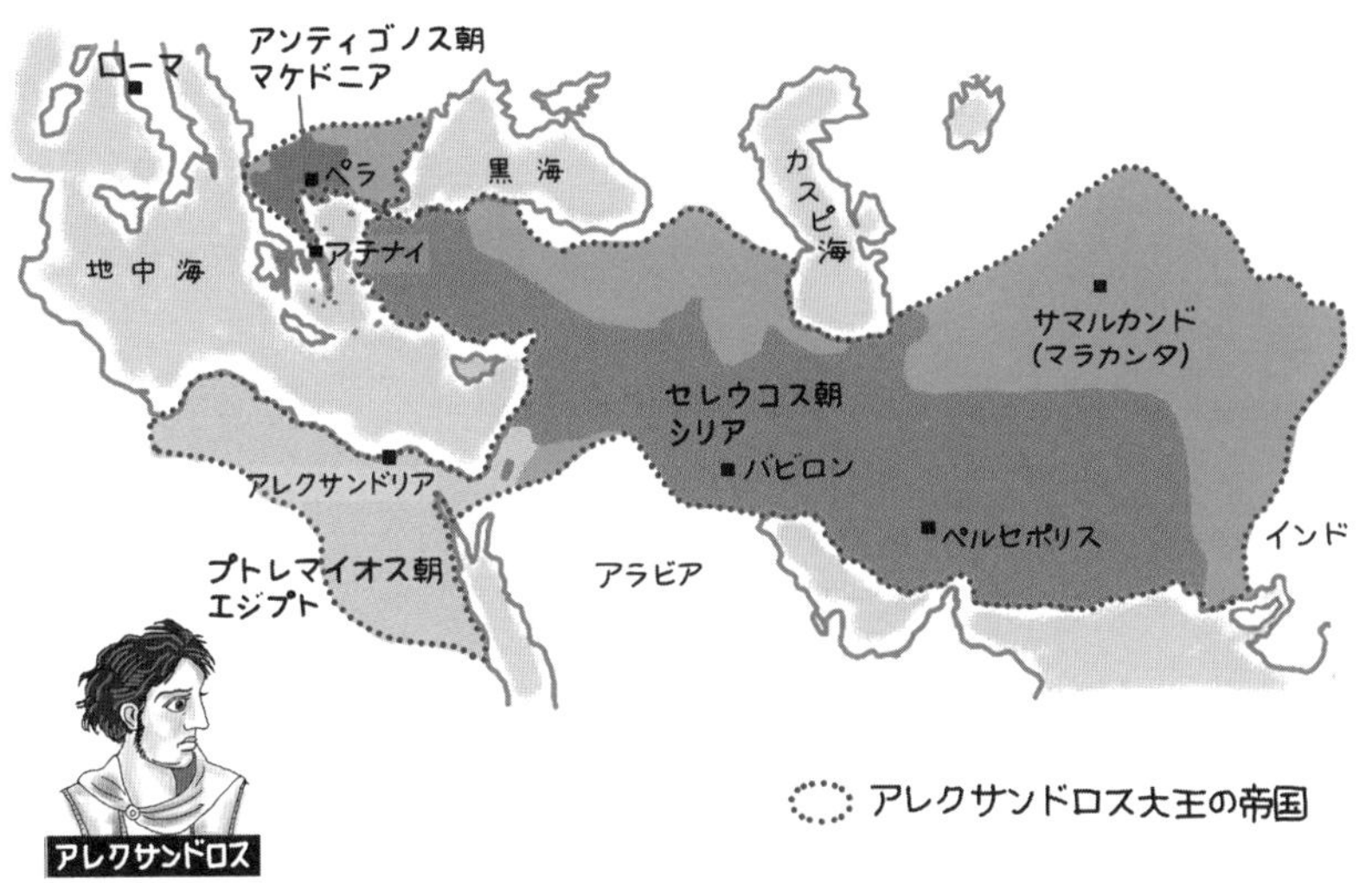

に勝ったローマは、しだいに露骨な征服政策を進めるようになり、マケドニア王を第三次マケドニア戦争（前一七二〜前一六八年）で破るとマケドニア王国を滅ぼして、複数の共和国に分割してしまいました。また、ローマに味方しなかったギリシアの諸勢力に圧力をかけました。ポリュビオスが人質とされたのはこの時です。ギリシア北西部のエペイロス（エピルス）では、町が破壊され、住民が奴隷として売られました。

前一四九年、ローマはマケドニアを完全な直轄支配地、すなわち属州としました。前一四六年には、挙兵したアカイア連邦を打ち破り、連邦の中心であったギリシアの有力都市、コリントス（コリント）を徹底的に破壊してしまい、ギリシア本土も属州アカイアとしました。同じ時期、ローマはカルタゴにいいがかりをつけて戦いを余儀なくさせてこれを攻め、前一四六年、ついに都市カルタゴを破壊しました。そして、カルタゴの旧支配領である北アフリカの地域を属州としたのです。カルタゴが二度と力をもつことのないように、破壊は農地には塩水がまかれるほどの徹底ぶりでした。

ローマはこうして、前一四六年までに地中海の西部と東部、両方で覇権を握り、広大な領域に支配者として君臨することになったのです。ポリュビオスは、ローマが「全世界」を征服し支配下においたこの経過を、自ら体験し、記述しました。その作品は、彼自身が目撃した前一四六年の第三次ポエニ戦争におけるカルタゴの滅亡や同じ年に生じたギリシアの併合までを扱っています。ポリュビオスが描いたこの期間に、ローマは強大な軍事力をもって、当時「人の住みうる世界（オイクメネー）」と考えられた地中海周辺のおもな地域を支配下に入れたのです。これらの地域では、人々はローマの了解を得ずに自らの意志で行動することはできなくなってしまいました。ローマ皇帝が出現するはるか前、共和政の時代に、ローマ国家は「帝国」となったのです。

もう一つの紀元前二二〇年

このポリュビオスが歴史記述の起点とした年とほぼ同じ頃、ユーラシア大陸の東部では、秦が数ある領土国家の征服を進めて、ついに前二二一年、中国最初の統一国家を打ち立てました。前四世紀の*商鞅《しょうおう》の法治政策で発展の基礎を築いた秦は、数ある*戦国時代の国々をつぎつぎ滅ぼしたのです。勝者である秦王政《せい》は、皇帝号や皇帝専用語を定め、直接統治の基軸である郡県制や貨幣・*度量衡・文字の統一などを実行に移しました。東アジア最初の「帝国」が産声をあげたのです。

しかし、急激な改革は秦を短命に終わらせることとなりました。そのあとを受けた漢（前二〇二〜後二二〇）は、当初は郡県制と旧来の封建制との折衷である郡国制をとって、諸侯に直接支配地を委ねました。しかし、やがて諸侯が連合して反抗し、漢王室は危機状態に陥ったのです。これに対して、前一四一年に即位した武帝が諸侯を制圧し、直接支配を実現します。対外積極策にも転じ、最盛期を現出しました。漢は成立後、後漢時代も含めれば、四〇〇年にわたる長期の王朝となります。

商鞅（?〜前三三八）　商鞅の変法を推進して秦を強国化したが、厳格な法の執行で恨みをかい、自身の定めた法によって処刑された。

戦国時代　前四〇三年、周王に韓・魏・趙が諸侯と認められてから前三世紀後半の秦の統一までの、分裂と抗争の時代を指す。周王の権威は失われ、この時代に、生産力の向上や開拓などにより中国文化圏は拡大し、中国文明の基礎が築かれた。

度量衡の統一　鉄・石・銅などでつくられた標準器をつくり、各地に配ってこれを基準とし、度（長さ）・量（容積）・衡（重さ）を統一した。

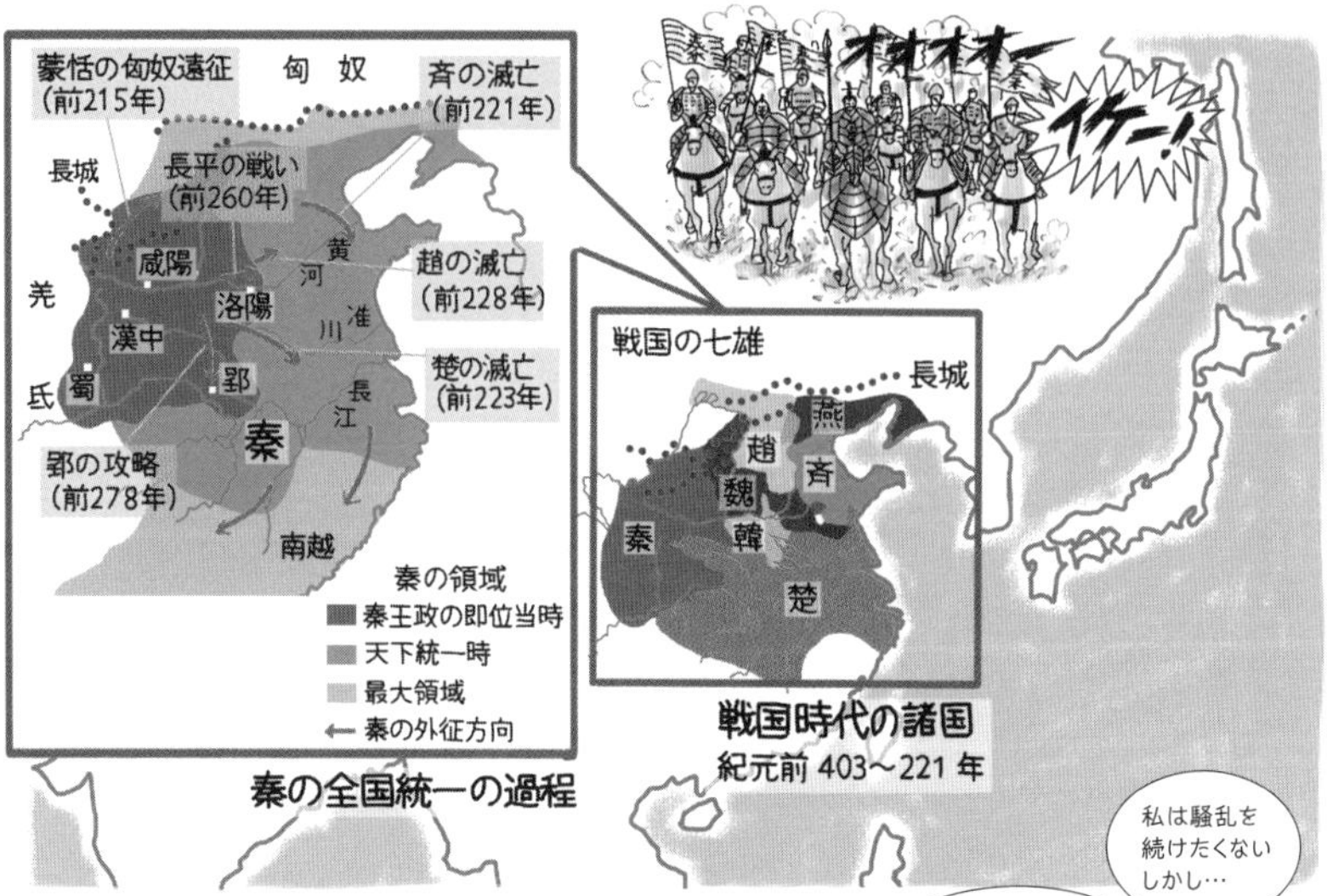

古代中国の支配システムの変遷

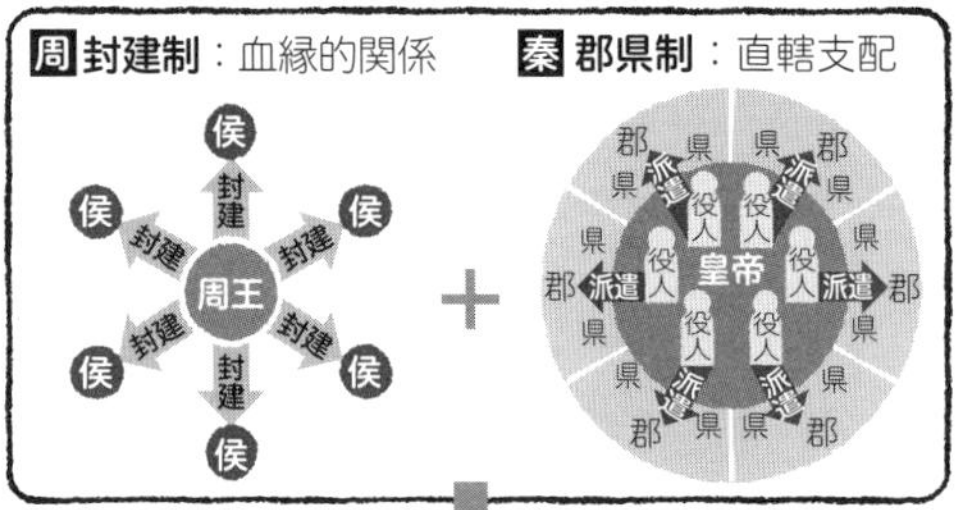

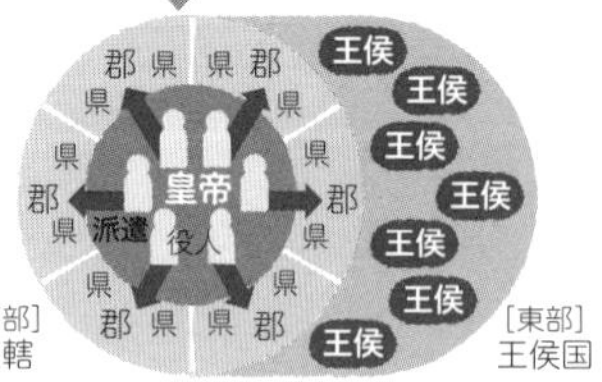

漢 郡国制

封建制と郡県制の併用。皇帝権力が強化されるにつれ、郡県制に移行した。

「覇者体制」のなかで最強の君主となった秦王政（位247～前221）は、相手国が臣従や和親を誓えば、その君主の権限を奪取しようと思ってはいなかった。盟約を破る「裏切り」に対する憤怒の情が積み重なり、武力による諸国征服へ、大きく舵を切った。

こうして、前三世紀の後半、前二二〇年、前二二一年という非常に近接した時期に、洋の東西において、人類史上に意義深いできごとが生じたのです。西でも東でも「帝国」の形成が始まりました。ローマはその後、一〇〇年もかからぬうちに地中海周辺地域に覇を唱える「帝国」を築きあげました。東アジアでも、漢王朝創始後、やはり同じくらいの期間に「帝国」がかたちを整え、強勢を実現したのです。

古代と帝国

さて、人類が古代において経験したもっとも重要なできごとの一つは、国家の形成でした。そして、国家の多くは当初、都市そのものが政治的な独立を保持して一つの国として機能する「都市国家」の形態をとっていました。しかし、古代ギリシア人特有の都市国家であるポリスのように、都市国家そのものが長く機能し続けたケースは少なく、多くの場合、都市国家や都市的定住地はより強力な国家に征服されたり統合されたりしていきました。こうしてできあがった領土国家が、古代の諸地域に出現しましたが、なかでも広い領域や多数の住民を強力な軍事力を用いて征服・支配する国家が生まれました。これが「帝国」です。帝国は古代世界にいくつもあらわれ、歴史の展開にそれぞれ大きな影響をおよぼしています。ヒッタイト、アッシリア、そして＊アカイメネス朝ペルシアなどすぐその例をあげることができましょう。なかでも、アカイメネス朝ペルシアが達成した広域支配のシステムは、おおいに注目に値します。

アカイメネス朝（アケメネス朝、ハカーマニシュ朝、前五五〇～前三三〇）　古代オリエントの全域を支配下に入れたペルシア人の国家。アレクサンドロス大王の遠征で滅ぼされた。

しかし、古代の諸帝国のうちでも、ローマ帝国と秦漢帝国とは、広大な支配領域と強大な軍事力をもつだけではなく、中央集権的な統治機構やそれを支える政治理念、貨幣・度量衡の統一の試みなど、高度なシステムを備え、さらには洗練された文化をともなってもいました。後世の大国家の規範となる要素を備えており、また長い期間にわたる平和と繁栄を現出させて、思想的にも後世の大国家のモデルとなるなど、その歴史的意義は極めて大きいものがあります。

ところで、先にこのローマと秦漢、両「帝国」の誕生について述べました。「帝国」については二十世紀末から「国民国家の終焉」やグローバル化との関係で数多くの議論がなされましたが、ここでいう「帝国」とは、強大な軍事力をもって、自国の境界を越えて他の地域を広く支配する国家を意味します。その場合、必ずしも「皇帝」の存在を必要としてはいません。秦漢帝国は皇帝とともに成立しましたが、「帝国」を形成した当時のローマは共和政体をとっていて、皇帝はいません。しかし、歴史家は、皇帝がいない国家についても「帝国」の概念を用いてきました。例えば、前五世紀のギリシアでは、有力都市国家のアテナイがペルシア戦争の後に、強大な海軍力を背景にデロス同盟を通じて他の都市国家を支配するようになりました。アテナイは当時民主政の政体をとっており、皇帝はもちろんいませんでしたが、歴史家はこれを「アテナイ帝国」と呼んで、その支配のありさまを研究しています。それによって、多くの意義ある史実や歴史的性格を把握できるからです。現代世界において大きな影

ローマの祝祭の見世物などとして闘技場で猛獣や人を相手に真剣勝負をおこなった剣闘士には、捕虜出身の奴隷が多かった。剣闘士競技は大きな人気を博し、闘技場も帝国内の各地につくられた。

響力をもつアメリカ合衆国を、民主制と大統領制を備えているにもかかわらず、私たちは「アメリカ帝国」と呼ぶことがあるのです。

じつは、この「帝国」という言葉、和製漢語です。吉村忠典の研究*によれば、江戸時代の終わりにオランダ語と日本語の辞書を作る際に案出され、英和辞典を作る際のempireの訳語にもこの「帝国」が充てられたのです。当時の日本人には君主がいない国家は想像できなかったので、「帝国」は皇帝が統治する国家と定義されることになってしまったのですが、empireの語源に当たるローマ人の言葉ラテン語のimperiumは皇帝の存在とは何の関係もありません。ローマの場合、むしろ「帝国」となったために「皇帝」が誕生することになったのです。

ローマ帝国と秦漢帝国を並べて取り上げる考え方は古典的だとする見解や近代ヨーロッパ的発想であるとの意見があることは承知していますが、二つの帝国が他の古代帝国に比して後世に与えた影響の点で抜きん出た存在であることについては疑う余地はないでしょう。しかも、世界各地に生きる人々が同じ時期に同じ課題に直面していた可能性、共時性を想定するとき、この東西の両帝国の成立をテーマとすることの価値は限りなく大きいともいえましょう。歴史的意義が極めて大きいこれら二つの帝国の誕生によって、当時、そしてその後の時代の人々の生活は大きく変わったと考えられます。第一巻では、この変化を問うことを試みました。洋の西と東について、前二二〇年(東では前二二一年)という象徴的な年を起点にして、帝国の誕生によって世

*吉村忠典『古代ローマ帝国の研究』岩波書店、二〇〇三年

界がどう転換したかをとりあげました。

帝国の成立とは

そもそも「帝国」が成立するとはどういうことなのでしょうか。ここでの「帝国」の定義に照らせば、強大な国家が軍隊を送って抵抗する人々を排除し、自らの支配権を樹立することを意味します。そこでは、おびただしい人命が失われ、先住の人々は悲惨極まりない状態となりました。しかし、こうした征服戦争を問題にするだけでは、帝国の成立の意義を十分にとらえることはできないでしょう。帝国の側は、敵対する人々を排除するだけでなく、支配権を安定的なものとしていくために、征服された人々をはじめ、支配下の人々の扱いに多大の労苦を必要としましたし、国家の統一、統合のために、それまでは有しなかったシステムを動かさねばなりませんでした。支配に組み込まれた人々の側でも、隷従の日々を耐え抜くために、それまでにはない努力をする必要に迫られました。第一巻では、そうした征服戦争の後の動きまでを含めて「帝国の成立と完成」を考え、歴史の転換を深部でとらえることを試みました。

ローマ帝国の形成に関しては、学界で「ローマ帝国主義」論争としておおいに議論がなされました。ローマ側には積極的に征服を進めようとする意志があったわけではなく、あくまで国と同盟者の防衛という観点から戦争はなされたのだという学説と、ローマはつねに好戦的な国家であって、政治家たちの征服戦争を通じての野心の実現が政治体制に組み込まれていて、主体的な征服の意志が一貫して存在したという学説とが意見を戦わせました。しかし、こうした征服戦争の過程を、被征服者の側から見つめ直すならば、その時代の様相も異なってみえてくるのではないでしょうか。第一巻ではまず、できるだけこの観点から帝国成立過程を叙述し直すことを試みました。

第一章の宮嵜《みやざき》麻子「変わりゆく地中海」では、地中海地域の西半におけるローマの征服活動を、頻繁に論じられてきたカルタゴとの戦争ではなく、ヒスパニア、つまり現在のスペイン・ポルトガルに相当するイベリア半島の地域での戦争を中心に取り上げます。第二章の藤井崇《たかし》「消滅するヘレニズム世界」では、同じ観点から、ローマに征服されていく地中海地域東部のヘレニズム諸国家の事情について叙述します。これによって、前二世紀の後半に形成されたローマ帝国の祖型とその特質が理解されましょう。

征服戦争が終わり、帝国の国際的な枠組みができても、人々の日常まで視野に入れれば、帝国の「完成」という状態はまだまだ先のこととなります。前二世紀中頃までの帝国の形成を叙述した第一章、第二章を受けて、第三章南川高志「帝国の民となる、帝国に生きる」では征服戦争後の日々、とくに「ローマの平和」と呼ばれるローマ国家最盛期の時代までを扱います。これによって、世界史上第一級の歴史的意義をもつローマ帝国の制度と性格を説明し、歴史の転換をより明確にすることを試みます。

イタリアを故地とするローマ国家は、征服戦争によってイタリアの外に広大な領土を得ましたが、その支配のために、被征服民の同意を得て統治に協力させる体制を築きました。そのために、多くの悲しみを経験した征服地の人々が、そのまま隷従の日々にとどめおかれたわけではなく、彼らはやがて「ローマ人」となり、なかには帝国統治の中枢にまで進出する者すらあらわれたのです。こうした、征服戦争の終わった時点とは異なる体制ができあがった段階をもってローマ帝国の「完成」とみるならば、「歴史の転換」の時期の終わりは紀元後二世紀の前半くらいにおかれることになるでしょう。

西方における古代帝国の形成と完成を以上の試みでとらえようとするならば、東方におけるそれはどのように説明されるでしょうか。第四章の宮宅潔《きよし》「「中華帝国」の誕生」は、秦漢帝国による中国の統一という画期を成す事態を、第一〜第三章を念頭に叙述してみる試みです。もちろん、中国とローマでは歴史を論じる史資料や学問的なあり方が異なるので、同じ論点で語ることは容易ではありませんが、どのくらいの共時性を見て取ることができるのか、読者の関心を引くに値する素材は十分提供できるでしょう。

「世界史」の誕生

第一巻では、帝国の形成だけでなく、その後の完成時期までを扱い、帝国の意義を問おうとしていますが、この試みは、先述のポリュビオスもおこなっているのです。ポリュビオスは、その書の冒頭で、ローマがわずか五三年にも満たない期間に征服活動をおこなって覇権を打ち立てたかを叙述すると宣言しています。この五三年間というのは、叙述の起点となった前二二〇年から、マケドニア王国がローマに敗れ、ポリュビオスが人質としてローマ市に来ることになった前一六八年までの期間を指しています。

ところが、ポリュビオスはこの五三年間だけでなく、その後カルタゴが滅亡しギリシアでコリントスが破壊された前一四六年まで記述するよう、計画を変更しました。同時代人のポリュビオスにとって、ローマ帝国の成立は前一六八年のピュドナの戦いで完成したのですが、ローマが手に入れた支配権をどのように用い、征服された人々がローマの支配をどう受け入れたかも記述するため、延長したのです。ポリュビオスは「*それゆえ先述の諸事件に続けて、戦いの勝者がその後どんな行動をとるようになったか、また彼らはどのように全世界に君臨したか、そして被支配者は支配者をどのように受け止めたか、またどんな感想をもったかということも書き加える必要があろう」と書いています。第一巻がおこなおうとしているのは、同時代人のポリュビオスには果たせなかった、より長い時間の枠と広い視野で、帝国の成立を深部でとらえ観察することなのです。

ところで、そのポリュビオスは、前一四六年まで叙述を延長しただけでなく、その書の初めの方で、前二二〇年より前の時代も描き、とくに前史として前二六四年、第一次ポエニ戦争の始まった年から述べています。この年から書くことによって、ティ*マイオスという人物が書いた歴史書の最後に接続することになるとポリュビオスはい

『歴史』三・四・二〜六　城江良和訳

ティマイオス（前四世紀中頃〜前三世紀中頃）　シチリア島の歴史家。神話時代から同時代までの歴史を書いたが、断片のみ伝存する。

います。ポリュビオスは、優れた先人の史書があればそれに続けて書くというギリシア人の歴史叙述の伝統に従って書いていたのです。しかも、ギリシア人の歴史叙述の伝統とは、先人の記述に繋げて書くという点だけではありませんでした。

古代ギリシア人は、早くから自国の都市国家の外で広く活躍し、自国以外に大国が存在することを認識して、過去を描く際に自分たちの国を叙述の基軸におくことをしませんでした。自国の歴史を書くことをせず、大国の動きを軸として、広く「人の住みうる世界」を叙述することで「歴史」と考えたのです。古代ギリシア人に大きな影響を与えたオリエント世界にはそうした考え方はなく、ギリシア人の発明であるといえましょう。彼らがまず歴史の担い手の大国とみたのは、アカイメネス朝ペルシアでした。「歴史の父」ヘロドトス*は、ペルシア戦争の歴史を描きましたが、その書はペルシア帝国の歴史を基軸にしています。ヘロドトスの後、前五世紀の後半、ギリシア世界のうちで生じた大戦争をトゥキュディデス*が描き、その後しばらくギリシアの歴史を描く者が出たのですが、定着せず、前四世紀にギリシア人は再び大国に注目して歴史を書くようになりました。その大国とは、北からギリシア本土に侵攻してきたマケドニア王国です。さらに、マケドニアについで注目したのが、西方から地中海地域の東部へ勢力を伸ばしてきたローマです。ポリュビオスはこのギリシア人の歴史叙述の伝統のもとで、ローマの世界制覇を描いたのです。

ギリシア人の歴史叙述を通じて、大国の変遷、つまりペルシア、ギリシア、マケド

ヘロドトス（前四八四頃〜前四二五頃）　小アジア出身のギリシアの歴史家。アカイメネス朝ペルシアとギリシアの諸ポリスとの戦いペルシア戦争を主題とした『歴史』は現存する最古の歴史書とされる。

トゥキュディデス（前四六〇頃〜前四〇〇頃）　ペロポネソス戦争について『歴史』を著したアテナイ出身の歴史家。

ニア、そしてローマを基軸にした歴史像ができあがっていきました。ギリシア史学史を論じた藤縄謙三*は、これがのちにローマ帝国支配下で、ローマ帝国のキリスト教化によってユダヤの「四大帝国説」とも結びつき、中世キリスト教世界へと引き継がれ、「世界史」として近代のヨーロッパ人に取り入れられることになったと指摘しています。今日の歴史学研究に直接繫がる近代歴史学が十九世紀のヨーロッパ、とくにドイツで誕生したとき、「世界史」（ドイツ語でWeltgeschichte《ヴェルトゲシヒテ》）とは、地球上の各地の過去を広く描き出すものを指してはいませんでした。世界史とは、人類最初の文明が誕生したオリエント世界から始めて、ギリシア文明、ローマ文明、そしてヨーロッパ中世・近代世界へと移っていく大きな変遷を指していました。オリエント、ギリシア、ローマ、ヨーロッパという四つの文明の変遷をもって世界史とするこの考え方は、二十世紀にも受け継がれ、第二次世界大戦後の日本の高等学校世界史の教科書も、基本的にそれを踏襲しました。現代の歴史学界ではしばしば批判される伝統的なヨーロッパ中心主義的歴史観に基づいた「世界史」像は、古代ギリシア人の創造した歴史叙述に由来しているのです。

　ポリュビオスの歴史書は、そうした古代ギリシア人の歴史学の伝統のなかで記述されたものでした。しかし、彼は大国に注目しただけでなく、自らの体験にも基づき、ローマがいかにして「人の住みうる世界」すべてを支配下に入れていったのか、その秘密を解明しようとしました。ローマの制度を内部から眺め、とくにその政治体制を

藤縄謙三『歴史学の起源――ギリシア人と歴史』力富書房、一九八三年

「混合政体」の論理で説明しようとしたのです。彼はローマ市に人質としてくる前、ギリシアの都市国家の政治家として活躍した人物であり、その歴史書を政治に役立つことを目的として書くと宣言しています。そして、周到な研究ぶりで、彼はローマの帝国化を解明することに貢献しました。その叙述ゆえに、彼の『歴史』は世界史の嚆《こう》矢《し》と呼ばれ、彼自身が最初の世界史家と呼ばれることもあるのです。対象としたローマが、のちにオリエント地域まで支配下に入れる世界帝国になっていったことを勘案すれば、彼を最初の世界史家と呼ぶことは十分許されるでしょう。また、その意味で、彼が歴史叙述を始めた前二二〇年という年は、帝国の誕生の年であるだけでなく、世界史の誕生の年ということもできるのです。

そのポリュビオスより少し遅れて、中国、前漢帝国には*司馬遷《しばせん》があらわれました。司馬遷は父親の後を継いで太史令の官職に就きましたが、前九九年に*匈奴《きょうど》の捕虜となった将軍李陵《りりょう》の弁護をして武帝の怒りを買い、獄に投じられ、のちに宮刑に処せられるという苦しみを味わいました。そうした生涯にあって、彼は中国の歴史書の典型となる全一三〇巻の大著『史記』を書き上げたのです。『史記』は、伝説上の帝王である黄帝《こうてい》から同時代の前漢武帝までを扱っています。ここに中国の正史が始まりました。正史はもちろん中国を基軸とする点でポリュビオスの歴史書とは大きく異なりますが、時代の課題に応じた比類なき大著という点でみれば、この両者には世界史的な共時性を認めることができるのではないでしょうか。

司馬遷（前一四五頃～前八六頃） 中国最初の正史『史記』を完成させた前漢の歴史家。本紀（帝王の年代記）・列伝（帝王以外の人物史）を中心に記述をおこなう紀伝体の形式は、以後の正史の手本となった。

匈奴 秦・漢に対抗した、北方の騎馬遊牧民。

第一巻が扱う時代、同じ時間を洋の西と東で生きた人々、彼らは相互に知りうることはほとんど何もなかったでしょう。しかし、似たような課題に直面していたかもしれません。「帝国」という巨大な怪物と意識的に、あるいは無意識のうちに格闘していた可能性があります。この共時性に着目すると、地域世界の歴史は俄然グローバル化し、二十一世紀の「世界史」に近づくのです。

前二二〇年におけるターニングポイントとは？

・都市国家同士の征服・支配を繰り返した古代世界にあって、より広域を支配した帝国があるなかで、世界的大帝国をつくりあげたのがローマ帝国と秦・漢帝国である。前二二〇年は都市国家的世界から帝国的世界への転換期である。

・ローマ帝国と秦・漢帝国は、広大な支配領域と強大な軍事力をもつだけでなく、中央集権的統治機構やそれを支える政治理念、システム、さらには洗練された文化をもった。

・世界中が政治的にも経済的にも「帝国」というものに向き合う必要性が出てきた。

第2章

三七八年　失われた古代帝国の秩序

南川　高志

つぎの転換期は、移民たちの動向がきっかけで起こります。ローマ帝国に流入するゲルマン人、中国北方で動きをみせる北方民族たち。こうした外部の動きに対し、排他的思潮が強まると、帝国の威信は消え、崩壊への道が敷かれたのでした。

大敗したローマ帝国

イスタンブールから西へ、ブルガリアやギリシアとの国境に程近いトルコ共和国最西端の都市エディルネは、建設者であるローマ皇帝ハドリアヌス*にちなんで、アドリアノープル（ハドリアノポリス）の名で呼ばれてきました。このアドリアノープルの付近で、三七八年に大きな戦いがありました。戦闘を交えたのは、ローマ帝国の東半分を統治していた皇帝ウァレンスが率いるローマ軍と、ゴート人を中心とする人々の軍です。このゴート人を中心とする人々は、そのしばらく前に遊牧民フン人*の西進によって黒海北岸の居住地を追われて、ドナウを渡ってローマ帝国領に受け入れられていた、いわば難民と呼んでよい集団でした。しかし、受け入れたローマ帝国側の対応が苛酷であったため、人々は憤激し、ついに反乱を起こしました。アドリアノープル

ハドリアヌス（在位一一七〜一三八）　ローマ五賢帝の一人。帝国各地を巡遊して、属州の発展に努めた。

フン人　トルコ、モンゴル系の人々を起源とする騎馬遊牧民。四世紀後半〜五世紀にかけて、内陸アジアからヨーロッパへ西進した。この移動による圧迫が、ゲルマン諸族のローマ帝国内への移動を引き起こした。

378年の世界

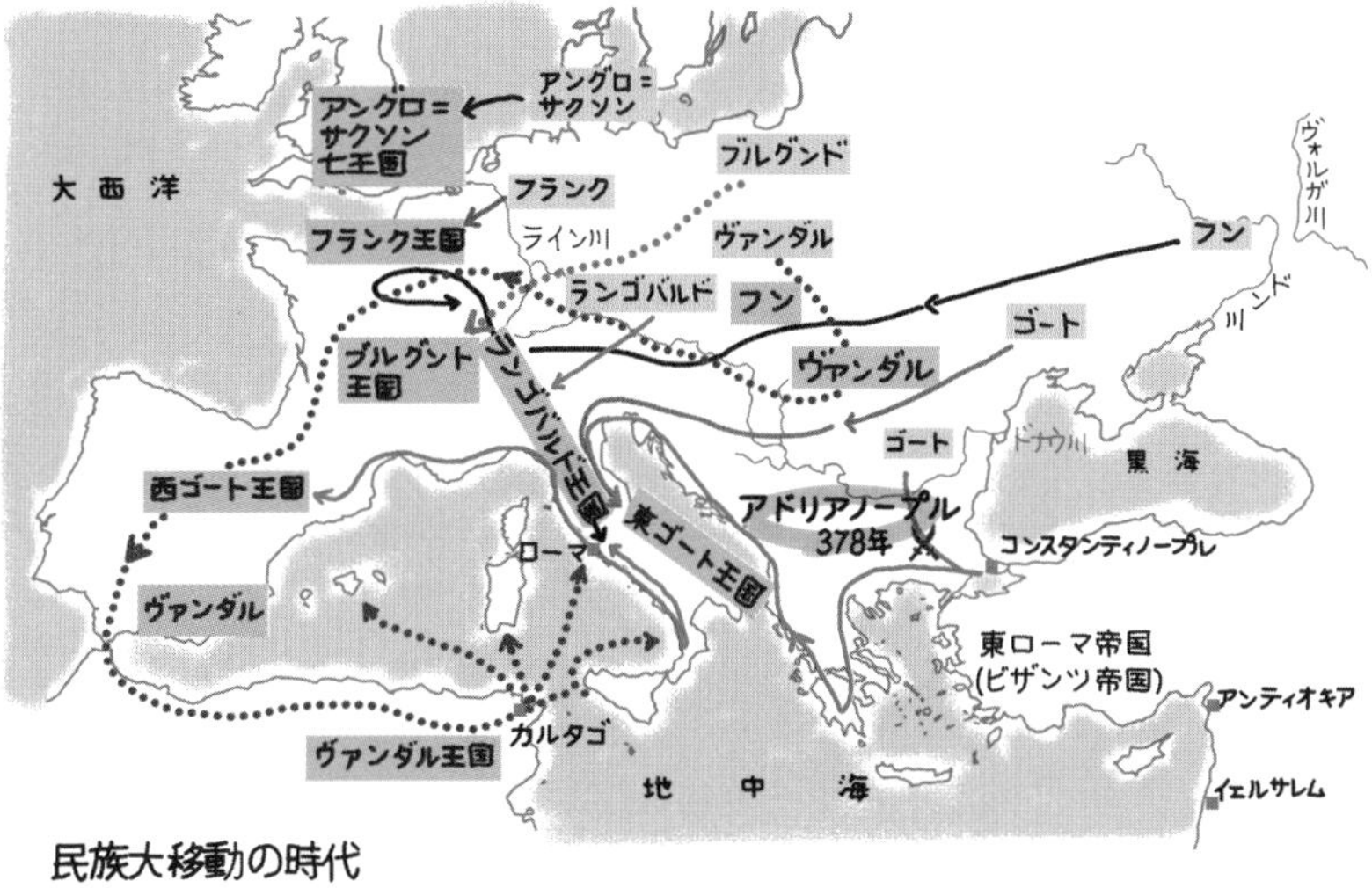

民族大移動の時代

の戦いは、この反乱軍をローマ皇帝が自ら軍を率いて鎮圧しようとして生じた戦闘です。

ローマ皇帝ウァレンスはササン朝*ペルシア帝国に対抗するために滞在していたシリアのアンティオキアを離れ、コンスタンティノープルへ帰還、さらにこのアドリアノープルに進軍して布陣しました。重い武具と携帯品を携えた移動で疲れていたローマ軍兵士たちに、八月の太陽が容赦なく照りつけ、渇きも彼らを苦しめていました。午後に始まった戦いは、ローマの正規軍と難民と呼んでよい人々の集団との戦いであったのですが、両翼のローマ軍騎兵がゴート人の騎兵に破られ、中央部のローマ軍歩兵部隊もゴート人部隊に押されて、総崩れとなったのです。惨敗の混乱のなか、皇帝も負傷して退避しましたが、逃げ込んだ小屋に火を放たれて焼き殺されてしまいました。皇帝以外に、将校クラスだけでも三五人が斃れました。今日の研究者は、この戦いのローマ軍戦死者が一万人から二万人におよんだと推定しています。ローマ帝国側の完敗でした。帝国ローマ東半の軍事力は、この時、一時的に壊滅状態となってしまったのです。アドリアノープルの戦いについて記した同時代の歴史家アンミアヌス・マルケリヌスは、「後悔のやむことがない破滅」と書いています。名著『ローマ帝国衰亡史』を著した十八世紀イギリスのエドワード・ギボンも、アンミアヌスを史料としてこの敗北を、ローマ軍がハンニバル指揮のカルタゴ軍に包囲され壊滅させられた第二次ポエニ戦争中のカンナエの戦いを引き合いに出して論じているのです。

ササン朝（二二四～六五一）イラン高原南部のペルシア人たちが興した王朝。都はクテシフォン。ローマ帝国、東ローマ帝国などと抗争しながらも繁栄を続け、ホスロー一世（在位五三一～五七九）の時代に最盛期を迎えた。しかしその死後に帝国は混乱し、ニハーヴァンドの戦い（六四二年）でイスラーム勢力に敗れて滅亡した。

アドリアノープルの戦い以前でも、ローマ軍が外部の部族の軍と戦って敗れたことはありました。また、皇帝が敗死したこともあったのです。しかし、このアドリアノープルの戦いののち、ドナウ川を渡ってローマ帝国領内にはいった人々が北へと押し返されることは、二度となくなりました。また、移動して来た人々が、それ以前の移住者のように帝国に同化・定着することもありませんでした。そして、この戦いののちわずか三〇年ほどのあいだに、帝国領内には北や東から続々と人々が移動してきて、ローマ帝国からは国家の統合が失われていったのです。四世紀末に西と東に分かれたローマ帝国のうち、東の帝国は何とか切り抜けたものの、移動の嵐への対応に失敗した西のローマ帝国は、五世紀の初めには皇帝政府が統治機能を失い、「帝国」であることをやめてしまいました。

古代帝国の秩序が崩壊してできた無秩序な空間には、五世紀になると、新しい秩序が少しずつ生まれてきました。これが西ヨーロッパの中世世界の秩序です。＊西ローマ帝国の皇

西ローマ帝国　三九五年、テオドシウス帝はその死に際し、帝国領を二人の子供に東西に分けて分担させたが、まもなく両帝国は鋭く対立するようになって、別々の道を歩むことになる。

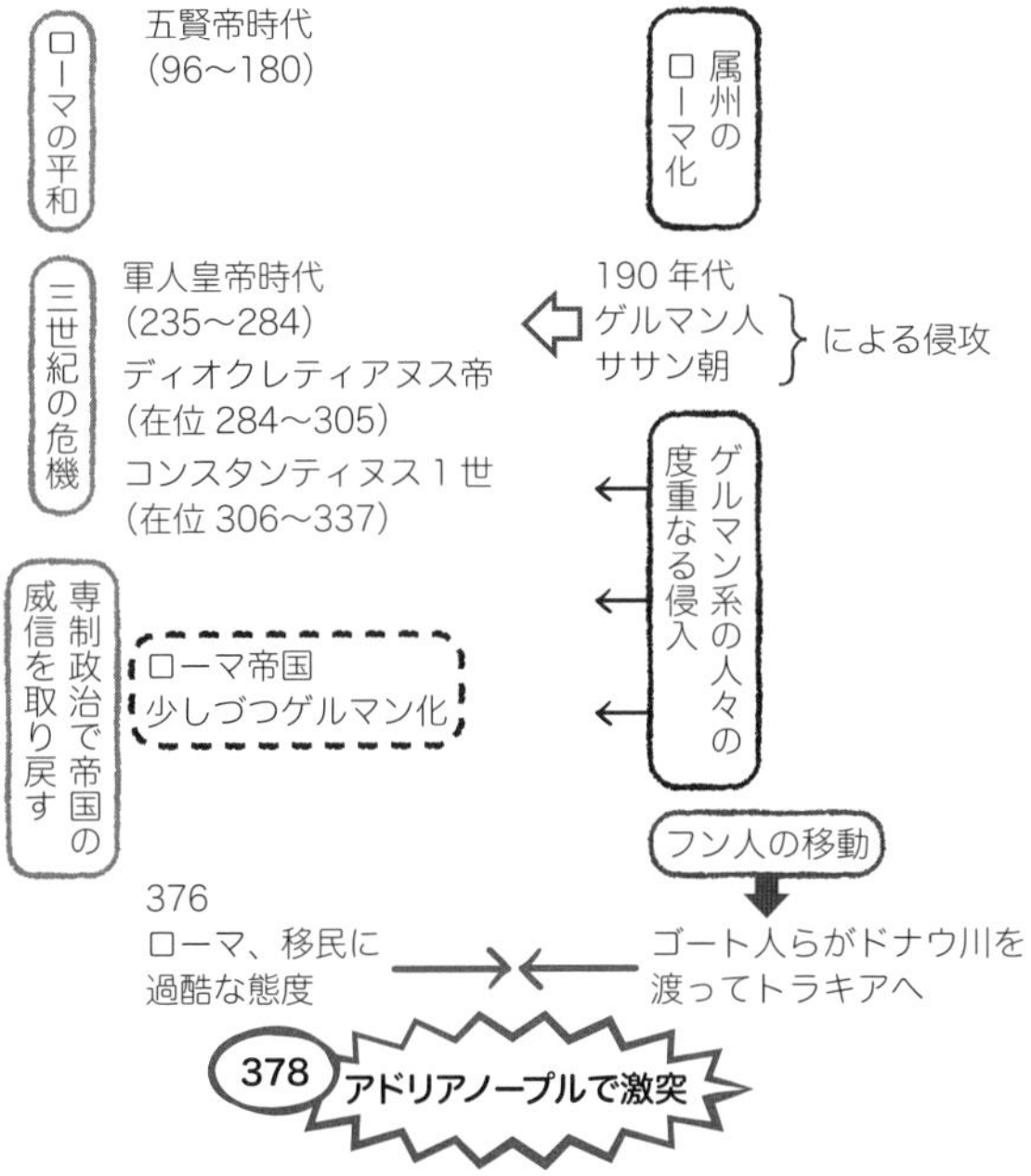

・ローマ帝国内で移住者を敵視するようになる。
・徐々に外部勢力が軍の政権の中枢で権力を持つようになる。
395　ローマ東西に分裂。
476　ゲルマン人傭兵隊長オドアケルが西ローマ皇帝を退位させた。

帝政府は四七六年まで残ってはいましたが、皇帝をいただいた地方政権に過ぎず、その旧領には移住してきた人々の国がつぎつぎできていきました。五世紀の末には、フランク人の王国が新しい秩序の担い手であることをはっきり示すようになります。

一方、東ローマ帝国では、皇帝が権力を確保し、六世紀の*ユスティニアヌス大帝によるローマ帝国復興」の試みを経て、通称で「ビザンツ帝国」と呼ばれる新しい世界秩序をかたちづくっていきます。こうして、ローマ帝国の旧領は、西半と東半において独自の歴史的展開を歩むこととなったのです。アドリアノープルの戦いは、新しい力に古い帝国の秩序が打ち破られ、新秩序の形成へと世界が動く転換点となったと読むことができるでしょう。

東アジアの変動

ところで、ローマと同じように長い繁栄を誇った漢帝国は、ローマより早く、二二〇年に滅亡しました。その後、魏《ぎ》・呉《ご》・蜀《しょく》、三国の鼎立状態をへて二八〇年に再び中国を統一した西晋《せいしん》も、三一六年には滅んでしまいました。秦帝国の成立以来、五百年以上にわたって続いた国家統一が失われたのです。

西晋が滅んだ契機は一族の皇帝位をめぐる内乱（*八王の乱）でしたが、内乱のなかで兵士として活躍した北方の遊牧民が力を伸ばして各地で蜂起し、ついには*永嘉《えいか》の乱と呼ばれる兵乱を起こして西晋を滅ぼしてしまったのです。この後、華北では匈奴の劉《りゅう》

ユスティニアヌス大帝（一世、在位五二七～五六五） 旧ローマ帝国領の回復を進め、『ローマ法大全』を編纂させた。

八王の乱（二九〇～三〇六） 西晋の創建者司馬炎の死後、一族の八人の王により内乱がおこった。諸王が近隣諸民族の武力に頼った。

永嘉の乱（三一一～三一六） 三一一年、匈奴が洛陽を陥落させ、西晋を滅した。

淵《えん》の建国に始まる五つの漢民族でない集団（五胡《ごこ》）と漢民族によって建てられた諸国家が興亡する分裂時代となりました（五胡十六国時代*）。一方、華南では、晋の一族の司《し》馬睿《ばえい》が東晋《とうしん》を建国して、北と対峙することとなったのです。

　北と南に二分された中国に統一の機会がありました。華北の統一を成し遂げた氐《てい》族の国、前秦の君主苻堅《ふけん》*が大軍をもって東晋を攻め、戦いがなされたのです。アドリアノープルの戦いの五年ほど後、三八三年のことでした。現在の中国安徽省で、百万以上といわれる前秦の大軍勢と、わずか八万の東晋軍とがぶつかり合ったのです。淝水《ひすい》の戦いです。大軍を成す前秦軍は、漢民族とほかの諸民族から成る混成部隊でした。

　淝水の戦いの結果は、アドリアノープルの戦いとはまったく逆となりました。作戦の失敗で混乱に陥った前秦の大軍が敗北を喫したのです。苻堅は逃げ延びましたが、将軍の一人だった弟の苻融《ふゆう》をはじめとして、前秦の軍は大量の戦死者を出しました。この敗北によって、前秦は力を失ってしまいました。

　この戦いの三年後の三八六年、鮮卑《せんぴ》族の拓跋珪《たくばつけい》が国を建てて勢力を拡大し、四三九年についに華北を統一して五胡十六国時代を終わらせました。北魏《ほくぎ》です。その北魏は六世紀前半に西魏《せいぎ》と東魏《とうぎ》に分裂、さらに北周《ほくしゅう》、北斉《ほくせい》と王朝も交代しました（北魏以降の諸王朝を北朝と呼んでいます）。一方、淝水の戦いで勝利をおさめた東晋は、しばらくは栄えたものの、やがて弱体化し、四二〇年に将軍の一人、劉裕《りゅうゆう》に滅ぼされました。劉裕は宋を建国し、こののち華南では漢民族の王朝がいくつか交代することにな

五胡十六国（三〇四〜四三九）匈奴の劉淵による漢の建国から、北魏の華北統一までの、華北に興亡した遊牧系の五胡（匈奴・羯《けつ》・鮮卑・氐・羌《きょう》）と漢人の国家の総称、および時代の呼称。

苻堅（在位三五七〜三八五）前秦第三代王。周りの国々を滅ぼし華北を統一し、東晋併合をめざし、淝水の戦いにむかった。

ります（南朝）。

こうして、三八三年の中国統一の試みは潰え、華北と華南は王朝が交代しつつ対立を続けました。たんに対立を継続しただけでなく、それぞれに独自の秩序を形成して

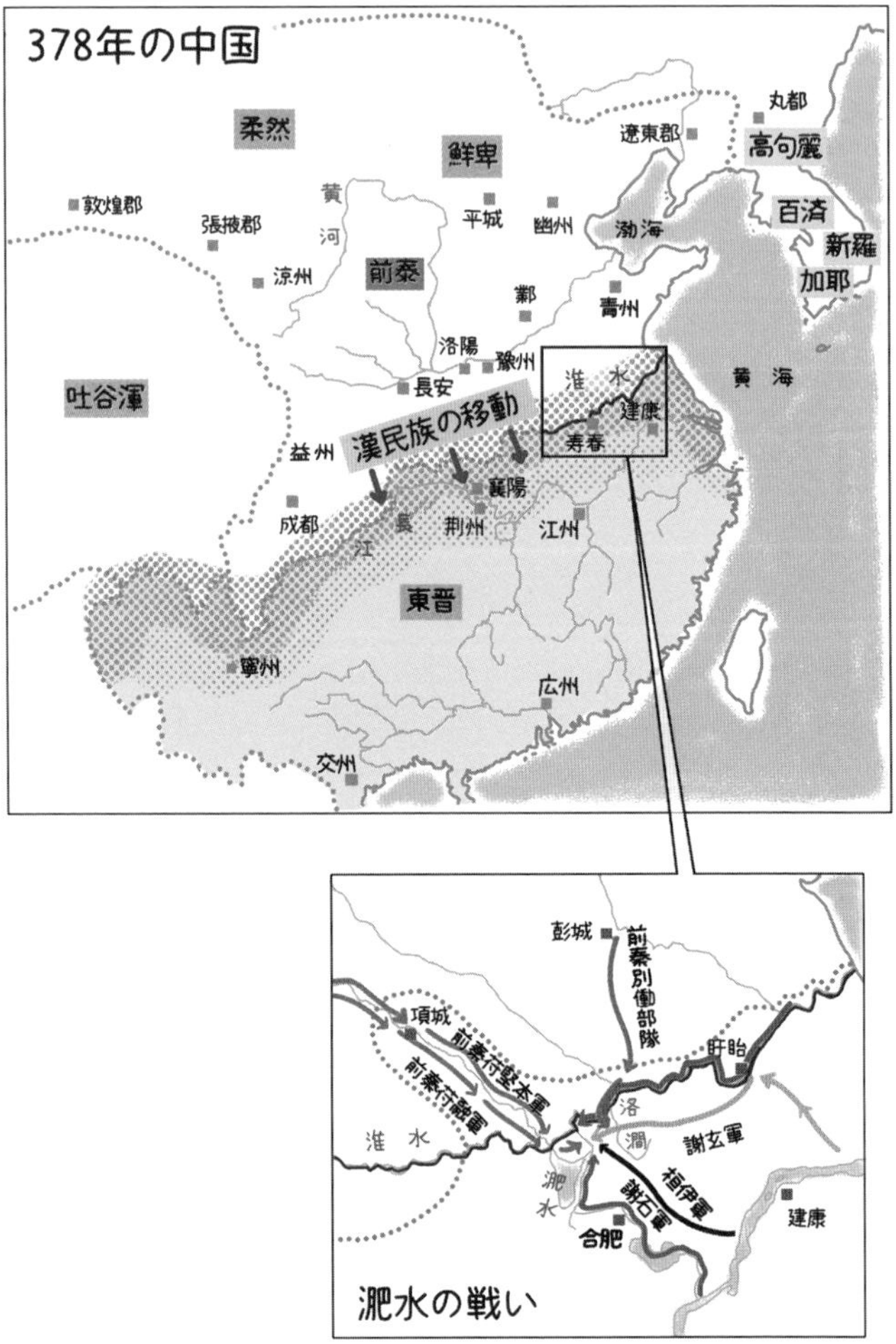

いきました。その意味で、淝水の戦いは、統一の機運の高まりから分裂へと歴史の転換を明確化する象徴的な事件であったということができましょう。

第二巻の語る「歴史の転換」

アドリアノープルで戦ったローマ帝国軍には、いわゆるゲルマン人の兵士も多くいました。また、淝水の戦いで敗北した苻堅の大軍のかなりの部分は漢人の兵士から成っていました。しかし、ぶつかり合った勢力の主導者は、二つの戦いのいずれにおいても、古代帝国の担い手ないし継承者と、帝国の外から移動してきた新しい勢力でした。そして、アドリアノープルの戦いでは、古代帝国の担い手の側が敗北し、淝水の戦いでは外から移動してきた新しい勢力が主導する軍が敗北するという、異なった様相をみせています。けれども、いずれもが古代帝国の時のような統一には戻らない、分裂の時代へと移ったことを明示し、また分裂しつつもそれぞれ独自の新しい秩序をその後形成していく起点となったという意味でも共通しているといってよいでしょう。第二巻では、この共時性に注目し、洋の東西それぞれをさらに深く観察して、歴史の転換を具体的に説明することを試みます。その転換とは、一口にいってみれば、「古代帝国の秩序の崩壊」です。

ところで、この「崩壊」の問題を考えるにさいしては、ローマ帝国や中国王朝の政治的・軍事的衰退など、帝国それ自体の変化を考察するだけでは不十分でしょう。四世紀以降に進んだ古代帝国的世界秩序の崩壊は、四世紀と五世紀にユーラシア大陸全体にわたってなされた人々の移動と密接な関係をもっていたことが知られているからです。西方では「ゲルマン人」の大移動がそれにあたり、東では北方民族の華北進出が該当します。アドリアノープルの戦いと淝水の戦いにあらわれた共時性には、共通する背景があったのです。第二巻では、この点を踏まえて、帝国の外側、周辺世界の動きを重視し、移動してきた人々に注意をはらいながら古代的帝国秩序の崩壊の説明を試みます。そして、それぞれの地域世界が変わったといわれてきたが、それはどの点で変化したといえるのか、新しく形成されたと思われる秩序とはどのようなものなのか、広い視野のもとで叙述します。

ローマ帝国衰亡史

さて、二つの戦いを東西における歴史の転換点と書きましたが、この「転換」は「古代」から「中世」への移行と同じであるといえるでしょうか。歴史学界には、ローマ帝国と漢帝国の滅亡が何を意味しているかについては、膨大な研究の蓄積と論争があります。

まず「西洋」について。西洋における古代の終わりとは西ローマ帝国の滅亡であると長らく理解されてきました。西洋における古代の終わりを語ることとは、すなわち西半地域におけるローマ帝国衰亡史を語ることでした。その西ローマ帝国の滅亡とされる年は一般に四七六年ですが、この年に生じたできごとは、ロムルス・アウグストゥルスと呼ばれるローマ皇帝が、傭兵隊長《ようへい》オドアケル*に年金を与えられて廃位された事件であって、無力な少年皇帝が年金生活に追いやられたにすぎませんでした。そのために、このできごとの記録は同時代の史料に印象深く残ることはなく、もはやイタリアにはローマ皇帝はいないという認識が、つぎの世紀の東ローマ帝国の作品に記録されたのをみるだけです。同時代の人々には、四一〇年のゴート人によるローマ市略奪の方が強烈なできごとであったことは疑いないでしょう。

ローマ帝国の衰亡については、十八世紀前半の思想家モンテスキュー*の『ローマ人盛衰原因論』以来、ヨーロッパでさかんに論じられてきました。同世紀後半のギボンの名著『ローマ帝国衰亡史』は、帝国衰亡の原因を「ゲルマン人」とキリスト教に帰しましたが、その後の二百年以上のあいだに、衰亡原因についてじつに多くの学説が提出されました。

ギボン以来、ローマ人とゲルマン人は二項対立的にとらえられてきました。そして、ゲルマン人がローマ人の帝国を滅ぼしたという見解には、「文明」をもつローマ人に対して「野蛮」なゲルマン人という理解が前提として存在していました。しかし、ゲルマン人が決して野蛮な人々ではなく、ローマ帝国の影響下で文明化していたことを強調し、ローマ帝国とその後のゲルマン人国家との継続性を説く見解も出されました。一方で、ゲルマン人侵攻の重大性を強調する見解も依然として提出されています。

オドアケル（四三四頃〜四九三）　四七六年に西ローマ帝国を滅ぼしたゲルマン人傭兵隊長。帝位を東ローマ（ビザンツ）皇帝に返上し、総督の地位を授与されたが、まもなくテオドリック大王率いる東ゴートに敗れた。

モンテスキュー（一六八九〜一七五五）　フランスの思想家、イギリスの法制度に関心をもち、『法の精神』で三権分立を説く。

歴史学界では、一九六〇年代以降、ローマ帝国衰退の場となったディオクレティアヌス帝*・コンスタンティヌス大帝*以降の「後期ローマ帝国」について、新しい解釈が出されました。それまでは、後期ローマ帝国は帝政前期と異なり、膨大な数の官僚と軍隊をもつ専制君主政国家であって、官僚と軍隊を維持するために巨額の財源を必要としたため、住民への課税を強化し、それゆえに人々を土地や組合、身分に縛りつけたと長らく解釈されてきました。人々は職業や居住地を選択する自由を失い、社会はカースト化して、都市では自治を担う都市参事会身分の人々が没落し、帝国を衰亡へといたらしめた、と理解されてきたのです。このような解釈について、史料の検証がおこなわれ、皇帝権力のあり方や、都市や都市エリートの状況について批判と新解釈が提出されました。

ところが、一九八〇年代になって、イギリスの研究者ピーター・ブラウンが画期的な著書や論文を発表して、学界の古代終焉期研究のあり方を変えました。彼は、ローマ帝国衰亡史として否定的に語られてきた後期ローマ帝国時代を政治事件史から解放して、地中海周辺地域における文化変容の過程としてとらえようとしたのです。そして、宗教や「心のありよう」(心性)、ジェンダーなどの観点を重視しながら歴史像を描き出しました。「ローマ帝国の滅亡」という政治的事件はもはや重要視されず、二世紀から八世紀くらいまで継続する、古代でも中世でもない、独自の積極的な価値をもつ「古代末期」という歴史概念が設定され、その時代が分析・叙述されたのです。

ディオクレティアヌス(在位二八四〜三〇五) 三世紀に続いた帝国の混乱を鎮め、新たな体制を開いた。

コンスタンティヌス一世(在位三〇六〜三三七) 四帝分治制崩壊後の混乱を制し、帝国を再統一したローマ皇帝。強力な軍隊と巨大な官僚組織を整え、ソリドゥス金貨を創設して公益の安定化をはかるなど、帝国支配を安定させた。またミラノ勅令(三一三年)でキリスト教を公認し、その発展を支援した。

この新しい「古代末期」の構想は多くの賛同者を得、「ローマ帝国衰亡史」ではない古代終焉期の研究が盛んになりました。

ただ、一九九〇年代後半になると、この「古代末期」論に疑問が呈されるようになります。政治史的な意義やそれに関する議論を遠ざけ、変化よりも連続をひたすら重視する姿勢が批判されたのです。二十一世紀にはいると、ブラウン的「古代末期」の政治史を重視しない姿勢を批判するかのように、「ローマ帝国の滅亡」のもつ世界史的意義を強調する書物が次々出版されました。強勢を誇ったローマ帝国が急速に崩壊した経過を叙述しつつ、その原因としてフン人やゴート人の移動の重要性を鮮やかに描き込んだ書物や、ローマ帝国の滅亡が人々の日常生活にまでいかに大きな変化をもたらしたかを考古学的な証拠から明らかにした書物などが現れ、注目されたのです。古代の終焉に関する議論は、再び「ローマ帝国の滅亡」を取り戻したのです。

第二巻で描かれる「西洋」の古代帝国の終焉は、以上に述べたような学界の動きを踏まえたものです。まず、第一章南川高志「ローマ的世界秩序の崩壊」が、ローマ帝国が達成した世界秩序とは何であったか解説したうえで、それがいかにして崩壊していったかを政治史を軸に説明します。ついで、第二章の加納修「西ヨーロッパ世界の再編」は、ユーラシア西部世界に新しく秩序を打ち立てることになるフランク人の王国とその社会を、外部世界からローマ帝国へと参入する時点から解説します。

さらに、第三章の南雲《なぐも》泰輔「ビザンツ的世界秩序の形成」は、ローマ帝国東部ではゴート人からフン人にいたる外部勢力との対応でどのような世界が形成されていったのかを、「国家大」と「中核都市コンスタンティノープル」という二つの水準で観察した結果を基に叙述します。コンスタンティノープルは、中世を通じて繁栄し、都市をつなぐ街道・海路の結節点となり、異国の知識・文物を引き寄せました。地理的に東西交易の中心として栄えるなかで、ビザンツ帝国は東地中海世界での指導的地位を認められ、ギリシア語は東地中海世界の国際共通言語となりました。

中国史の「古代」？

つぎに「東洋」について説明しましょう。わが国の歴史学界では、中国史の時代区分について激しい論争がありました。とくに、後漢までを古代(上古)、その後の分裂の時代と隋唐時代を中世、そして宋以降を近世と時代区分する学説と、隋唐までを古代、宋から清までを中世、それ以降を近代とし、「近世」をおかないという時代区分法が対立したのです。この論争に照らせば、第二巻で扱う後漢の滅亡以降の分裂時代については、中世かそれとも古代のままかという解釈の違いが生じます。唐の時代までを古代とし、その後を中世と考えようとす

る研究者は、唐の時代までを奴隷制社会であると見、その後を封建農奴制社会であると考える唯物史観の歴史理解に立脚していました。一方、後漢までを古代、唐までを中世とみる考え方は、中国史の発展にはヨーロッパ史とは異なる独自性があるとし、とくに中国社会に十世紀前後に大きな変化があって中世から近世へと移行し、近代化が始まったと考えるものでした。

　漢帝国が滅んだ後の分裂の時代、政治権力は北と南に分かれましたが、どちらにおいても国家の人口の大部分は漢人でした。そして、その漢人の社会では、高級官僚を出した有力者の家柄を「貴族」と呼び、貴族社会が形成されたといわれています。この貴族は、特に建康に都を置いた六つの王朝の文化（*六朝《りくちょう》文化）の主たる担い手ともされています。ただ、この貴族と皇帝との関係についても学界では見解が分かれました。後代に比べてこの時期の貴族が皇帝に対して強い力をもつとする見方と、皇帝権力のあり方はそれ以前と変わっていないとみる考え方が存在しています。学説は、貴族が、後漢末以来の社会で活躍した地方の名望家に由来するのか、それともたんなる官僚かという点でも対立しています。

　このように、第二巻の課題となる時代の東アジアは、時代区分はいまや語られなくなったものの、社会の仕組みなど基本的な問題について、定説に基づき描き出すのが容易でない時期なのです。そこで、第二巻では、かつての論争が扱った次元にそって問題を取り上げたり時代を記述したりするのではなく、漢帝国の滅亡が長らく続いて

六朝文化　南朝文化の一つの特色に、精神の自由を重んずるということがある。文化人のあいだでは道徳を強調する儒教より、世俗を超越した清談《せいだん》が高尚なものとされ、規範に縛られない趣味の世界が好まれた。文学では田園生活への憧れや山水の美しさをうたう陶潜《とうせん》（陶淵明、東晋）や謝霊運《しゃれいうん》（南朝宋）の詩が有名である。絵画では顧愷之《こがいし》（東晋）、書では王羲之《おうぎし》（東晋）が有名で、ともにその道の祖として、その後の中国の芸術に大きな影響を及ぼした。

きた統一国家的な「古代帝国的秩序」の終わりであるという見方に立ち、転換の時代を活写したいと考えました。第四章の佐川英治「漢帝国以後の多元的世界」では、淝水の戦いの詳細な叙述から始めて、後漢滅亡後の中国が変化していくさまとその意義とを論じます。第五章の藤井律之「江南開発と南朝中心の世界秩序の構築」では、東晋と南朝を中心におきながら、新たな国家と社会を築いていこうとする華南の動きを解説します。

移動して来た人々

さて、第二巻は、古代帝国的秩序の担い手であった人々だけでなく、新たにその世界に参入した人々をも重視しつつ時代像を描きますが、その新しい人々とはどのような集団だったのでしょうか。歴史の担い手を考えるために史料を参照する際、私たちは自民族中心主義的な史料の記述に頻繁に出合います。中国を文明の中心と考える見方(華夷《かい》思想)は、その代表的な考え方です。自民族中心とまでいわなくとも、人は自分自身が親しんでいる世界の価値観に従って周囲の人々をとらえ、記述してきました。そのために、描かれた人々の実相を史料から探るのは大変困難な作業です。ここでは、読者に本文叙述の背景を知ってもらうために、第二巻で重要な記述対象となる「ゲルマン人」について解説しましょう。というのも、古代の終焉期は、諸集団の大移動という時代であったために、「民族」の起源をこの時代に求めることが現代にいたるまで頻繁になされてきたからです。

西洋古代史の研究にあっては、利用できる文学作品や碑文などのほとんどは古代ギリシア語とラテン語で書かれています。そのため、ギリシアやイタリアなど地中海周辺地域に生きた人々の知識や価値観に偏ってしまいます。古代ギリシア人・ローマ人から「ゲルマノイ」「ゲルマーニー」という言葉で呼ばれた人々は、ローマ帝国の辺境属州や一般に「自由ゲルマニア」と呼ばれる属州外の広大な地域に居住していましたが、彼らがまとまって「ゲルマン人」と分類され呼ばれていたわけではありませんでした。自分自身を「ゲルマン人」と称した者もいなかったでしょう。彼らは自身を、所属する小さな集団の名称で認識していたに違いありません。ゲルマノイやゲルマーニーを日本語に訳すなら、後世に特定の価値観を与えられた「ゲルマン人」よりも、住地の名で「ゲルマニア人」と書く方が正確と思われます。前一世紀のカエサル*が『ガリア戦記』のなかで「ゲルマン人」と呼んだ人々は、当時いわゆるゲルマン語系の言語を用いていたとは今日考えられていないのです。彼ら、とくにローマ帝国領の外に住む人々は、ローマ人から文明の外にある未開の野蛮人とみなされていました。

480年頃のガリア

カエサル（前一〇〇～前四四）ポンペイウス、クラッススとともに第一回三頭政治を結成し、コンスルとなる。現在のフランス・ベルギーにあたるガリア遠征に成功し権力基盤を固め、前四四年、独裁権を握った。

しかし、外の人々に対してローマ帝国は開かれていました。商取引がおこなわれ、ローマ人の経済活動はライン川、ドナウ川を越えて自由ゲルマニアの内部までおよんでいました。また、ローマ帝国最盛期、ゲルマニアの人々はしばしばライン川やドナウ川を集団で越えて帝国領にはいり、属州に定着して、やがて「ローマ人」になったのです。

こうしたゲルマニアの住民がローマ人に敵対する他者「ゲルマン人」になったのは、四世紀の終わり頃、帝国領内にゴート人をはじめとする人々がはいって、帝国の担い手と対立するような緊迫した時代となってからです。その重要な契機となったのが、冒頭に記述したアドリアノープルの戦いであるといってよいでしょう。

近現代の「ゲルマン人」解釈

しかし、「ゲルマン人」に独自の積極的な意味を与えたのは、近代ヨーロッパでした。現在のドイツやイギリスにあたる地域は、ルネサンス時代にローマ帝政期の歴史家タキトゥスの作品が発見されたことによって、初めてその歴史をラテン語で獲得しました。とくに、ドイツではタキトゥス*の『ゲルマニア』を読解し、古代のゲルマニア人をローマ人と異なる、自由で純朴な民と讃えるようになりました。十八世紀になると、六世紀の歴史家ヨルダネス*が描く『ゴート人の歴史』を基にした考古学的な調査も始まりました。十九世紀のナショナリズムの時代には、フランスとの対抗上、

タキトゥス（五五頃〜一二〇頃）ローマ帝政期の元老院議員で歴史家。『年代記』などの作品が残る。

ヨルダネス 六世紀のビザンツ帝国の修道士で歴史家。

「ドイツ人」の歴史と「ゲルマン人」の歴史とがかさね合わせられるようになります。国民国家ドイツにとって、古代のゲルマン人の歴史は非常に重要なものとなったのです。ゴート人は、スカンディナヴィアの故地からポーランド・バルト海域・ウクライナへ移住し、さらにローマ帝国領へと移動したと論じられましたが、二十世紀にはいり、ゲルマン民族の純血と優秀さを説くナチスがドイツの政権を握ると、ゴート人の移動した地は「ゲルマン人の生活空間」として外交政策に組み込まれてしまったのです。

第二次世界大戦終了後、ナチスのゲルマン至上主義が引き起こした惨劇を克服するために、「ゲルマン人」の歴史の見直しについて、政治だけでなく学問においても努力がなされました。ゴート人が北ヨーロッパから集団の一体性を保持して長距離を移動したという考え方、血縁集団のようなものであったとの見方はされなくなりました。また、移動した民には支配者の正統性にかかわる伝承を保持する核のような存在はあったが、集団自体は離散や集合を繰り返して形成されていったものであるとも考えられるようになりました。ゴート人は、当初から「西ゴート」「東ゴート」という別々のアイデンティティをもっていたわけではなく、ローマ帝国領内にはいってさまざまな経験をへたのち、そのアイデンティティを獲得したと今日みなされています。フランク人もアラマンニ(アレマン)人も統一的な部族集団ではなく、さまざまな小集団からなる混成部族にすぎないことが定説になっています。ローマ人は三世紀から

「フランク人」という呼称を用いていますが、そう呼ばれている人々はもちろんのこと、おそらくローマ人自身も「フランク人」が同質のまとまった集団とは考えていなかったと現在では認識されているのです。しかし、こうした研究上の進展がみられたにもかかわらず、古代の終焉期に発する「民族」起源をめぐる議論は、二十世紀後半でも現実政治の舞台で主張され、ユーゴスラヴィアの内戦など実際の戦争にもかかわることになりました。

共時性を超えて

第二巻が扱う時代、現在の時点から振り返ってみれば、統一から分裂へと大きな転換期であったことは容易に理解できますが、当時生きた人々にとって、時代の一大転換と実際に感じられたでしょうか。この点を正確に探り出すことはたやすい作業ではありません。しかし、それまで長らく当たり前と思われていた政治や社会の仕組みが失われ、長く続いてきた日常生活のかたちを継続することが難しくなる局面が多発したことは、当時の史料からみても間違いないでしょう。社会を混沌と混乱が支配したことも、おそらく疑いないと思われます。当たり前と思われていた政治や社会の仕組を実現していた古代帝国の崩壊は、人々に深刻な影響を与えたと見てよいでしょう。

古代帝国の崩壊は東西ともに、外部世界の人々の移動と大きな関係がありました。このために、人々は同じような課題や困難に直面したかもしれません。もちろん、第二巻で扱う時代、ユーラシアの西と東を直接結ぶものは、陸路と海路の交易ルートが知られるものの、政治的な動きの連関は知られていません。西に大きな影響をおよぼしたフン人と東の匈奴との関係は、現在でも不明のままです。したがって、西と東のできごとを直接結びつけることはできないのです。しかし、読者には、第二巻の一〜三章で解説される世界の動きと四〜五章で描かれる動きのあいだに、差異とともに共時性、そして共時性以上の共通点を見出していただければと思います。同じ時を生きた人々が同じような課題と格闘をした跡が見出せるかもしれません。そして、東西世界の共通点を見出すことで、世界史の醍醐味というものを味わうことができるでしょう。

三七八年におけるターニングポイントは？

・ユーラシア大陸全体で人々が移動する現象がおこり、移動してきた新しい勢力と帝国がぶつかり合い、分裂の時代を迎えた。
・国を統合する理念より、排他的思潮が強まるとき、国の威信は消え、崩壊への道が敷かれる。
・分裂したところからは、また新しい秩序が生まれてくる。

第3章

七五〇年　普遍世界の鼎立

三浦　徹

ヨーロッパ、西アジア、東アジアそれぞれの地域で、八世紀に樹立された普遍世界の原理と規範は、その後の社会の骨格をなしていきます。多様な人々からなる社会がどのように統合していったのかをみていきましょう。

普遍世界の出現

四世紀以降、ユーラシアの西ではゲルマン人諸部族がローマ帝国領内に移動して国家を築き、東では五《ご》「胡《こ》」とよばれる匈奴、鮮卑《せんぴ》などの諸部族が華北に国家を築きました。戦乱が長く続き、やがて西ではフランク族の王国(五〇六〜九八七年)が西ヨーロッパを統一し、東では、遊牧民の鮮卑の北魏《ほくぎ》王朝(三八六〜五三四年)のあと、隋(五八一〜六一八年)と唐(六一八〜六九〇年、七〇五〜九〇七年)が華北と華南(北朝と南朝)を統一しました。このころから十五世紀末までの時期を、ヨーロッパ史や中国史では「中世」と呼んでいます。古代から中世へ、何が変わっていったのでしょうか。

他方ユーラシア中央部のアラビア半島では、六二二年にムハンマド*とその信徒七〇余名がメッカからメディナに移住(ヒジュラ)し、メディナの民とともに、神の名のも

ムハンマド（五七〇頃〜六三二）　イスラーム教の預言者。四〇歳頃より神の啓示を聞き、預言者としての活動を始めたが、多神教信者の多いメッカで迫害を受け、メディナに移住した。やがて信徒らの軍を率いて六三〇年にメッカを征服し、カーバの偶像を破壊したのち、ここをイスラーム教の聖地とした。最初の妻ハディージャとの間に三男四女をもうけたが、子孫を今日まで残したのは末娘のファーティマだけである。

750年の世界
カロリンク朝
フランク王国
の誕生
我こそが
フランクの王
教皇と王の協働統治の
システムが構築される
ローマ教皇
ピピン
玄宗皇帝の長安は多様な
民族・宗教・階層の人々が
集う大都会
アングロ
サクソン
七王国
ソワソン
フランク
王国
ローマ
教皇領
ハザール
コンスタンティノープル
タラス河畔
ウイグル
渤海
コルドバ
ローマ
ビザンツ
帝国
洛陽
長安
新羅
日本
平安京
後ウマイヤ朝
バグダード
クーファ
アッバース朝
吐蕃
唐
メディナ
メッカ
パーラ朝
南詔
ラーシュトラクータ朝
真臘
パッラヴァ朝
ウマイヤ朝の
カリフを倒し、
アッバース朝
誕生
イスラーム教徒は皆平等
とし、広い領土を支配
シュリーヴィジャヤ王国
シャイレンドラ朝

とに、安全を保障する契約を結びます。これがイスラーム国家（共同体、ウンマ）の誕生であり、イスラーム教徒（ムスリム）が現在まで用いているヒジュラ暦はこの年を紀元としています。この集団は、メッカの軍と三度戦い、六三〇年にはメッカを征服します。最初はケシ粒のように小さな存在にすぎなかったイスラーム国家は、一〇〇年後の八世紀初頭には、ウマイヤ朝（六六一〜七五〇年）のもとで、西はイベリア半島から東はアフガニスタンまで領土を広げます。征服は、武力と和平によっておこなわれ、戦わずに降伏した民には、生命・信教・財産が保障されました。しかしウマイヤ朝は、征服者であるアラブが支配する国家であり、税制などその統治に不満をもったペルシア人など諸勢力が挙兵し、ムハンマドにつながる「正しい指導者」を擁立しようと運動します。七五〇年に、ムハンマドの叔父アッバースの子孫がイラクのクーファでカリフ*即位を宣言し、ウマイヤ朝は終焉します。アッバース朝（七五〇〜一二五八年）のもとで、中央集権的な行政機構とイスラーム法（シャリーア）が整えられ、さまざまな民族・言語・階層の人々をイスラーム*という普遍的な原理が包含する「普遍世界（ユニバース）」が誕生しました。

イスラームという特定の民族を超えた新たな普遍世界の出現は、世界の諸地域に衝撃を与え、地域の再編が進行します。西ヨーロッパでは、フランク王国の宮宰カール*・マルテルがトゥール・ポワティエ間の戦い（七三二年）をきっかけとしてイスラーム勢力の進出を食い止め、その子ピピン*は七五一年に王位に就き、カトリック教会の

カリフ　イスラーム国家（ウンマ）の最高指導者。アラビア語のハリーファ（代理）が英語に転化したもの。預言者ムハンマドの死後、その政治的権限を引き継ぎ、イスラーム法に基づいて、宗教の保全と政治を任務とする。アブー・バクルからアリーまでの四人のカリフを正統カリフとよぶ。

イスラーム　アラビア語で「絶対帰依すること」を意味し、唯一神アッラーとその使徒ムハンマドを信じ、クルアーンの教えに従って生きることを意味する。礼拝のときの平伏の姿勢は神への帰依を示すものである。同じ語根をもつ「サラーム」は平和を意味し、ムスリムの挨拶の言葉「アッサラーム・アライクム」は、「あなたのうえに神の平和がありますように」の意味となる。神に帰依しその教えを守ることによって、人間が平安に暮らすことを希求する。

最高首長であるローマ教皇からの聖なる浄めを受け、カロリング朝が誕生します。＊カール大帝は八〇〇年にローマ教皇から戴冠をうけ皇帝となります。ローマ教皇の側も、ビザンツ皇帝との対抗上も、フランク王との連携を必要とし頻繁に使節を交わす間柄となっていました。また、学識者を集め、ラテン語を復興し、カロリング・ルネ

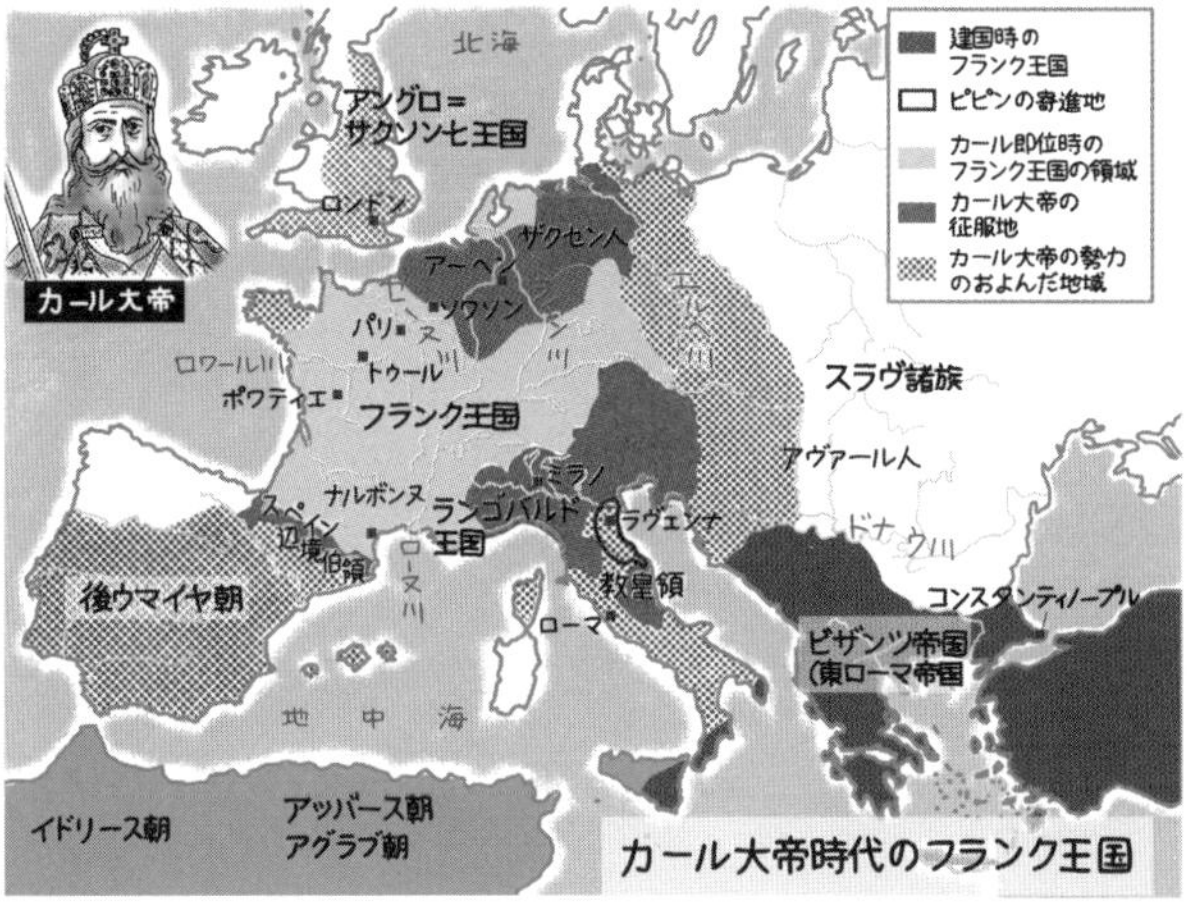

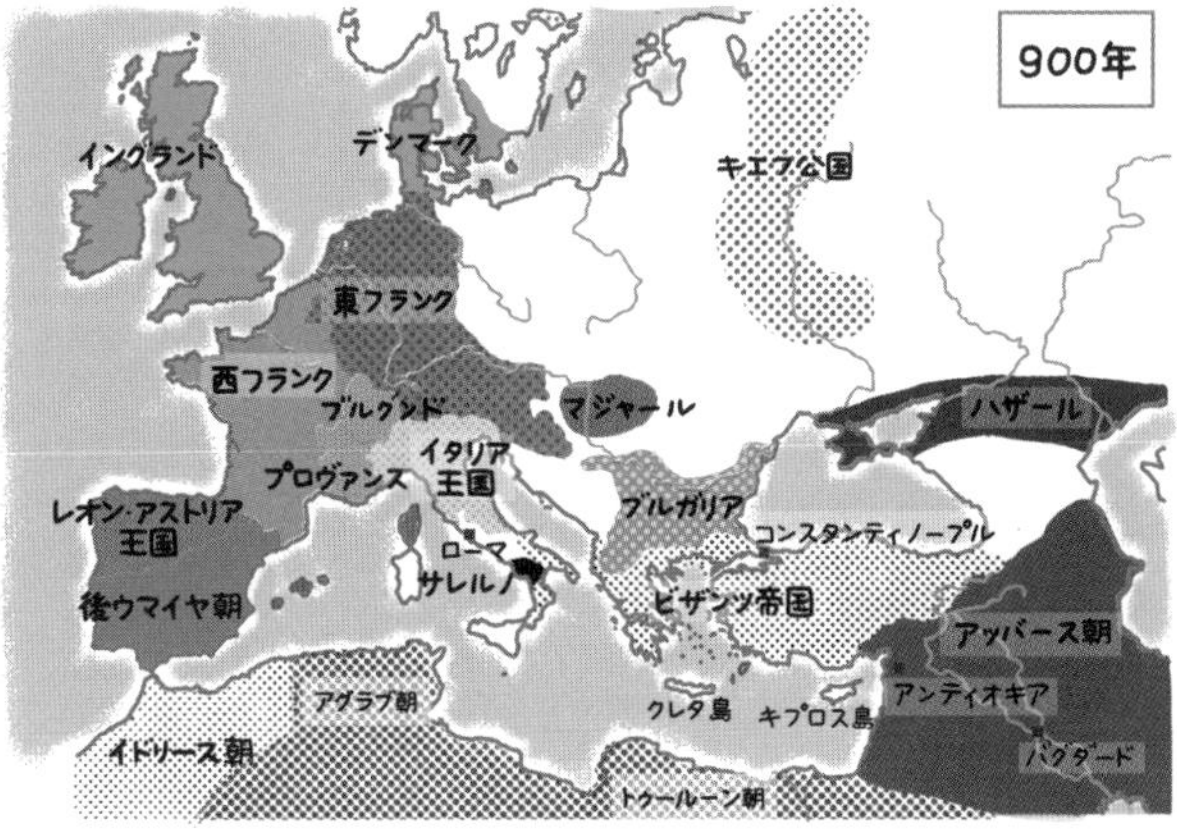

カール・マルテル（六八八頃〜七四一） メロヴィング朝フランク王国の宮宰。マルテルは「鉄槌」の意味。国内の教会領・修道院領を没収して王領とし、これを財源に機動性に優れた騎馬軍団を編成。ガリア南部を王国に統合し、トゥール・ポワティエ間の戦いでイスラーム軍を破った。

ピピン（七一四〜七六八） 「小ピピン」とも呼ばれる。ローマ教皇に対し、フランク王位承認の見返りとしてランゴバルド王国から奪回したイタリア中部を献上した。この領土が、教皇座の財政基盤となる教皇領の起源となった。

カール大帝（七四二〜八一四） フランク王国最盛期の王（在位七六八〜八一四）。八〇〇年、ローマ教皇レオ三世により戴冠され、西ローマ帝国皇帝となった。カールの戴冠は、西ヨーロッパ世界が政治的、文化的、宗教的にビザンツ帝国から独立したという重要な歴史的意義があった。

サンスと呼ばれる文化が出現します。他方、カール大帝はアッバース朝カリフ、ハールーン・アッラシード（在位七八六〜八〇九）に使節を送り、八〇二年にはインド象の贈り物を連れて帰国しました。

東方のビザンツ帝国は、七世紀以降のイスラーム勢力の進出を軍事的に食い止め、九世紀以降は、スラブ系諸民族の改宗と通商によってコンスタンティノープルは再発展を遂げます。八八二年のキエフ・ルーシ（キエフ公国）の樹立とキリスト教化は、ギリシア正教・ロシア世界の形成を導きます。皇帝コンスタンティノス七世が、十世紀中葉に著した帝国統治の書は、諸民族を統べる「神の代理人」「世界の支配者・救済者」としての皇帝の姿が健在であることを示しています。いずれの地域においても、統治と宗教が法を介して結びついていきました。

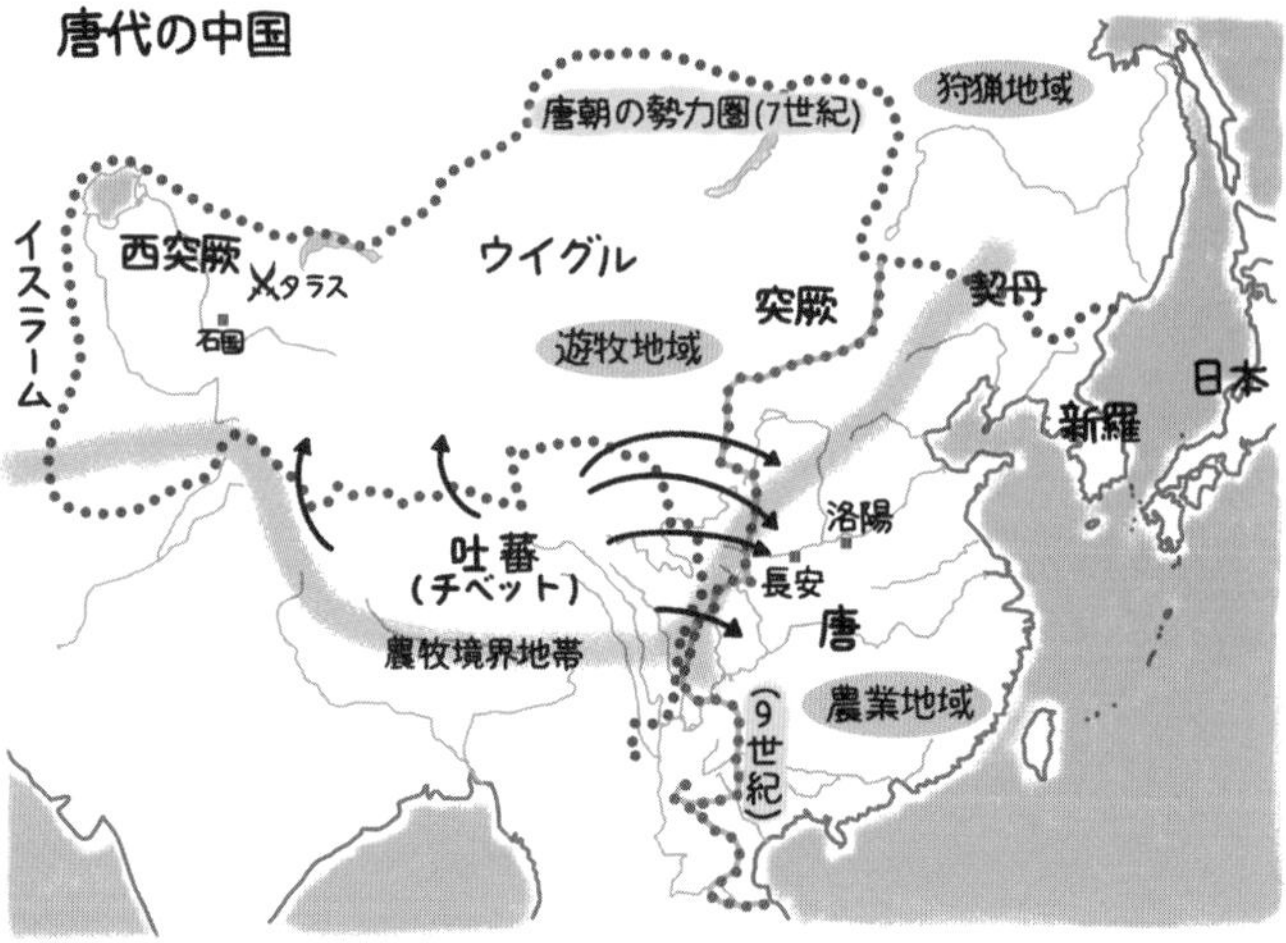

玄宗（六八五〜七六二）　唐の六代皇帝（在位七一二〜七五六）。治世前半は律令制度の立て直し（行政改革）に励み、長安の首都機能を強化し、繁栄の時代をもたらした。晩年には寵愛した楊貴妃の一族の専横を許して安史の乱を招き、唐衰退のきっかけをつくった。

東アジアでは、唐のもとで、皇帝は遊牧部族民を軍に取り入れ、遊牧民の長の称号である「可汗」の号をあわせもちます。北朝の「胡」と南朝の「漢」の制度・文化を融合し、律令・官僚制度・漢字・仏教儒教を共通の原理とする普遍世界(中華世界)が出現し、唐の統治領域は、モンゴル、チベット、中央アジアに広がります。七五一年にアッバース朝とタラス河畔において交戦します。戦いは唐の敗北に終わり、この時の中国人捕虜によって製紙法が西方に伝えられたとするエピソードは再考されていますが、イスラームと中国の両世界の交流を予兆するものでした。*玄宗《げんそう》皇帝は、長安に*都城《とじょう》の機能を集中し、七五一年正月に全市をあげての盛大な行事を挙行します。北辺中央に位置する皇城を中心とし、宦官や諸王の高級邸宅、官人の住宅、仏教や道教などの宗教施設、市場や歓楽街などがひしめき、地図や案内書がその賑わいを伝えています。長安は、巨大な複合国家のコスモポリタニズムと普遍性を凝縮する空間となっていました。唐の領域は、七五六年の安史の乱をへて、中国本土に縮小され、外部には諸民族の固有の政権や文化が形成されていきます。それは、十〜十一世紀以降のヨーロッパやイスラーム世界も同様でした。

八世紀は、古代的秩序の崩壊ののち、三つの普遍世界(ヨーロッパ=キリスト教世界、中東=イスラーム世界、中国=仏教儒教世界、中華世界)が成立する転換期です。これらは長い時間をかけて形成されたものであり、また単独に進行したものではなく、相互に影響をうけつつ、普遍原理(宗教、法、制度)が人々の政治や経済や文化の営みの基盤と

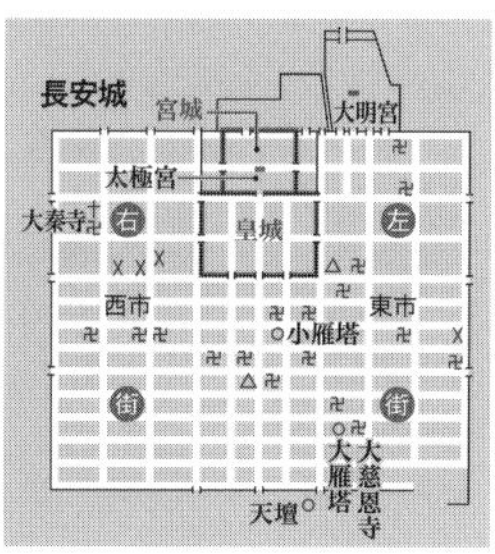

都城　城郭に囲まれた都市(首都、副都)。秦の咸陽、前漢の長安、後漢の洛陽を端緒とし、長安と洛陽はその後も諸王朝の首都となった。そのプランは、儒教の古典である『周礼』に則り、方形の碁盤目状道路で、前方(北)の中央に宮殿や祖廟を置き、後方に朝廷や市場を配置するものであった。中国の都城のプランは、渤海や朝鮮や日本の都市にも導入され、日本では藤原京(六九四年)、平城京(七一〇年)、平安京にその影響をみることができる。

なっていきました。フランク王国から今日の西ヨーロッパ諸国(フランス・ドイツ・イタリアなど)が生まれ、アッバース朝の統治体制が現在のイスラーム諸国家の原型となり、唐と唐を囲む東アジア各国から現在の東アジア諸国家が誕生します。現在の世界宗教圏と国際関係は、七~八世紀にその基礎が生まれたといえます。

遊牧民の大移動と農牧複合国家の出現

中国史家の妹尾《せお》達彦は、八世紀に出現する三つの普遍世界の鼎立を、四世紀から七世紀にアフロ・ユーラシア大陸(地域)に生じた大規模な遊牧民の移動とそれを契機とする農牧複合国家の成立として以下のように説明します。

ローマ帝国やペルシア帝国、漢帝国などのユーラシア大陸の古典国家は、三~七世紀におけるアフロ・ユーラシア大陸規模の遊牧民の大移動を契機に解体し、四~七世紀には、アフロ・ユーラシア大陸の北緯三〇~四〇度の地帯を主要舞台に、遊牧民の移動を契機として、人間の大規模な移住と文化の移動が生じました。

遊牧民の移動は、四・五世紀の寒冷化と乾燥化にともない、遊牧民が家畜とともに、枯渇した牧草地を捨てて農業地域に南下したことによるものと考えられます。この結果、農業地域の北端部に位置していた北緯三五度前後の地域は、四~七世紀の変動をへて、農業と遊牧・牧畜が複合する農牧複合地帯に変貌しました。

圧倒的な騎馬軍団の軍事力に基づき、農業地域を征服した遊牧系政権は遊牧地域と農業地域の両地域を統治するために新たに「農牧複合国家 agropastoral states」を創造し、農牧耕作地帯やそれに隣接する農業地域に政権の拠点を置きました。

農牧複合国家では、農業地域に侵入した少数の遊牧・牧畜民が支配者となり、元来の住民である多数の農業民が被支配者となる支配隷属関係が生じました。また、農牧複合国家では、遊牧と農耕という生業の違いや出身部族、生活慣習、歴史伝統が異なる人間集団が衝突しあい、古代に誕生した古典国家期に比べると格段に複雑な人間関係が生まれることになります。その結果、人々を結びつける宗教や普遍的な法律・行政、契約に基づく商業慣習、農業と牧畜が相補う牧畜的農業、農牧複合地帯を軸に展開する軍事組織（騎馬が可能となる鐙の使用や重装騎馬軍団の組織化）、能力を重んじる人事制度などの新しい政治・社会秩序が創造されます。

農牧複合国家の都城は、必然的に、世界宗教圏の都となり多様な文化の混交する世界都市となります。隋唐の長安は、一〇〇以上の仏教の大伽藍に覆われた仏教の都であるとともに、仏教以外の多くの宗教（儒教・道教・ゾロアスター教・マニ教・キリスト教・イスラームなど）も併存し、法律と政治の中核であり世界の普遍性を象徴する都でした。同時代のバグダード*も、長安と同様の世界都市でした。ただし、ユーラシア大陸西部においては、フランク王国の主要な拠点であったトゥルネー、パリ、アーヘンは小都市にすぎず、東ローマ帝国（「ビザンツ帝国」とも呼ばれる）の都城コンスタンティノープル（現イスタンブル）こそが、ユーラシア大陸西部を代表する都城でした。

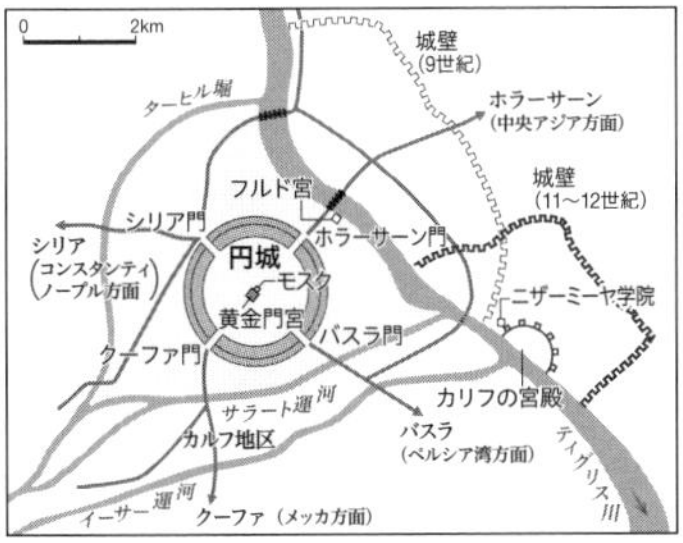

バグダード　三重の円形の城壁で囲まれた円城のなかにカリフの一族や軍人が住み、郊外に一般の住宅や市場が発展した。

以上の妹尾の所論に加えて、原書および本章で扱うフランク、ビザンツ、ウマイヤ朝・アッバース朝、唐の四つの国家および日本（大和政権・律令国家）の国制について比較すると、次のような共通性が浮かびあがります。

これらの五つの国家は、特定の民族（部族）の出身者が君主権を世襲したのですが、多様な民族（人間集団）を統治するために、これらを結びつける共通の原理が必要とされました。まず、統治者（君主）は、呼称の違いはあるが、いずれも宗教的な権威者（神や天）から地上の統治を委ねられた者です。それゆえに、その統治が理念に反する場合には罷免されます。第二に、統治の二つの柱となる軍人と官僚についてみましょう。当初、軍事は建国の核となった民族・部族・氏族が握っていましたが、（徴兵制をへて）軍事的能力に長けたものが職業的な軍人として登用されるようになります。行政は、貴族や軍人が担い、やがて法や文書行政に長けた官僚（文官）が形成されていきます。第三に、土地や税制については、イスラーム国家、中国、日本では、理念的には土地はすべて国家（ないし君主）のものとされ、臣民は平等に耕作する権利を授けられるとともに、耕作面積に応じた土地税（租《そ》、ハラージュ）や人を単位に課される人頭税（庸調《ようちょう》、ジズヤ）を負いました。第四に、秩序や行政の基礎となり、万民がひとしく守るべき法が定められます。ローマ法*は、六世紀にビザンツ皇帝ユスティニアヌス一世のもとでローマ法大全が集成され、教会法*（カノン法）と双璧となります。フランク王国では、八世紀後半に法の整備・改革が進められました。イスラーム法（シャリー

ローマ法　古代ローマ人が作成した法の総称。前五世紀の十二表法に始まり、ローマ国家の拡大とともに、市民だけでなく万民に適用される法体系がつくられた。中世に復活し、近代法にも影響をもった。

教会法　カトリック教会が定めた法。信仰生活、教会の組織、聖職者や信徒の権利や義務などを定めている。

ウラマー　イスラームの諸学（とくに法学）を修めた知識人。学者として、また官僚として、政治を支え、社会を束ねる役割をもつ。

ア）は、神が授けた法とされます。中国や日本の律令は、君主の命によって定められ、学者によって整備され、君主・貴族・民のすべてが守る規範となりました。第五に、統治者も軍人も官僚も臣民も、すべての人間の生活の規範としての宗教が成立します。キリスト教、イスラーム、仏教の共通する特徴は、民族や部族、身分や階層、職業といった個々人の属性を超えて、すべてのものに均しく、生きる指針を与えるという普遍性にあります。

イスラーム国家（アッバース朝）と日本

筆者はかつて、中国社会とイスラーム社会を比較し、絶対的な権威をもつ統治者（天子、カリフ）、宗教的知識人層（士大夫とウラマー*）、私的所有権という三つの共通性を指摘したことがあります。ここでは、互いに直接の交流をもたなかった、八世紀のイスラーム世界と日本について、比較を試みることで、世界史上の八世紀がもっていた共通の意味を

イスラーム世界の拡大

探ってみましょう。

預言者ムハンマドが六一〇年頃に神の啓示を聞き伝え、それに基づく信徒の共同体(ウンマ、イスラーム国家)が樹立される以前のアラブ社会は、政治も経済も宗教も部族を単位として営まれていました。ムハンマドの死後、その後継者(カリフ、代理人)に選出されたアブー・バクル(五七三頃~六三四)は、神の教え(クルアーン*)とムハンマドの言行(ハディース)をもとに統治すること、すなわち(イスラーム)法による統治を宣言します。他方で、誰が統治者(カリフ)たるべきか、その選出方法については定めがなかったために、二次にわたって内乱(内戦)が生じました。それに勝利したウマイヤ家は、カリフ位の世襲という慣行をつくります。他方で、アラブの税制上の優遇は、信徒の平等というイスラームの原理に反し、さまざまな不満分子を糾合した革命軍はアッバース家をカリフとして擁立し、ウマイヤ朝を打倒します(七四九~七五〇年)。こうして樹立されたアッバース朝のもとで、信徒の平等を原理とする軍事・土地・税制度と体系化したイスラーム法がつくりだされていきます。七世紀中葉から九世紀にかけては、部族社会・部族国家から、多民族を包含し統一した法治国家への過程として理解することができます。

同じ頃日本(列島)でも、部族社会から統一された法治国家への変革が進んでいました。六世紀までに、畿内を中心に成立した大和政権では、大王が、中央や地方の豪族に臣《おみ》・連《むらじ》・直《あたい》といった姓《かばね》を授け、大臣《おおおみ》・大連《おおむらじ》や国造《くにのみやつこ》(の位)に任じ、中央や地方の政

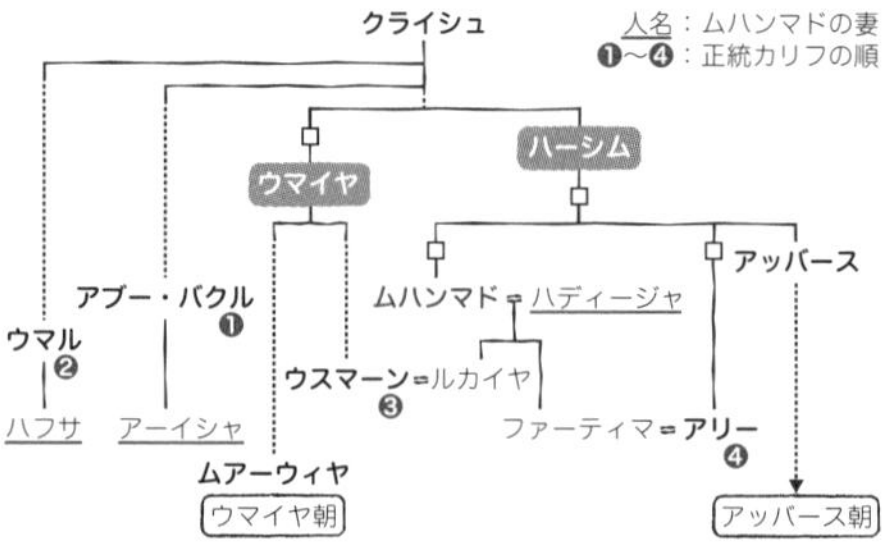

クルアーン イスラーム教の聖典。コーランともよばれる。預言者ムハンマドに神(アッラー)から下った啓示を、その死後に集録したもので、全一一四章からなる。神が一人称で人間に語ったものと考えられ、このため、信徒はアラビア語のクルアーンの章句を暗誦する。

治にあたらせました（氏姓制度）。また、豪族のもとに、部と呼ばれる集団が組織され、軍事や祭祀などの国家の業務を務め、豪族はこれらの地位と職務を世襲しました。これは、イスラーム以前のアラブ部族社会に比定することができるでしょう。推古天皇（女帝、在位五九三〜六二八）のもと、厩戸王《うまやとおう》（聖徳太子、五七四〜六二二）が摂政となり、それまでの氏姓制度にかえて、六〇三年に冠位十二階を定め、冠位は個人に対して授与され、昇進が可能でした。翌六〇四年に公布された十七条憲法は、政治の理念を示すもので、「和を以って貴しとなし、忤《さか》ふること無きを宗《むね》とせよ」（一条）、「篤く三宝《さんぼう》［仏教］を敬へ」（二条）、「私に背きて公《おおやけ》に向ふは、是れ臣の道なり」と述べ、豪族に対して官吏としての心得を説いています。六四五年、中大兄皇子《なかのおおえのみこ》と中臣《なかとみの》鎌足《かまたり》は蘇我氏を追放し、大化改新と呼ばれる国政改革に着手します。翌年四条からなる「改新の詔《みことのり》」を発し、天皇や豪族のもとにあった土地や民を、公地・公民とし、戸を単位とする土地（口分田《くぶんでん》）の配布と徴税、中央と地方の行政組織の創出に歩みだすことを宣言するものでした。詔の文言は八世紀の記録によるもので、後世の潤色が含まれていますが、その理念を示すものともいえます。

続く天智、天武、持統の三代には、まず壬申《じんしん》の乱（六七二年）によって豪族を粛清し、天皇を中心とする政治体制が樹立され、戸籍が編纂され、はじめての法令（飛鳥《あすか》浄御原令《きよみはらりょう》、六八九年）が発布されます。六九〇年には、浄御原令に基づき、庚寅年籍《こういんねんじゃく》が完成し、以後六年ごとに戸籍をつくることが制度化されます。民は、戸籍に登録され、これに基づいて口分田が支給されましたが、売買は許されず、死亡すると収公されました（班田収授法）。五〇戸を一里とする行政制度が全国的に実施され、戸は、課税の単位であるとともに、徴兵の単位でもありました。十七条憲法は、イスラームに基づく国家（ウンマ、共同体）の結成を誓った「メディナ憲章」（六二二年）に、改新の詔の各条は、ウマイヤ朝のもとでの、地方統治制度（総督、駅伝制）や税制改革（地租と人頭税）に、それぞれ対応させることができます。これらの急速な国制改革の背景には東アジア全体の政治変動があり、六一八年に樹立された唐が強大化し、朝鮮半島では三国の抗争が激化し、六六〇年には百済《くだら》《ひゃくさい》が唐と新羅《しらぎ》《しんら》の連合軍によって滅ぼされ、六六八年には高句麗も滅亡しました。六六三年、日本（倭国）の遠征軍は白村江《はくそんこう》《はくすきのえ》において唐と新羅の連合軍に敗北を喫しました。このような国際関係の緊張のもとで、権力の集中が求められていました。

日本では八世紀に、律令国家の体制が樹立されます。七〇一年に、刑部親王《おさかべしんのう》を長とし、鎌足の子不比等ら一九名のメンバーによって、大宝律令が完成しました。律令国家は、天皇を君主とし、天皇から高い位階を授けられた豪族（貴族）が、中国から導入した制度（律令制）に基づいて、土地と人民を支配する国家でした。豪族には、位階とともに官職が授けられ、位階と官職に応じて、給与や田が与えられ、蔭位《おんい》の制により、父祖の位階に応じた位階を世襲することができたものは貴族となりました。中央には、太政官《だいじょうかん》がおかれ、八つの省が政務を分担しました。国土は、畿内《きない》と七つの道に区分され、国《こく》―郡《ぐん》―里《り》の行政組織がおかれ、中央から赴任した国司《こくし》が、郡司《ぐんじ》を指揮して、地方の行政にあたりました。戸籍と計帳（課税台帳）によって、民に土地を給付し、課税し、違反者を罰するという、国家が直接臣民を統治する体制が築かれたのです。こうした法行政の改革や実行には、朝鮮半島から渡来し日本に帰化した人々（帰化人、渡来人）が大きな役割をはたしたのです。大宝律令の編纂メンバーには、帰化人の子孫が多く含まれ、また政府の文書、徴税、出納《すいとう》、外交などの業務に携わりました。九世紀はじめに編纂された『新撰姓氏録《しんせんしょうじろく》』では、京畿在住の氏族の約三割が帰化人の系譜です。日本の国制改革は、東アジアの人の移動に支えられていたのです。

このような支配者としての天皇の権威を正統化する祭祀や儀礼が整備されました。天皇は、天照大神の子孫であるとされ、天皇が皇祖神《こうそしん》とともに初穂《はつほ》を食べる新嘗祭《にいなめさい》や即位の際の大嘗祭《だいじょうさい》が、壬申の乱以降、重要な儀礼とされます。他方で、仏教を移入して国家を鎮護するものとして、寺の造営を進めました。第三に、『古事記』や『日本書記』の編纂を進め、天皇家の支配の由来を歴史として叙述しました。対外関係では、遣隋使、遣唐使の派遣によって、中国の律令や政治制度、仏教などの移入が進められ、帰国した学者や僧は政権のブレーンとなりました。六〇七年の遣隋使では「日出づる処の天子」を名乗り、また七〇二年の遣唐使では「日本」という国号を用いました。さらに、『懐風藻《かいふうそう》』（漢詩集）とともに、『万葉集』の編纂によって広く文化的な基盤が築かれます。

八世紀までに、中国から礼、律令、仏教を取り入れることによって樹立された日本の支配体制は、律令国家、律令体制と呼ばれます。他方、同時期に、アラブに依拠したウマイヤ朝を打倒して登場したアッバース朝は、カリフを地上の、万民の君主とし、イスラーム法によって統治する国家体制を樹立しました。土地および税制の点でも、日本の口分田の配給とそれに基づく税制は、アッバース朝（イスラーム国家）の国家が所有する土地（ファイ）の耕作権を農民に授与し、耕作者が地租と人頭税を負担するという体制と類似しています。ここではさらに、律令とイスラーム法の確立の過程をより詳しくみていきましょう。

律令とイスラーム法

中国では、律は刑法、令は行政法や民法にあたり、唐王朝玄宗皇帝の開元年間（七一三〜七四一年）に完成されました。しかしそれはやがて散逸し、後代の編纂による『唐律疏議《とうりつそぎ》』や『唐令拾遺《とうれいしゅうい》』に遺《のこ》されています。格《きゃく》は臨時の法、式《しき》は施行細則であり、副次的な位置にあり、これも散逸し、部分的に資料に残されるだけになっています。

日本では、律の導入や制定に先立って、憲法十七条（六〇四年）が公布され、近江令《おうみ》（六七一年、不成立との説もあり）、飛鳥浄御原令（六八九年）が編纂されました。中国の律のような厳刑酷罰主義を避け、儒教的な「礼《れい》」によって、臣や民を統率することがめざされ、冠位十二階をはじめとする冠位や宮廷儀礼の整備をはかったのもこのためでした。礼にのっとった行動や所作(儀)のために、日本では、「令」が、さらに細則が「式」として定められました。両者は、『延喜式』(九二七年完成、九六七年施行)に取り込まれ、『内裏式《だいりしき》』(八三三年完成)は儀礼の総合的な規則集で、ほかにも平安時代に儀式書が作成されました。

大宝律令も養老律令も、どちらもテキストそのものは現在に伝わっていません。養老令の解釈書である『令義解《りょうのぎげ》』(八三三年)や、九世紀中頃にさまざまな学説を集大成した『令集解《りょうのしゅうげ》』が編纂され、両者に養老令も収録されています。格と式についは、規定の見直しや改編が続けられ、八四〇年に施行された『弘仁《こうにん》格式』をはじめ、『貞観《じょうがん》格式』『延喜《えんぎ》格式』とあわせて三代格式と呼ばれます。これらも現物は伝わらず、儀礼や行政の手引きとして事項別に編纂しなおされた『類聚三代格《るいじゅうさんだいきゃく》』(十一世紀に成立)と、宮中の行事や儀礼の規範としての『延喜式』が、ノリ(法・礼)として浸透していきました。このように日本の律令は、唐の律令を輸入し継受したものですが、天皇の祭祀や僧侶に関する令を加えるなどの日本の固有法を制度化する面があり、なによりも中国との大きな違いは、皇帝が律令を超越した存在であるのに対し、天皇は律令に拘束される存在であることです。

以上のように、律令国家の政治・行政・儀礼は、律令そのものではなく、九世紀の格と式の編纂と令の注釈書が規範となり、それに基づいて運営されたといえます。平安時代、さらには鎌倉時代以降も、律令は、法文の解釈によって、社会の変化に対応していきました。その担い手となったのが、明法家《みょうぼうか》とよばれる律令の専門家であり、坂上と中原の両家が家業として、それを担いました。訴訟や紛争が生じると、明法家に意見が求められ、「明法勘文《みょうぼうかんもん》」と呼ばれる意見書を出しました。明法家によって学説が異なる場合がありましたが、律令を解釈しなおすことによって、中世以降の法の刷新がおこなわれました。他方で、武家では『御成敗式目《ごせいばいしきもく》』＊（一二三二年制定）が規範となっていきます。

日本（古代）の法の形成は、いくつかの点で、イスラーム法の形成と共通性（類似点）が見出されます。まず、法そのものの考え方です。イスラーム法は、アラビア語でシャリーアと呼ばれ、原義は「水場にいたる道」を意味し、クルアーンでは、人間が従うべき道、神が啓示し定めた真理とされます。それは、人間生活のすべての分野にわたり、礼拝、喜捨、断食、巡礼、葬制などの儀礼的規範（イバーダード、神に対する人間の義務）と、婚姻、相続、売買、裁判、刑罰などの人間同士の関係の規範（ムアーマラート）に区分されます。日本の律令が、礼と法の両面を含んだのと同様に、シャリーアもまた、宗教（倫理）と現世にかかわる法の両面をもっていました。

第二に、法がどのように定められたかです。イスラーム法は、神が授けた法とされ、神が預言者ムハンマドを通じて人類に対して、自身の言葉で語ったクルアーンがその第一のものです。他方、ムハンマドの死とともに神の啓示は下されなくなったの

『御成敗式目』　一二三二年、北条泰時が定めた幕府の基本法五一ヵ条。貞永式目ともいう。御家人の権利・義務や所領相続の規定が多い。武家社会の道理を基準とし、御家人の権利・義務や所領相続の規定が多い。

で、クルアーンに示されていない事柄については、ムハンマドの言行（ハディース）を規範（スンナ）として用いることとしました。さらに、クルアーンやハディースをもとにした共同体の合意（イジュマー、実際には法学者の意見の一致）を第三の法源とし、また、クルアーンやハディースからの合理的類推（キヤース）が第四の法源とされました。シャリーアは、神授の聖法という立場をとりながら、実際には、法学者の解釈によって（実定）法がつくられていきました。成文法（法典）はなく、法学者が分野別事項別に解説した「法学書」が法として用いられたのです。イスラーム法は、十世紀までに学説の土台が完成したとされますが、それ以降も、社会の変化などに応じて明文での規定がない問題について、法学者が、理性によって新たな法解釈（法規範）を発見する（創造する）ことがおこなわれ、法学書（注釈書）の執筆とともに、個々の案件については、ファトワーと呼ばれる意見書をだしました。シャリーア自体は永続し、法学者の解釈に基づいて適用され、それが完全に制定法にとってかわられるのは、十九世紀以降のことです。

他方、日本の古代法（律令格式）は、中国の律令や礼書（五経《ごきょう》や周礼《しゅらい》）を模範（法源）とし、法典（律令格式）が編纂されましたが、九世紀以降、実用されたのは、法学者が作成した集成（類聚三代格）や解釈書でした。このような法解釈は、明律や清律も参考として、江戸期も続けられ、律令そのものが正式に廃止されるのは、十九世紀後半の明治維新でした。

アフロ・ユーラシア大陸の西と東の端に位置する、イスラーム国家(アッバース朝)と日本(律令国家、平安朝)は、地上の統治を委ねられた君主が、万民を法に基づいて平等に統治するという体制を築いたわけです。一君万民を束ねるものが、普遍性をもつ宗教と法であり、その担い手が学者・知識人(文官)でした。

七六二年に建設が開始されたアッバース朝の首都バグダードがアラビア語で「平安の都」を意味するマディーナト・アッサラームと名づけられ、七九四年に遷都された律令国家の都が「平安京」と呼ばれたことは、偶然ともいえますが、いずれの国家においても「平安」が統治の理念であったことを示しています。長安も、「長《とこしえ》の平安」の意味があり、カール大帝期の統治規範の一つは「平和と調和」でした。

当時、アッバース朝と日本には直接の交流がなかったことから、このような統治体制や法の共通性を生み出した要因は、それぞれの地域の歴史事情にあることになりますが、転換は同じ方向(普遍)に向かっていたのです。

他方で、アフロ・ユーラシア大陸に成立した複数の普遍世界、統一国家では、やがて軍事力をもって土地を支配する地方勢力(政権、領主など)が台頭し、君主の絶対性や万民の平等性という理念が揺らいでいきます。イスラーム世界では、十世紀を境に、カリフやウラマーと軍人が連携する(共同)統治体制に移行し、それはヨーロッパ＝キリスト教世界での教皇と王権、日本における天皇と武家政権の共立共存体制と共通します。民は、家族を基本単位としながらも、地縁や職業などを媒介としたさまざまな社会団体に帰属し、生業を営み、税をおさめ、命と財産と名誉を守っていきます。十世紀イラクの法官タヌーヒーが収集した逸話集には、民衆と行政官（法官、公証人、徴税吏など）の手練手管が活写されています。しかし、宗教と法は、つねに社会の変化に対して、解釈や適用を見直すことで、体系を維持していきます。この意味で、八世紀に樹立された普遍世界の原理と規範は、その後の社会の骨格をつくったのであり、歴史の転換期としての八世紀の意義はそこにあるといえます。

七五〇年におけるターニングポイントとは？

・イスラーム世界、キリスト教世界、東アジアに出現した帝国では、君主は神によって統治権を委ねられた者とされ、そのもとで多様な人間集団を統治するための、制度や法がつくられた。

・これらの制度・法・宗教は、民族・集団によらず各地域で普遍的に適用され、また地域を越えた共通性をもった（普遍世界）。

第4章

一一八七年　巨大信仰圏の出現

千葉　敏之

一一八七年はサラディンが十字軍を破ってキリスト教徒からイェルサレムを奪った年です。巨大な信仰圏の対峙・接触・相剋が生み出す力学とその帰結、統治理念や政治思想、社会制度や文化といったすべてが「信仰」に結びつけられていく社会のありようをみてみましょう。

歴史の転換期と「中世」

人やモノの移動に多大な時間がかかり、世界の諸地域の動向も足並みがそろわない「中世」という時代について、歴史の転換期を探し求めることは、大きな知的挑戦となります。なぜなら、文明や帝国の興亡、銀の大流通、国民国家の形成、革命や世界戦争の勃発といった歴史の転換点は、中世においては一世紀を超えるタイムラグをともなって生じることが常だからです。それでもなお、歴史上のある時点で時計の針をとめて世界を俯瞰することの意義は、どこにあるでしょうか。

第一には、同時代的な世界大の現状図（グローバル・スナップショット）を眼前に描くことが可能となります。歴史家には専門性があるため、単身で世界全体の動向を分析・評価することは難しいのですが、転換期シリーズのような共著であれば、特定の

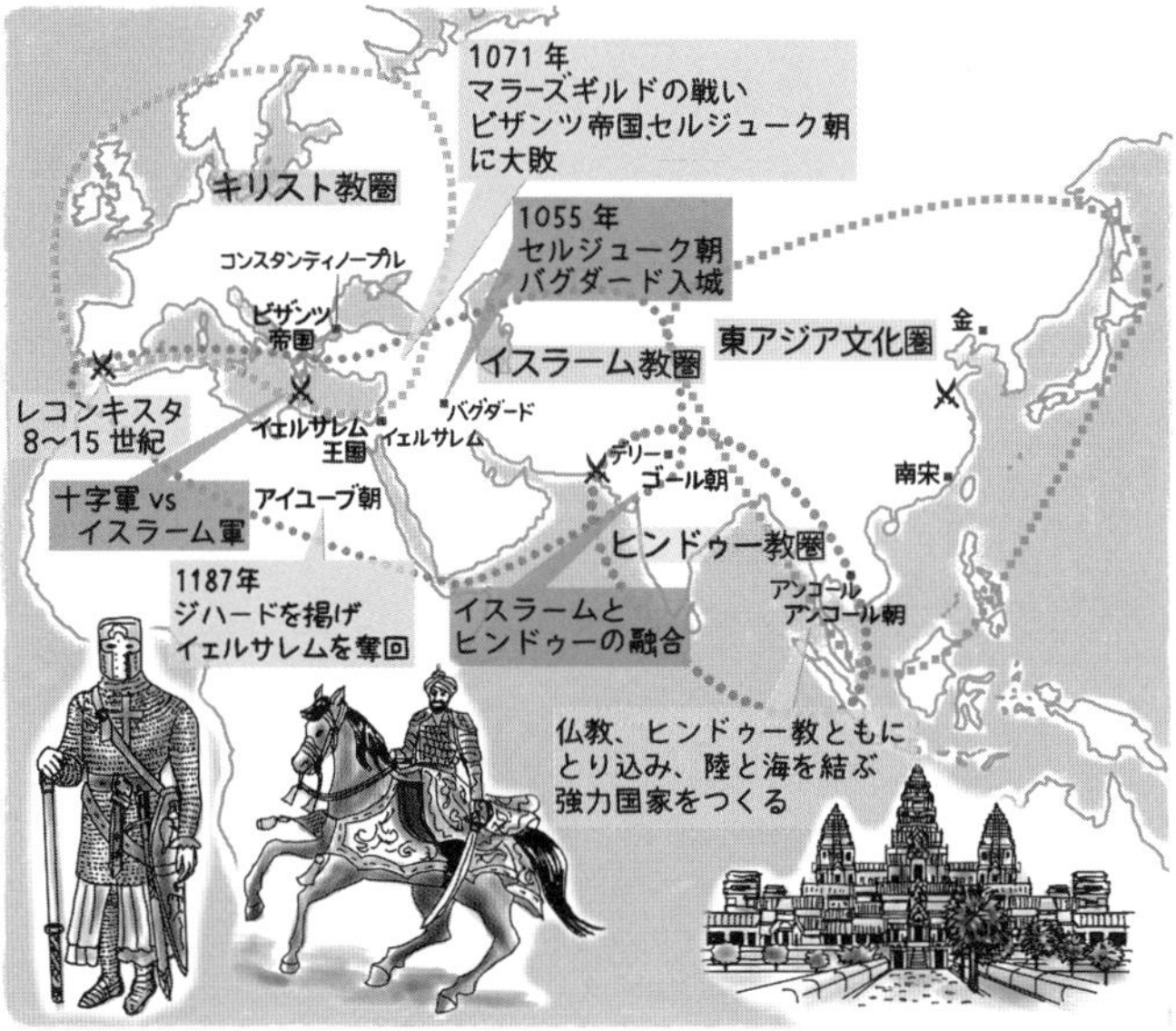

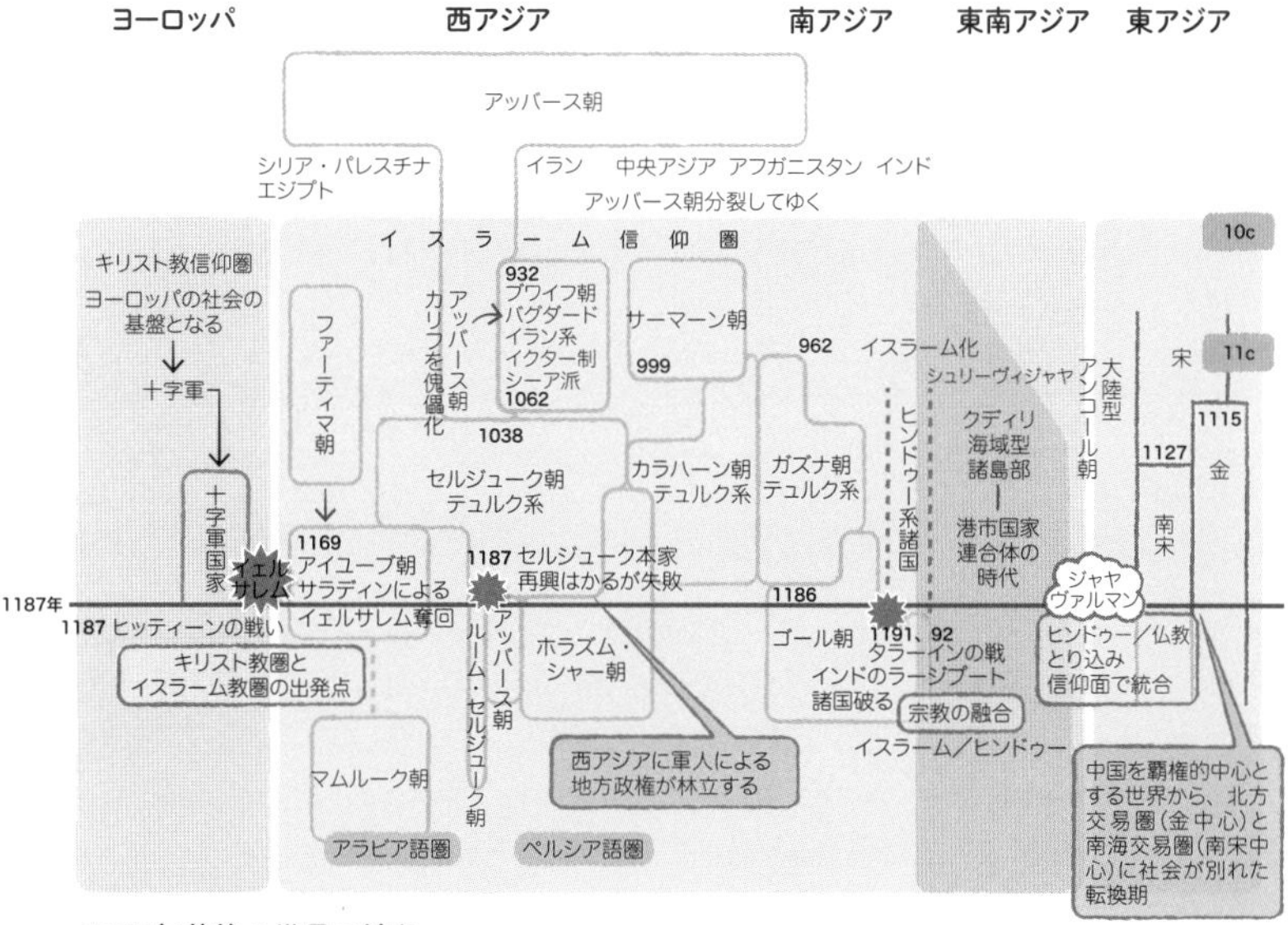

1187年前後の世界の流れ

年号という共時性を土台に分析された各地の「現況」を相互に比較し、またその関係性を問うことができます。おのおのの対象地域が描き出す世界図をつぶさに観察し、相互の連環を見定め、一定の指標のもとに比較することで、視野を限定した時系列の観察ではみえにくい世界全体の動向を把握することが可能となります。

第二に、静止画的な面的観察によって、歴史を考察・叙述する際の地理的枠組みの妥当性を検証することを可能にします。できごとの因果関係の連鎖を、地理的に広域にたどることができるのです。それはまた、時系列偏重の歴史学で通説とされてきたテーゼについて、問題の観察範囲を再設定*することで、その意義を見直す可能性を拓くことにもつながります。

第三に、静止画的観察は、その年号、あるいはその月・日に世界各地で起こりつつある膨大な「瞬間」群を切り出します。交わされた書簡、派遣された使節、発給された公文書、戦われている戦闘、また執筆中の記事、建造中の建物の部位など、これら共時的空間から復元される数々の瞬間群のあいだに、因果関係や連絡・交渉の痕跡を見出すことができたなら、そこからコミュニケーションやネットワークを再構成することができ、一方で直接の接触はないにもかかわらず同質性を見て取ることができたなら、そこに一つの構造を読み取ることが可能となるのです。

静止画ではとらえにくいと思われる「移動」についてはどうでしょうか。例えば一一八四年九月十八日にアッカにいたムスリム知識人イブン・ジュバイルの旅行記を

テーゼの再設定　例えば、内藤湖南以来の唐宋変革論を論じる飯山知保の補論は、そのテーゼの立論が漢人の支配する「中国」＝江南社会のみを観察枠組みとしている点の問題性を指摘し、「中国」という自明視されてきた枠組みを、対象とする時代ごとに見直すべきことを提言している。

紐解いてみましょう。彼は、隊商宿をかねた税関で、アラビア語を話し、書くことのできるキリスト教徒の書記に通関料を払い、キリスト教徒の婦人から借りた宿に泊まり、アッカから故郷グラナダをめざして出港する様子を旅行記に記しています。他者である移動者として滞在先の地域社会との交渉を描いていますが、そこには時系列ではみえにくい局面がクローズアップされています。このように旅行記などを通して、移動者の日々の移動をその都度の滞在先との交渉の連続という視点でとらえることもできるようになるのです。そしてまた、イブン・ジュバイルの記録は、後の世代が振り返って「転換期」と考える時を現に生きている人々の、いわば地を這う経験者の視点――未知のできごととの遭遇、瞬間的な決断――を代弁するものでもあります。これも、移動を点の連続としてみる観察法ならではの認識であるといえるでしょう。

静止画的観察のなかで切り出された瞬間は、その一点で完結するものではなく、そこにいたる時間の経過のなかで積み上げられた因果の鎖を引き継ぎ、幾重にも意味の充填された重みのある「点」です。この瞬間に加えられた新たな意味が、つぎの時代を規定することにもなります。第四巻の各章で、一一八七年という一点が負う意味の多層性や連鎖を解明するために時間を遡り、またこの瞬間に起きたできごとが後世に与えた影響を見定めるために、時計を先に進めて叙述をおこなうことで、転換期を認識することが可能となると思っています。

信仰と宗教

第三巻では、七五〇年を東アジアの隋唐帝国、西アジアのアッバース朝、ヨーロッパのカロリング朝といった「普遍世界」がユーラシア大陸に鼎立する転換点と位置付けました。

今日の三大普遍宗教のうち、最古の仏教は前五世紀にインドに生まれたのち、後一〇〇〇年までには中央アジア、東南アジア、東アジアにいたり、ユーラシア大陸の東半分を覆う広がりをみせました。続いて、ユダヤ・パレスティナの地にユダヤ教を母胎として後一世紀に生まれたキリスト教が地中海世界に広がり、四世紀にはローマ帝国による公認・国教化を梃子として、地中海全域をカバーする信仰圏を形成しました。後発のイスラーム教は七世紀のアラビア半島に生まれたのち、大征服をへて、北アフリカ、シリア・パレスティナ、アナトリア、メソポタミア(イラク)、ペルシア、中央アジアへと急速に広がり、十五世紀の末までには、三大宗教がユーラシアを分け合う信仰地理ができあがります。これが第四巻のタイトルにある「信仰圏」です。

宗教と対比される「信仰」とは何かを考えてみましょう。信仰は、信仰する人間の全人格にかかわるものであって、ゆえに人間生活のすべての領域に分かち難く浸透しています。政治的局面では、君主は自らの地位の正統性を神による選びに求め、戦争を戦う際には十字を戦旗に縫い込み、法については聖典を拠り所として、神の掟を聖典から読み取る専門の法学者(ウラマーなど)を配置します。また、経済面では、発行する貨幣に神の言葉や記号を刻み、信仰を理由として租税(十分の一税、ジズヤ、ハラージュ)を徴収し、神を讃えるために寺院・教会を建立し、聖典や口伝に基づく神の物語を造形します。このように、社会生活のすべての領域に、時には明確な意志をもって、時には無自覚に融合する、この遍在する信仰のありさまを、中世の転換期を見定める際の主たる指標としたいと思います。

西アジアの信仰圏

中世の転換期を信仰という切り口からとらえようとする際、一一八七年、すなわち世界史上、シリア・パレスティナにおけるヒッティーンの戦いとサラディン*による イェルサレム奪還の年――キリスト教世界とイスラーム世界の「対決」――として記憶されている年を対象に選びました。それは、仏教とは異なり、信仰圏として拡張局面にあったイスラーム教とキリスト教という二つの巨大信仰圏のありようを解明し、中世において信仰という問題を再検討するとともに、一一八七年の世界の地球大での現況を見渡すなかから、この時代の構造と連環を浮かび上がらせることができると考えたからです。

十一世紀以降、エリア最大の勢力であったセルジューク朝の動向に目を向けたのが、第一章「セルジューク朝の覇権とイスラーム信仰圏の分岐」(大塚修)です。まず、セルジューク朝最後の君主トゥグリル三世の一一八七年の動向を伝える記事を手

サラディン(一一三八〜九三)　サラーフ・アッディーン、通称サラディン。アイユーブ朝の創始者(在位一一六九〜九三)。第三回十字軍を退け、その勇猛さ、公正さと博愛は、十字軍諸侯のあいだでも高く評価されていた。

がかりに明らかにされたことは、第三代君主マリク・シャー（在位一〇七二〜九二）のもとで広大な領域を傘下におさめた王朝の最盛期は終わり、崩壊局面にあったということです。旧領土は地方政権の支配下におかれ、本家さえ、地方政権の一つの保護下にありました。

この群雄割拠の情勢を利用し、権勢の挽回をはかりつつあったのが、アッバース朝カリフのナースィルでした。アッバース朝は九世紀半ばの分裂、あるいは十世紀半ば以降の解体過程で、西アジア全域と、それを超える地域に深甚な影響をおよぼしました。じつは、イスラーム信仰圏全体では、九四五年のブワイフ朝のバグダード侵攻によるアッバース朝の衰退に始まった政治的流動化こそが最大の転換点であって、その再編過程のなかで台頭したセルジューク朝がいまや分裂状態にあるというのが、一一八七年の状況です。

この分裂は、テュルク系のセルジューク朝がアラル海周辺から南下し、支配圏を拡張していく過程で受容してきた先行王朝の諸制度を融合させつつ確立した行政システムが、各地に拡散していくプロセスでもありました。例えば、テュルク系奴隷軍人（マムルーク）を登用する制度のほか、ブワイフ朝から受け継いだイクター*制は、後継諸王朝に継承され、やがてサラディンのアイユーブ朝のもとでエジプトにも移植されています。政治的分裂は、必ずしも負の効果だけをもたらすわけではありません。

セルジューク朝は、十二世紀前半、英君サンジャル（在位一一一八〜五七）のもとで

イクター制　軍人や官僚に与えられる封土もしくはその土地からの徴税権をイクターという。ブワイフ朝がはじめ、セルジューク朝に導入された。イクターを保有する軍人は、その見返りとして軍備を維持し、召集に応じて参戦する義務があった。

復興をはたしますが、その死後は後継諸王朝が割拠し、本家はアゼルバイジャンの地方政権イルデギズ朝のもとで傀儡政権として存続します。一一八七年は、その傀儡君主トゥグリル三世がイルデギズ朝支配から脱却し、セルジューク朝本家の再興をはかっていた年です。その試みも失敗に終わり、セルジューク朝本家は九四年に滅亡します。これにより西アジア世界では、アラビア語圏のアイユーブ朝と、ペルシア語圏のイルデギズ朝およびホラズム・シャー朝に分かれ、その後西アジア全体を統一する政権は二度とあらわれませんでした。

南アジアの信仰圏

セルジューク朝と境を接し、ガズナ朝、ゴール朝の勢力下におかれたアフガン山塊・ヒンドゥークシュ山脈とその周域は、西アジア、中央アジア、南アジア（インド亜大陸）との境域、「北西フロンティア」（南アジアからみて）にあたります。イスラーム勢力は、八世紀初頭、「北西フロンティア」に進出し、インダス川下流域のシンド地方を制圧、インダス川を遡って北進しました。シンド地方制圧の狙いは、インド洋海域におけるムスリム商人の交易拠点を確保することにありました。ムスリム商人はインド洋海岸に足場を築きながらベンガル湾に進出し、やがて東南アジア、南中国（広州）に到達します。

1180年頃の西アジア・中央アジア

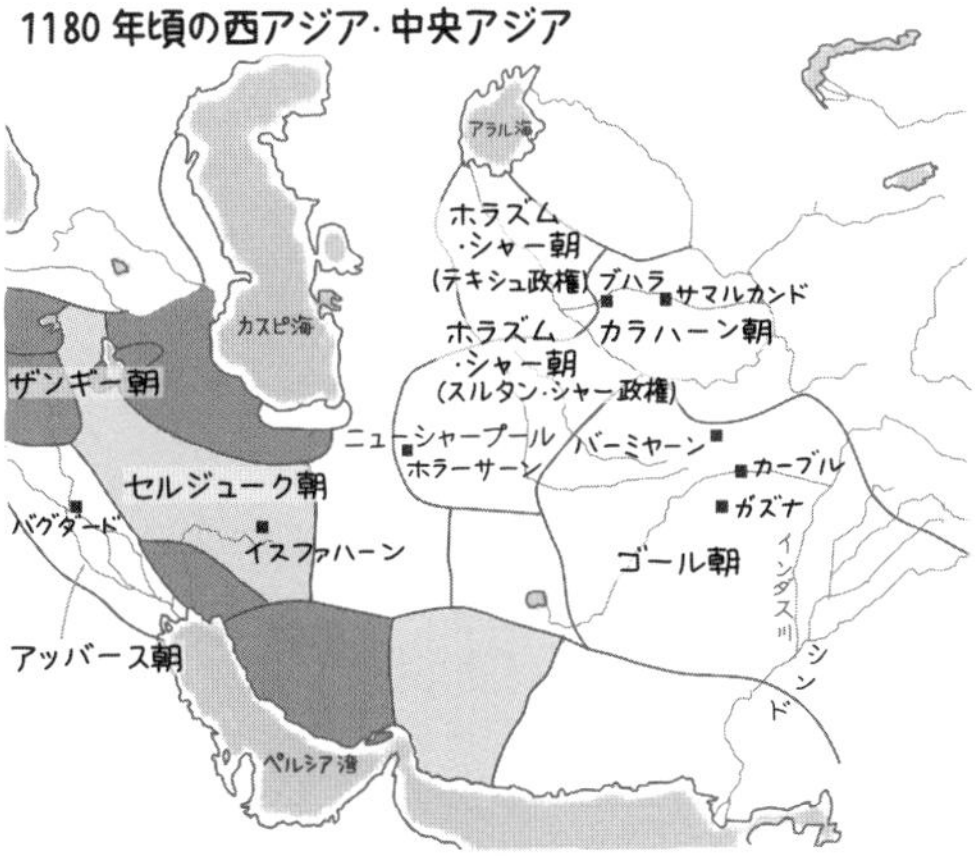

第二章「イスラームとインドのフロンティア」（稲葉穣）は、冒頭で、「北西フロンティア」の覇者ゴール朝ムスリム軍と北インドのラージプート連合軍の戦い、第一次（一一九一年）・第二次（一一九二年）タラーインの戦いを取り上げています。

アッバース朝の分裂に端を発する大転換のなかで、「北西フロンティア」では、中央アジアから購入したテュルク系軍事奴隷を軸に編成した強力な軍を擁する地方王朝が台頭します。サーマーン朝（八七五〜九九九年）、ガズナ朝（九七七〜一一八七年）、ゴール朝（十一世紀初〜一二一五年）をへて、十三世紀に北インドにはいり奴隷王朝を興したデリー政権へと、テュルク系軍事奴隷を主力とした軍事的統治体制と、信仰圏拡大に向けたジハード戦略は継承されることになります。

十一世紀のガズナ朝の侵攻以来、ムスリムの進出に連合して対抗したのは、北インドのインダス川流域に割拠するラージプート＊地方政権でした。支配の正統化のためにヒンドゥー・イデオロギーを掲げ、寺院の建設、寺院やバラモンへの土地・村落の施与、農地開発とその地域のヒンドゥー化を進め、地方経済力の発展、政治勢力の出現、王都の建設や土地開発といったプロセスの担い手となったのがラージプート集団です。

「北西フロンティア」のムスリムの侵入にどうにか抗《あらが》ってきた北インドが、ついにムスリム勢力の支配を受け入れる端緒となったのがタラーインの戦いでした。そしてデリー政権以降、北インドはムスリム諸国家の統治下におかれます。これらの諸国家

ラージプート地方政権　ポスト・グプタ期（五世紀後半〜八世紀）の北インドでは、「北西フロンティア」からの流入民を主体とする新興政治勢力、ラージプートが台頭し、割拠する時代（八〜十二世紀）を迎えた。

は、少数派であるムスリム支配者が、多数の非ムスリム（ヒンドゥー）を支配する構造をもっていました。この統治構造が成り立つには、統治者側の努力と被統治者側の思惑の一致、そして社会としての融合が不可欠でした。政権側は、インド的過去とイスラーム的現在を接続する試みとして、デリー郊外にモスクを建築するにあたってインド的要素を取り入れたり、ムスリムとヒンドゥーの双方がともに崇敬する場を設けたりしました。また、かつてイラン高原を征服した際、現地のゾロアスター教徒の聖典『アヴェスター』を啓典とみなしたように、ヒンドゥー教の聖典『マハーヴァーラタ』『ラーマーヤナ』を啓典とみなし、ヒンドゥー教徒に信仰の保持を認め、納税や貢納義務を課しました。ヒンドゥー教徒を主体とする民衆は、十二世紀にモンゴルのたびかさなる侵攻を受けた北インドにおいて武人と理解された「テュルク」に北からの侵入者に対する防衛力を期待しました。こうして、「北西フロンティア」の政治文化を継承するデリー諸政権の支配のもと、北インドでは、ヒンドゥーと共存しうるイスラーム支配体制が出現したのです。一一八七年は、こうした変動――「北西フロンティア」の北インドへの拡張という中位の転換――の出発点と位置付けられるでしょう。

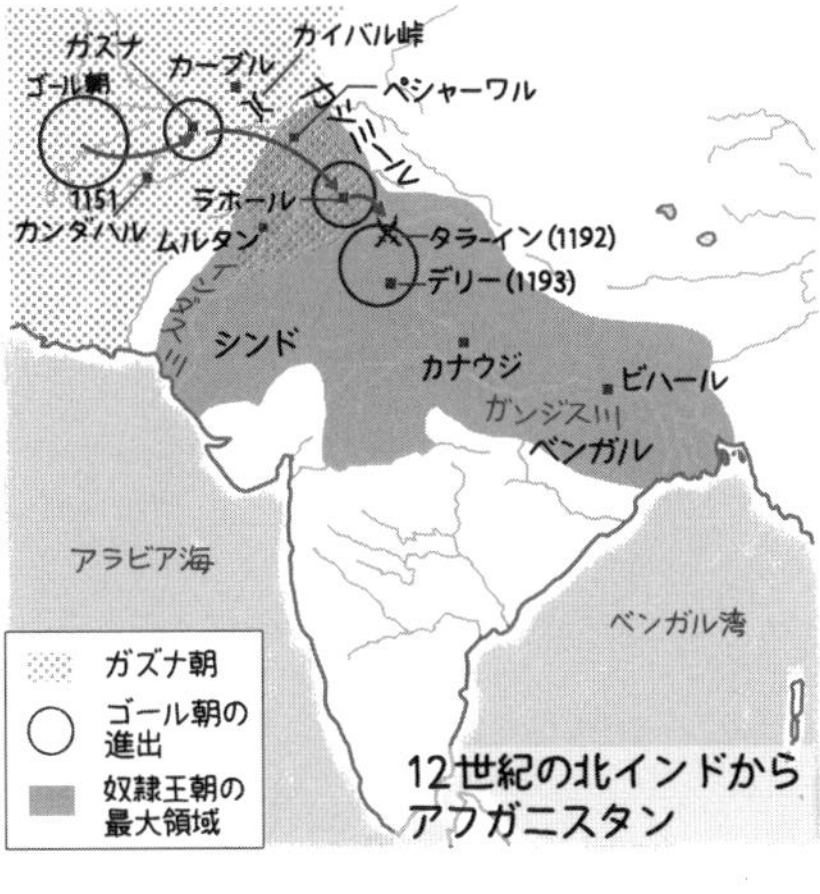

12世紀の北インドからアフガニスタン

東南アジアの信仰圏

第三章「仏教王ジャヤヴァルマン七世治下のアンコール朝」（松浦史明）では、仏教・ヒンドゥー教という世界宗教がかさなり合う信仰空間のなかで、一一八七年にカンボジア王国アンコール朝の王であったジャヤヴァルマン七世の武勇をインド神話になぞらえて讃える、当時の碑文から出発します。

面積ではヨーロッパを超える「東南アジア」は、生態環境や歴史の展開に即してみた場合、熱帯雨林地域で少ない穀物と豊かな森林資源を背景に交通上の利便性に基づいて港市国家を形成する「海域」（「海の東南アジア」）と、サバンナ気候に属し、貯水システムを用いた農業生産力と集中した人口を柱に領域国家を形成する「陸域」（「陸の東南アジア」）とに分けられます。一一八七年時点での東南アジアを見渡すと、大越（北ベトナム紅河デルタ地域）、チャンパー*（ベトナム中・南部沿岸地域）、パガン朝（ミャンマー）、三仏斉（マラッカ海峡地域）、クディリ王国（ジャワ島）等の諸政体が複雑に絡み合う構図を形成していました。

これら諸政体に働く力学は、地域の富や利権をめぐる隣国同士でのせめぎ合いを中心軸としつつ、よりミクロには、政体内部での権力争いの緊張をはらみ、同時にマクロには、南中国への朝貢（補論）によって東アジア政治圏の周縁を、あるいは交易関係・商人の行き来を通してインド交易圏、ヒンドゥー・仏教信仰圏（第二章）の周縁を構成していました。バラモン教・仏教・ヒンドゥー教といった信仰は、インドからの

チャンパー　二世紀末、ベトナム中部にチャム人が建てた王国。中国の史料では林邑・占城などと記される。インドと中国南部との中継貿易で栄え、インド風の寺院や像が数多くつくられた。

来航者によって、土着の精霊信仰と共存しつつ定着し、東南アジアに固有の多信仰的土壌を形成していきました。

一一八七年の東南アジアは、十世紀前後に起こった大転換の余波のなかにありました。この転換によって、陸域では統一体としての領土国家の形成が、海域では港市国家の連合体の形成が進みました。その背景には、中国での統一王朝・宋の成立と中国商人の「東南アジアの海」への進出、マレー半島でのイスラーム商人との取引の増加があり、海上交易一般の活性化による地域全体での富の増大が、海域・陸域それぞれに影響をおよぼしていきました。アンコール・ワット*で有名なアンコール朝も、この転換のなかで生まれました。

十二世紀の東南アジアは、陸域の領土国家では強大な権力が広域を統合・支配する時代ではなく、勢力を増し、自立性を高める地方政権に対し、王権が権威の正統性を主張し、統治基盤固めを模索した時代であり、海域では有力な港市国家が他の港市を従えるのではなく、同格者の連合体を志向した時代でした。

アンコール王権は、ヒンドゥー教や精霊信仰を取り込んだ「新しい仏教」(諸信仰の習合)を標榜しましたが、それは拡張された領土を信仰面で統合する方途でした。ジャヤヴァルマン七世の治世において、中国商品が大量に流入し、バイヨン様式の建築物や美術品が西方のタイやミャンマーにまで拡大し、施療院、王道を軸とする交通インフラが整備されたのは、王名での刻文の増加——古クメール語に加え、サンスク

アンコール・ワット　十二世紀前半にスーリヤヴァルマン二世（在位一一一三～五〇頃）により造営された、アンコール朝期の寺院遺跡。ヒンドゥー教の聖殿で、四方を濠で囲まれている。精緻な壁面の浮き彫りが有名。現在のカンボジア国旗にも描かれている。

リット語でも——と同様、同王が自らの権威の拡大をはかるための施策とその成果だったのです。

こうしたなか、内陸農業を基盤とするアンコール朝は、十二世紀後半には、中国史料で「都会」と呼ばれる国際商品の物流拠点へのアクセスを高め、海域への進出をはかっていました。一方で、海域型国家である隣国チャンパーが陸域への進出を試みたため、アンコール朝とのあいだに抗争が生まれ、北の隣国大越を巻き込みながら、三国の競合が高まっていったのです。ジャヤヴァルマン七世が即位したのは、このような時代であり、国・地域・広域という三層おのおのの力学が上下に連動する複雑な状況のもとでした。

十三世紀になると、東南アジアの信仰世界に、上座部仏教とイスラームの拡大という大きな変化が訪れます。信仰面での新しい状況が展開していくなか、東南アジアは陸と海とが統合される十四世紀の大転換期を迎えることになるのです。

東アジアの信仰圏

補論「ユーラシア東部における『唐宋変革』期」(飯山知保)は、一一八七年の東アジアの状況を分析するうえで、南宋温州から金の支配する華北に北上した樓鑰《ろうやく》(一一三七年生)が残した『北行日録』の記述に着目します。樓鑰は公立学校の教授で、表向きは慶事に際しての祝賀使節、じつは華北の情勢探査の目的での派遣でした。南人である樓鑰の眼に、北人の風俗習慣はまったく異質のものと映りました。宋の時代から、中国が華北の金、江南の南宋に分裂した時代で、両国の和約によって約四〇年にわたる平和共存が実現していた時期にあたります。

ここでは、樓鑰の記述の背景を探るにあたり、内藤湖南が提唱した唐宋変革論が議論の軸にすえられています。この学説は、唐末以降、門閥貴族が没落し、科挙制による能力本位で選抜された官僚や科挙受験者である士人が社会のエリート層を形成し、その一方で土地を国有とする均田制が崩壊して土地の私有・売買の慣行が定着した結果、土地を集積する大領主層が増え、市場を意識した商品作物の生産が広がったとするものです。したがって、九〇七年の唐の滅亡から九六〇年の宋の成立と展開(〜一一二七年)のなかで、十世紀半ば頃に中国社会に一大転換が起こったとする見解に立っています。ところが、華北人口の南遷や農業生産力の向上、商品取引の活発化を背景とした江南社会の一大発展に比し、華北を「立ち遅れた社会」と評価する見方に対しては、近年多くの批判が向けられています。その前提には、中国を社会的・文化的に均質な歴史空間であるとする認識と、地理的枠組みの問題があります。

樓鑰の報告では一一八七年の「中国」は、金の支配する華北と南宋が

ジャヤヴァルマン7世時代の東南アジア大陸部

支配する江南とがすでに別々の国と認識され、風俗習慣や民族性においても異質のものと感得されています。それは先進性・後進性の問題ではなく、質の違いであって、その起源は華北社会の長い伝統だけでなく、ジュシェン(女真)人が中央ユーラシアからもたらしたフロンティア文化に多くを負っていました。一一八七年のユーラシア大陸東部を見渡すと、ジュシェンの金が現在のロシア沿海州・中国華北とモンゴル高原の一部にまたがって国際秩序の枢軸をなし、タングートを中心に「シルクロード」の要衝を扼する西夏、朝鮮半島の高麗、モンゴル高原の諸勢力が、金との関係を取り結びつつ互いに外交・交易を展開する世界が成立していました。そして、南アジアの「北西フロンティア」と同じように、ジュシェンをはじめ、中央ユーラシアに由来する部族が文明の中心である華北をめざすという動きが長い歴史のなかで繰り返されてきました。

一方で、江南社会を広域的射程からとらえ直すと、アンコール朝(真臘)、大越(交趾)、チャンパー(占城)などの東南アジア諸国が、一一八七年前後、南方中国(宋朝)に朝貢していました。従来は中国を覇権的中心とする国際秩序(冊封体制)に参入することで、周辺諸勢力が認知や庇護を求めたものと理解されてきましたが、それだけでなく、隣国との争いを優位に進めるための戦略という朝貢国側の主体性も認められるようになってきました。

さらに両者に共通する状況として、宋朝と東南アジア諸国を包含する南海交易圏の活性化という事態があります。宋朝の商人は海を越えてマラッカ海峡にいたり、インド洋交易圏から来たムスリム商人と取引をしましたが、商人の往来を管理する市舶司《しはくし》の活動は、東南アジアに限らず、高麗や日本との交易も管轄しました。中国商人は商品の売買を担うだけでなく、使節や書簡の送達などの外交活動にも従事しつつ、海を越えて地域を繋ぐ役割をはたしていたのです。宋朝の皇帝への朝貢も、外交関係の確認という政治的思惑に加え、商品の交換・売買の貴重な機会でもあったことも忘れてはなりません。物資を介した交易関係は、外交・通信・情報収集に加え、信仰の伝播などの文化的な役割もかねる総合的事業でした。

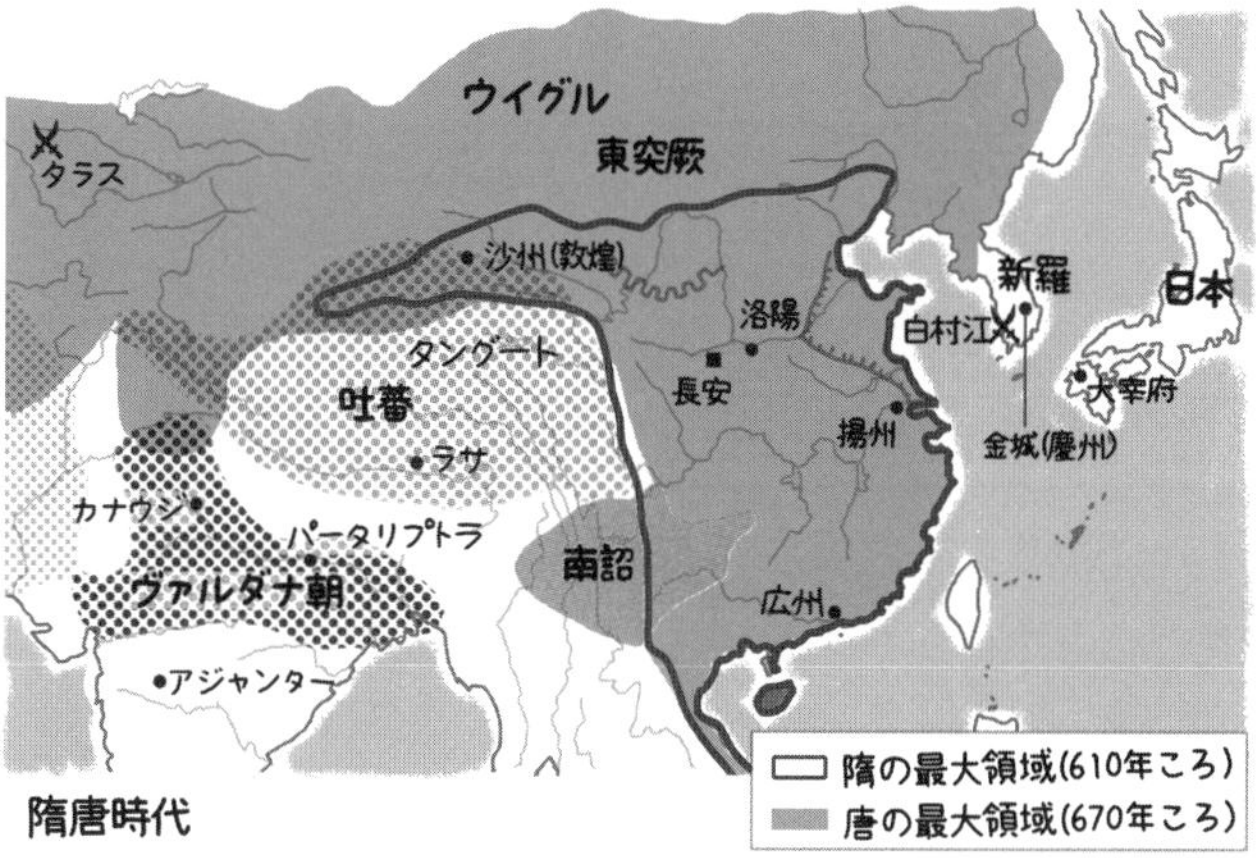

隋唐時代

南宋時代

ヨーロッパの大開発と土地基盤社会

ユーラシア大陸の西端、ヨーロッパ半島は中世温暖期（八〜十三世紀）の後期にあって、活動力を著しく高めた「大開発の時代」でした。

一一八七年、キリスト教信仰圏のヨーロッパは、森林開墾・灌漑と植民を通じた、未曽有の規模での耕地面積の拡大と土地利用の効率化の時代の只中にありました。王国全土から土地税を徴収する税制を知らないヨーロッパの王権は、財政基盤をもっぱら王領地においていたため、国庫を潤すには、王領地の開発が不可欠であり、諸侯についても事情は同じでした。大開墾時代と呼ばれるこの時代の運動のうち、主たるものは、ドイツから東方に向かう植民とイベリア半島でのレコンキスタにともなう植民でした。植民者となったのは故郷を離れた農民とその子孫ですが、その仲介役を担った植民請負人（ロカトール）は富農・小領主層であり、そもそも農民の招致をおこなったのは、入植先となる土地の支配者でした。植民運動は土地を求める農民の東方への進出というよりも、開発のための技術と労働力を求めた現地領主層による、西方からの農民層の吸引であったといえます。

その際、王領地を含めた所領の維持・管理に貢献したのが、修道院でした。十二世紀には、シトー会に代表される新しいタイプの修道会が、共通の会則と組織体系を基にネットワークを張りめぐらせていきましたが、その際、周囲の領主から既耕地の寄進を受けるだけでなく、森林・未耕地の寄進を受けて、開墾運動の一翼を担いました。一方、在俗の司教もまた所領の集積を進め、有力な土地領主となっていましたが、この時期から徴収が徹底されるようになった十分の一税を信徒全員から集め、その四分の一を司教座の運営の財源としていきました。

格段に面積を増やした耕地は、領主支配・村落共同体・耕作労働・司牧（教区）単位*が重複する、切り離しの容易な経営ユニットにまとめられました。こうした所領がキリスト教社会の土台となり、その交換・売買・下賜・寄進が人々の結合を生み、確認する手立てとなり、王位をはじめとする家門の家督の継承や財産の相続の保証物となったのです。土地を媒介としたコミュニケーションには証書が付随し、すべての証書の文面は神の意志として構成されています。ヨーロッパにおけるキリスト教信仰は、こうした土地基盤社会と完全に合致していきました。

大開発の時代に充実しつつあったこうした信仰社会に対し、第一回十字軍の成果としての聖地イェルサレムの領有、四つの聖地国家を運営した経験、聖地と本国を往来する人々の移動は、多くの新しい要素をつけ加えました。それは、普遍宗教としての自己認識、世界伝道への使命、信徒を軍事動員しうる十字軍理念の彫琢、各地の情報を回収し、権威を付して各地に送り返す教皇座とその通信網、教皇座を回転軸とする君主国の政治社会、等です。そして、第一回から第三回までの十字軍は、当初より一貫して、教皇座主導の教会改革と連結し、ウルバヌス二世、エウゲニウス三世（聖ベルナールを介して）、インノケンティウス三世と続く、歴代教皇の改革意志を原動力と

司牧（教区）単位　キリスト教ヨーロッパ社会に根ざす日常的な信心は、その社会の底辺に広がっており、異端との境界線上に裾野を広げていた。一農民の信仰世界は、司牧（キリスト教信者）を担う司祭によって霊導され、司祭の言動は司教が監督し、司教の振る舞いはローマの教皇座の教導のもとにおかれるというヒエラルキーがあり、このヒエラルキーは土地基盤社会の中で、全信徒が支払い義務を請け負う十分の一税や土地の寄進、教会刑罰の法廷によって幾重にも強化された太い柱をなしていた。

していました。ラテラノ公会議の復活は、教皇の方針をすべての司教・修道院長、世俗君主の使節らが出席する場で確認し、公示しうる会議体の成立を意味するとともに、そこに参集する公会議出席者の地理的分布を通して、普遍たるべきキリスト教世界、それを束ねる教皇の普遍的なる身体を体現しました。「キリストの身体」になぞらえられるこの信仰空間は、古代より大陸名として知られてきた「ヨーロッパ」概念と完全に一致するものとなったのです。

巨大信仰圏の交点

第四章「巨大信仰圏の交点としての十字軍」(千葉敏之)は、セルジューク朝の西アジア進出に始まる地球大の信仰圏の連なりを締めくくるパズルの最後の一片です。この章では、一一八七年七月四日のヒッティーンの戦いの後、イェルサレム総大司教エラクリウスがヨーロッパ君侯に送った書簡と、三カ月後の十月二日にイェルサレム奪回をはたしたアイユーブ朝スルタンのサラディンが、バグダードのカリフに宛てて送った書簡の比較から叙述がはじまります。

十字軍と対峙するザンギー朝(サラディンの主君)は西アジア＝イスラーム世界においては、セルジューク朝から自立した地方政権という周縁的存在でした。一方で、フランス人教皇ウルバヌス二世の構想と周到な準備に支えられた最初の東方出征は、フランス騎士を軸とし、フランスでの「神の平和」運動での手順を参考にした手探りのものでしたが、しだいに「十字軍」――キリスト教の聖都イェルサレムを守護するための軍勢――へと変質していきました。シリア・パレスティナにおいて地方政権が割拠し、教友間で対立する現地イスラーム社会を尻目に、聖地イェルサレムへ向かう堅固な意志と方向性を備えた「十字軍」が、一一一八年までに四つの十字軍国家を建設し、その維持のために不可欠な沿岸都市を占拠し、イェルサレム王国の王位継承の手順を定めていきました。

一一四四年のザンギーの軍勢によるエデッサ陥落は、ヨーロッパにとって聖地国家を失うはじめての経験でした。その驚きと悲嘆のなかから、シトー会クレルヴォー院長ベルナールによる第二回十字軍の勧説ツアーが始まります。ウルバヌス構想を継承したベルナールの構想は、半世紀ぶりの大型十字軍の実現やエデッサの奪回という目的を超えて、「十字軍」を理念として彫琢《ちょうたく》するとともに、十字軍派遣の対象を「教会の敵」全般に拡張するというものでした。これによって、十字軍は東方の聖地だけでなく、南西のイベリア半島、北方のヴェンド人にも向けられ、やがてキリスト教内部の敵であるカタリ派などの異端にも適用しうる理念となります。この理念を支えたのは、新たなる「キリストの騎士」たちであって、それを体現する存在が、騎士にして修道士たる者たちの騎士修道会*でした。

十字軍国家ではこの間、世代交替が進み、「十字軍家門」が形成され、十字軍国家の君主の地位を守り、統治を支える一方、聖地に生まれ育った教会知識人が頭角をあらわ

騎士修道会　十字軍運動を支えた教皇直属の修道会。ヨハネ騎士団、テンプル騎士団、ドイツ騎士団は三大宗教騎士団といわれる。巡礼の護衛を目的に発足したが、十字軍運動のなかで莫大な所領・財産を保有する組織に発展した。

し、王国統治を担うエリートとなりました。イェルサレム王位にも聖地生まれの王が就き、脆弱な王国の基盤をコムネノス朝ビザンツとの通婚やヨーロッパからの人材の調達によって強化していきました。一方、ザンギー朝では、ザンギーの後継者で息子のヌール・アッディーンのもとで、十字軍との戦いを「信仰の敵」との聖戦（ジハード）と位置付ける観念が醸成されていきましたが、それがファーティマ朝エジプトをめぐる覇権争いのなかで現地に派遣され、やがてアイユーブ朝を興したサラディンへと受け継がれました。サラディンはエジプトを平定すると、シリアとの併合を期して北上しましたが、その際、アラブ・ムスリム（シリア地方政権）とトルコ・ムスリム（セルジューク朝）、クルド・ムスリム（アイユーブ朝）の各勢力を統合して連合軍を組織するために、ザンギー朝のジハード・イデオロギーを活用しました。それが効果を発揮するには、フランク人の十字軍を「信仰の敵」と喧伝するなかで、その敵を屈服させた証として、聖地イェルサレム――彼らには、第三の聖地にすぎない――の制圧という目標が不可欠でした。

　ヒッティーンの戦いからイェルサレム征服にいたる一連の戦闘は、十字軍理念とジハード・イデオロギーという相呼応する聖戦意識がぶつかりあった最初の戦いでした。十字軍の東方出征以前には大きくずれていた両党派の情勢認識や戦闘に向かう動機が、聖都イェルサレムを世界観の中心においた十字軍の波と現地での相互交渉の過程

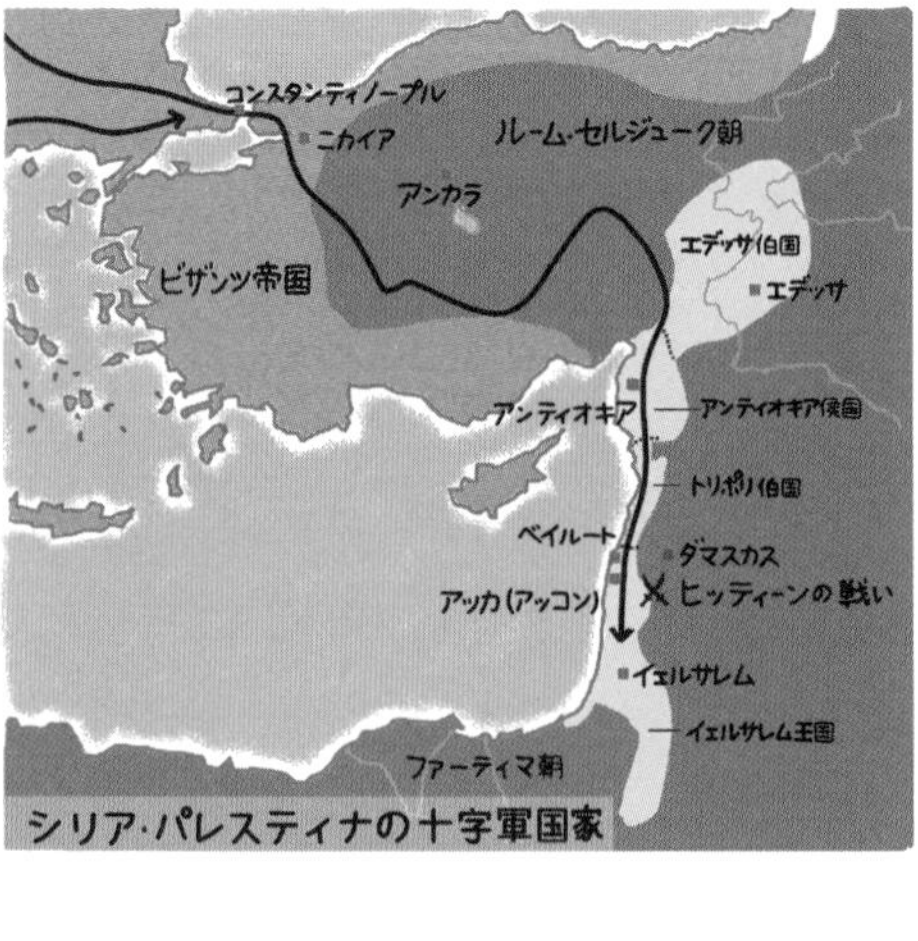

シリア・パレスティナの十字軍国家

で徐々に調節され、最終的にぴたりと噛み合った瞬間です。まさにこの瞬間に、聖都イェルサレムの象徴的価値は著しく高まり、二つの巨大信仰圏の中心に躍り出たのです。

一一八七年のシリア・パレスティナに起きたできごとの意味を考えるなら、それは、イスラーム世界の「周縁」でイスラーム・イデオロギーのもとに地域統合をめざすサラディン軍との接触を着火源として、巨大信仰圏としてのヨーロッパが立ち上がった瞬間――転換点――といえるでしょう。キリスト教圏としてのヨーロッパは、信仰圏を地理的に画定し、堅固な一体性と帰属意識を備えた一個の文明としての道を歩み始めました。一一八七年とは、世界的な普遍宗教のうち、ともに一神教であり、旧約聖書を共通の聖典とするイスラーム教とキリスト教という双子の信仰世界が、世界史上、別々のコースを歩み始めた分岐点でもあったのです。

一一八七年におけるターニングポイントとは？

・キリスト教圏、イスラーム教圏、東アジア文化圏が拡大・深化し、十二世紀にはそれぞれが接触・交流を深めた。
・一一八七年、サラディンが十字軍国家からイェルサレムを奪ったことは、ローマ教皇座を頂点とし、教会知識人や司祭によって社会の諸階層を教導するキリスト教信仰圏がヨーロッパに立ち上がる転機となった。他方、西アジアにおいては、ジハードのイデオロギーを掲げ、地域の統合と連携が進められた。
・イスラーム教、ヒンドゥー教、仏教、儒教などが接触する南アジアや東南アジアや東アジアでは、異なる宗教が存在することを認め、それらの共存・融合策をとった地域もあった。

第5章

一三四八年 気候不順と生存危機

世界的な気候不順のなか、ユーラシアにまたがるモンゴル帝国が解体過程に入り、中東・ヨーロッパではペスト禍が広まるなど、世界各地で災害が複合した年、それが一三四八年です。

千葉 敏之

移動する人々と疫病

一三四八年は、ペスト禍が発生源から広がって、中東、ヨーロッパに広く蔓延し、大量の死者を生みながら、短期間のうちにかつて経験したことのない規模での人口喪失を招いた年にあたります。

疫病の流行は歴史のなかで繰り返され、どこの時点で針を止めても、地球上のどこかで何らかのローカルな流行が確認されます。そのなかで歴史上の転換点となりうる流行は、日常的で地域的な流行が急激に広域化したものであり、広がりの規模と被害の甚大さと、回復の隙を与えぬ瞬間性・短時間性が、社会に耐えがたいストレスをもたらします。人々は震撼し、感情は高ぶり、行動も乱れます。ペストの致死率と感染力は大勢の人々の命を奪いながら、生産・交換・消費のサイクルを崩し、社会を存続の危機に陥れ、そのことが生産力の減少、食糧供給の破綻、そして飢饉を招き、危機は複合化していきます。

一三四八年の世界を象徴する旅行者イブン・バットゥータ*は、三十年におよび、アフリカから東アジアにいたる大旅行のなかで、この年、イランからバグダード、シリアのダマスクス、エジプトのカイロを経て、二度目のメッカ訪問を果たしました。その間、ペストが中東の諸都市を次々と襲いましたが、先々で得た最新の情報をもとに流行中の都市を迂回しつつ、旅を続けました。ペスト菌が商人や船乗り、巡礼、移民などの「移動する人々」(ホモ・モーヴェンス)によって運ばれる一方で、同時にペスト禍から逃れて田園地帯に逃避する新たな移動者の波も生みました。これらの人々の移動曲線が、時に重なり、時に避け合いながら、感染症が大流行(パンデミック)する世界を幾重にも走っていたのです。

文明史のなかの疫病

シカゴ大学歴史学教授ウィリアム・マクニールが『疫病と世界史』を著したのは、WHOが天然痘の根絶を宣言し、医学界が感染症の予防と治療に自信を深めた一九七六年のことでした。マクニールは一九九七年に書き加えた「序」のなかで、HIVウィルスによるエイズ流行をはじめとする感染症の反撃が、人類を襲いつつある状況を指摘しています。二〇二〇年以降、私たちが直面している感染症の広域流行

イブン・バットゥータ　一三〇四年、モロッコのタンジール生まれの旅行家。一三二五年のメッカ巡礼を皮切りに西アジア・中央アジア・インド・中国を巡り、四九年に帰国後、さらにイベリア半島やサハラ以南のアフリカも訪れた。

に対し、マクニールの世界史は何を教示してくれるでしょうか。

寄生生物（病原菌／感染症）と宿主である人類との間には、大昔から絶妙なバランスが成り立ってきました。科学による病原菌の根絶を目指す対策が、この均衡を混乱に陥れ、むしろ病原菌の進化（耐性を備える）を促している現実に、彼は目を向けます。人類はエコシステムとしての地球の一部であり、病原菌の寄生はその機構の一部にほかなりません。マラリア、はしか、結核、天然痘、小児病、赤痢、腸チフス、コレラ、梅毒エイズ、インフルエンザ、住血吸虫症、デング熱、黄熱病。病原菌が引き起こす感染症は、人間社会に対して繰り返し、人口学的な規模の罹患と死をもたらしてきました。

彼は、人間を地球大のエコシステムにおける食物連鎖の階梯に位置づけ直し、その機構を、食物征服者たる人間（権力者／支配種族）が被征服者の農業生産に寄生するマクロ（巨）寄生と、病原体が人体に寄生するミクロ（微）寄生とに分け、両者の均衡をめざす運動性を「文明の力学」ととらえています。ここに極小世界と人間の営み、そして極大の自然界までをも連結しうる、マクニール理論の枠組みがあります。すなわち、人間の体内での〈病原菌（寄生生物）と抗体（免疫）〉の関係は、人間社会での共同体や国家、また複数の国家を従える帝国の内部での〈支配と被支配〉の関係と同構造のものとして理解されるのです。この基本理論のもとにマクニールは、東アジア（中国）、西アジア、インド、地中海、アルプス以北（ヨーロッパ半島）、アフリカ、新大陸と、様々な学問分野が提示してきたデータを徹底的にリサーチし、それらを縦横に読み解き、関連を問いながら、人類史の全体像を築いていきました。

文明は人間と同じオーガニックな機構であって、生命に準じたリズムを持つと考える立場で歴史をみると、強力な人口の拡大は人類史的に例外的な事柄であって、人口稠密地の形成、植民地の形成、帝国の出現、その最大版図の実現など、歴史の転換――アテナイ帝国、カルタゴ帝国、アレクサンドロス大王の帝国、ローマ帝国――をもたらしてきました。しかし、人口の急増は一方で、生態バランスの崩壊に伴う一時的な現象でもあり、過剰となった人口は、戦争の多発、飢餓や飢饉、反乱や政権転覆といった出来事を通して調整されます。こうした歴史観は、アフリカ研究を土台に世界システム論を構想しつつあったアメリカの社会学者ウォーラーステインと多くの共通点を持ちます。世界史上有数の強力な文明圏とその文明圏に翻弄される周辺諸地域という構想や、近代西欧文明の起源を世界史に探る問題意識は、両者が共有する点です。ただ、ウォーラーステインの世界システム論は、富の分配や搾取の構造など、世界経済の共時的構造(輪切り)を主軸とした歴史観を基調としています。すでに広く共有されているその歴史観察法が「歴史の転換期」シリーズの基本コンセプトでもあります。

国家の「崩壊」から事態への「適応」へ

さて、一三四八年という年号の選択には、もう一つの重要な狙いがあります。ペスト禍はこの時代の世界的な交易システムによって可能となった人と物資の大量移動に乗って広がっていきました。それまで海域や陸域で途切れていた複数のサブ・システム(J・アブー・ルゴド)を連結して巨大な交易ネットワークを構築したのは、モンゴル人によるユーラシアの軍事＝政治的制覇でした。十四世紀半ば以降、そのモンゴル帝国は解体をはじめ、複数の政権に分裂します。一三四八年は、すなわちモンゴル帝国の解体期を象徴する年号でもあります。

一三四八年への着眼は、巨大なシステムが解体されていく過程を、〈構造変動〉という価値中立的な視点で再評価するという狙いの表明でもあります。そのような視点に立てば一三四八年のペスト禍も、解体過程のなかの一現象として位置づけられます。

J・C・スコットは『反穀物の人類史』のなかで、我々が強度が高いと信じてきた定住農業・穀物生産に立脚したコミュニティが、実は「気候変動や病気、土壌の劣化、水源の縮小、人口圧」といった現象に対して脆弱性を持つ国家類型であるとしつつ、「崩壊」という概念自体に疑問を呈しています。「崩壊だと思われてきたものの多くが、むしろ、大きいが脆弱な政治単位から、小さいがたいていは安定した要素への分解」であり、国家は独立した取り外し可能な個々のモジュールで出来ており、「崩壊」とは主に中央の行政センターと、富の集中により生まれたエリート層や彼らのための巨大建造物・贅沢品が消失するだけのことで、より耐久性のある自足的で堅固な基礎単位に戻るのだというのです。多様な政治体を内包する地域を観察対象に設定して、地域全体としての適応プロセスを評価する歴史観を、私たちはスコットと共有したいと思います。

自然と人間をいかに結ぶか――古気候学・災害史・感情史

巨大システムの解体という構造変動の過程で起きた疫病の大流行という現象は、さらに、気候変動という地球史規模の長周期サイクルと同調しています。第五巻の表題にある「気候不順」と「生存危機」という言葉の間には、極大と極小をつなぐ長い因果の環があります。まず気候不順の前提には、安定して循環する標準的な気候があり、地表での生活――人間、動物、作物等――は、この標準的な気候のリズムに対応しつつ形づくられてきました。気候の不順はこのリズムの変調です。気候不順は地表の生活を乱し、収穫減や飢饉、災害、それを背景とした暴動・反乱などの社会不安を引き起こします。気候の変調は人間社会にストレスをかけ、それが限界を超えると、人々は生存の危機に追い込まれます。こうした気候不順の原因が長期的な気候の変化（気候変動）にある場合、人々の生活の様式そのものに根本的な転換が迫られる事態となります。

気候不順が人間の生存危機に至る道筋はさまざまです。二〇〇〇年以降に高まった災害に対する関心は、わが国ではとくに二〇一一年の東日本大震災以降、災害史という学際分野を切り開くことになりました。地震や火山の噴火、洪水などの自然災害については、災害対応や危機回避という目的から自然科学にけん引される形で文理融合型の研究が組織される一方、自然災害からの復興という生活面においては、社会経済史、農業史等の伝統ある分野とともに、そこに生きる人々の暮らしや心性を過去の記録から掘り起こすという意味で、歴史学が本領を発揮しつつあります。生存危機という点では、反乱や暴動、戦争の研究の歴史は長いですが、そうした破壊や混乱からの日常の回復といった「復興」の面に、以前の歴史研究は十分な関心を払ってきませんでした。

災害からの復興という視点でみた場合、ペストや他の感染症の歴史研究では、医学・医療分野との連携が欠かせません。感染症の特定や症状の解析に加えて、D・デフォー『ペスト』（一六六五年、ロンドンのペスト）やカミュ『ペスト』（一九四七年、アルジェリアのオラン市を措定）といった記録文学や小説が描いてきた被災者の心性を、先端医療の知見を取り入れてヒトの身体と心に迫る感情史研究がとらえ始めています。近親者の喪失に直面して悲嘆にくれる人々は、境遇を分かち合う同朋とおこなう祈りや儀式のなかに救いの道を求めました。彼らは「嘆きの典礼」（通夜と葬礼の管理）に参列し、司祭の説教に耳を傾け、家族や近在の者たちと支え合いながら死をゆっくりと乗り越えていきました。小さな世界で生起するこうした情動を、ポスト・コロナの歴史学は丹念に拾いあげていかなくてはなりません。

中東におけるペスト禍

問題の成り立ちをこのように理解したうえで、第四巻の構成を見てみましょう。

第一章「中東社会とペスト禍・自然災害」(長谷部史彦)は、一三四八年を含む十四世紀中葉のペストのパンデミックの実態と構造を、中東地域を軸に環地中海圏全体を視野におさめて詳細に分析しています。ポイントは、第一に、近年の研究成果を踏まえた同地域におけるペスト感染経路の特定にあります。一三四八年当時の海陸での交易ルートの、航海船と陸路での積荷や速度の違い、どの港とどの港が接続していたかなど、積荷に紛れるネズミを通して点的に拡散していくプロセスが詳しく検討されています。とくにモンゴル軍の活動や、アジアとヨーロッパの物資を結節するジェノヴァの交易網の広がり、マムルーク朝下のエジプトにおけるマムルーク(軍人奴隷)の運搬経路などが分析され

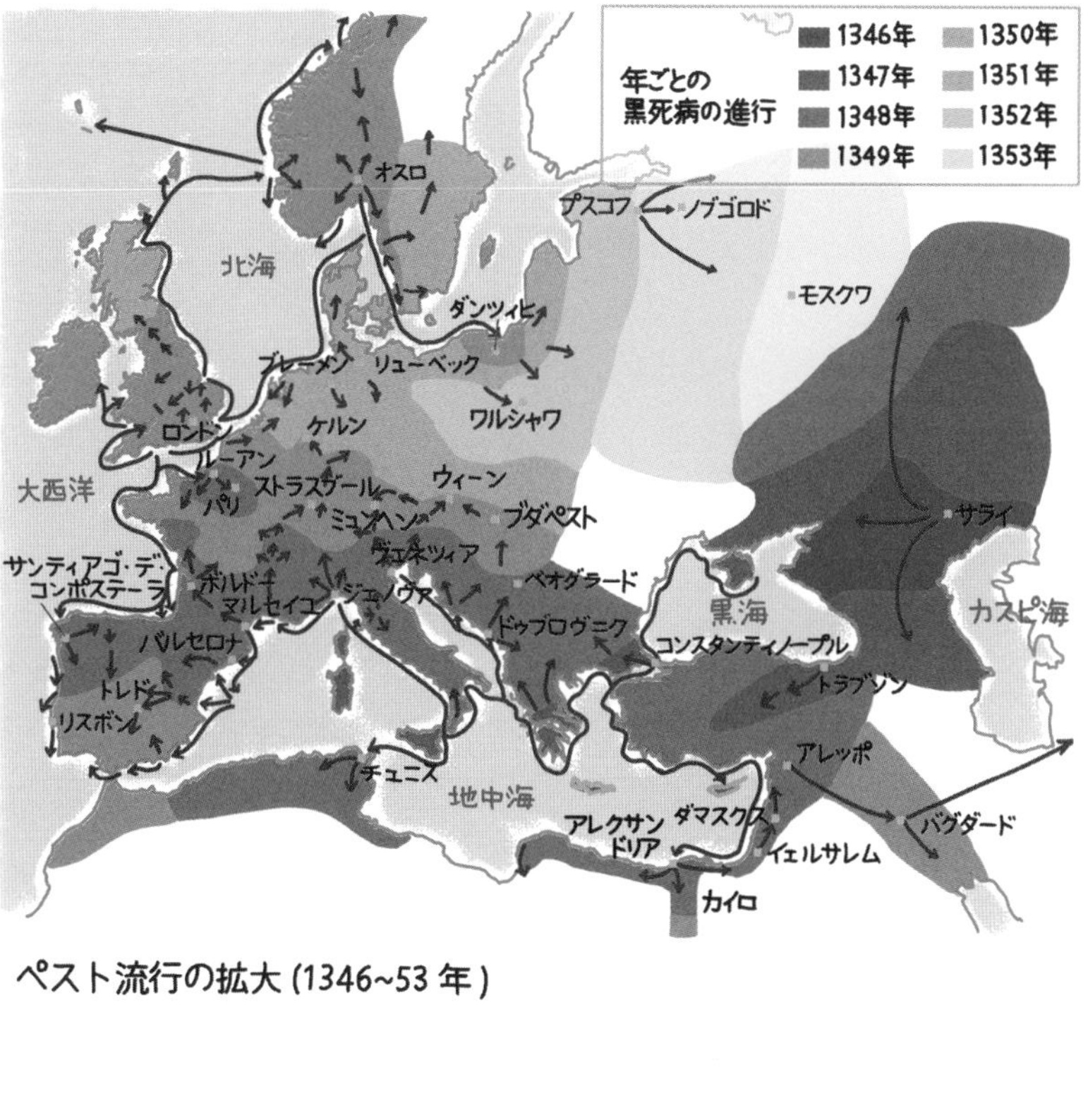

ペスト流行の拡大(1346~53年)

ます。第二に、ペストに対する当時の知識人の議論（瘴気《しょうき》説、伝染説等）が検討されます。この点では、第二章「十四世紀ヨーロッパのペスト」の叙述との対比が興味深いところです。環地中海世界のイスラーム圏のなかでも、マムルーク朝の医師とアンダルシアの医師とでは見解が異なることなど、この時代の知的基盤社会の成り立ちが見えてきます。

第三のポイントが、「災害複合」の観点です。降雹《こうひょう》のように頻発する小災害、長期的影響を農業に及ぼす寒冷化（小麦の冬作への悪影響）、十四世紀に進んだ湿潤化に加え、あるいは同時に、地震と津波（『地震の書』十五世紀末）、乾燥化を原因とする蝗害（一三四〇年代に頻発）、水位上昇（死海）や大雨による洪水、河川の決壊氾濫といった「水害」は規模が大きくなると人々の生活を直ちに危機にさらしました。これらの災害は十四世紀前半から積み重なり、住民の栄養状態は悪化し、複合して被害を著しく大きくしました。特に水害は、ティグリス川、ユーフラテス川の洪水をはじめ、メッカのカアバ聖殿の浸水など、西アジア全域で発生しています。一三四八年のペスト禍は、こうした災害複合の状況下に勃発したという認識が重要となるでしょう。

第四のポイントは、災害と都市社会の連動性です。大規模災害が危機化して死者が増えると、都市では労働人口が減少し、熟練工が不足する一方、周辺の村落から難民が押し寄せました。食糧供給がひっ迫するなか役人の不正がはびこると、「民のモラル」が発動して私刑が横行し、ひいては都市暴動にエスカレートしました。その一方で、慈善救貧（ワクフ）がおこなわれたり、君主の主導で学院が創設され、神の恩寵の回復やそのための指針の書が著されるなどしました。

第五の注目点は、人々の心性、感情の領域です。度重なる災害や生存危機、死の日常化は、人心を疲弊させ、共同体の体力を消耗させます。雨乞い儀礼を共同体で執りおこなうこと、預言者ムハンマド崇敬が広がり、聖地メディナ参詣が増え、高い予言能力をもつ「生ける聖者」への崇敬が拡大することは、合理的な災害対策と対置される前近代的な宗教行為とされてきましたが、地域住民が激減した共同体の紐帯を強化する重要な行事であり、社会における一種の修復的な共同行為と位置づけ直して考えるべきでしょう。

ヨーロッパにおけるペスト禍

広く中東世界のペスト禍を論じる第一章と対をなすのが、第二章「十四世紀ヨーロッパのペスト」（井上周平）です。ここではまず、ヨーロッパにおけるペストの感染経路がとくにアルプス以北を中心に分析されます。地中海では主に海港から海港へと広がったペストは、海港から河川交通を通じて内陸深く波及します。伝播経路の一つ、ローヌ川河口に近い都市アヴィニョンにも、海港マルセイユ経由でペストが遡上し、フランス内陸部に広がりました。アヴィニョンでは、ローマから移転して四〇年近くを経た教皇庁が、成熟した行政手腕でヨーロッパ各地から寄せられる案件を捌《さば》いていました。教皇の座にはソルボンヌ大学で博士号を取得したフランス人ピエール・ロジェがクレメンス六世として在位し、ヨーロッパの広域政治に影響を与えていました。モンペリエ大学医学修士で教皇侍医を務めていた当代きっての外科医師ギィ・ド・ショリアックも、アヴィニョンにてペスト禍を観察し、その著作にこの「大いなる死」の記録をしたためています。

かつて、クレメンス六世が家庭教師としてフランス王の宮廷で教えた若きカールはこの時、カール四世として神聖ローマ帝国の、カレル一世としてチェコ王国の舵取りを担っていました。プラハを帝国首都にふさわしい姿に改造し、プラハ司教座を大司教座に昇格させたカールは、クレメンスの許可を得たうえで、一三四八年、医学部を含めて四学部から構成されるプラハ大学を創設しました。医学部の教授職は当面、国王宮廷の侍医(ストラホフのガッルス)が兼ねています。

この時代、都市の年代記や編年誌が、ペスト禍の時系列の拡散を精密にマッピングできるほどの分量で書き記されています。また、一部の地域では教区単位で出生と死亡を記録する教区簿冊を通して、ペスト禍の被害者の数を正確に把握し、年齢・職業別の罹患率などの算出が可能となっています。

一三四八~五〇年のヨーロッパにおいて、リューベックとハンブルクの同盟を軸に体制を強化したハンザ同盟とその広域商業の活発な展開、「百年戦争」の第一期(一三三七~六〇年)にあって、アンジュー朝エドワード三世がフランス王位をめぐってヴァロワ朝国王軍と戦う状勢など、ペスト禍は歴史の転換期にあるヨーロッパに吹き荒れました。人口減は、耕作人、商業の担い手、商品の運び手、売り手、買い手に及び、戦場では兵士の数が著しく減りました。移動する国際商人とその物資、移動する兵士とその糧秣、これらもペスト菌の拡散に深く関与したと想定されます。

ヨーロッパでも、ペスト禍はすでに災害複合下にある各地に追撃的に襲いかかりました。同じ寒冷化の条件のなかで、農業危機が広がり、飢饉、農民の逃散、畑の放棄、廃村が広がって、農村から都市への流民（人口流入）が発生し、生産の基本であった領主・農民関係が破綻する封

ヨーロッパのペストの伝播

建危機を招きました。「大いなる死」と表現された〈恐怖〉の増大は、祈願行列や巡礼、鞭打ち苦行者運動として、神罰に対する改悛の行動を引き起こし、また、ユダヤ商人や巡回説教を行なう托鉢修道士といった移動者に対する猜疑心が高じて狂信的行動に走る市民があらわれ、ユダヤ教徒に対する火刑・処刑が広がりました。その一方で、都市の統治府は都市間での情報の交換を図りながら、都市の暴動を防ぐなど冷静に事態に対処しています。ここでも教皇クレメンス六世の指導力が発揮され、ユダヤ教徒の保護、鞭打ち苦行者運動の禁止に加え、一三五〇年を聖年と定めてローマ巡礼を促すなどの対応策を打ち出しています。

第二章の分析の最大の焦点は、ペスト禍に対する医学者の対応です。それはイタリアのボローニャやパドヴァといった最先端の研究を行う医学部で始まりました。エドワード三世との戦争のさなかにあったフランス王フィリップ六世の依頼で、パリ大学医学部が医学者の諸見解をまとめた便覧『ペスト意見書』を発表します。この便覧が各地に伝えられてペスト理解とペスト対応の基準となりました。一方で、アルプス以北のドイツ・オーストリア地域では、メーゲンブルクのコンラートが独自の分析(地震原因説)を発表し、また、カール四世が創設したプラハ大学では、『意見書』のドイツ語版が執筆されました。ペスト禍が商人と貨物の移動で広がったのに対し、ペストへの対応は、医学部や法学部を備えた地方大学がアルプス以北に広がるなかで、地域ごとの学識社会によって担われたのです。

巨大帝国の解体のインパクト

一三四八年、全ユーラシアに覇を唱えたモンゴル帝国は、宗主国である元朝（大元ウルス）とイル・ハン国、チャガタイ・ハン国、ジョチ・ハン国（キプチャク・ハン国）の三つのハン国に分裂しており、各々の国家の中でも権力のさらなる細分化が進んでいました。第三章「モンゴル帝国の覇権と解体過程、そのインパクト」（四日市康博）は、全ユーラシアに及ぶ巨大帝国の解体過程の実態を解き明かします。

モンゴル帝国は、支配下に置いた諸部族に服属を強制し、ルールと主従関係を強制するだけでなく、先進的な技術や文化、人材は積極的に活用・登用していく姿勢をもった帝国であり、この過程で帝国的な軍制と官制を確立していったといいます。

帝国では、チンギス・カンの後継者＝直系と認められた四人の息子に発する王家（ハン国）が帝室を形成し、帝国資産を共有するという大原則（族長国家体制＝ユーラシアの遊牧国家では常道）が確立されます。その後、王家間の亀裂、トルイ家兄弟間の帝位争いの成り行きから、帝都をカラコルムから中国（大都）に移転します。これにより中国にある統治資源（金の官僚制、税制、軍制、北中国・南宋の経済力）を活用することが可能となりましたが、帝国の重心は不自然に東傾する形となり、遠方のジョチ・ハン国、イル・ハン国は実質上独立状態となりました。オゴデイ家のカイドゥの反乱、クビライの死（一二九四年）を経て、一三〇五年に王家の間の和平が成立すると、統一モンゴル帝国は四つのウルスの集合体へ変質していきました。

チンギス・カン（一一六二頃〜一二二七）　モンゴル帝国の建国者（在位一二〇六〜二七）。モンゴル全部族を統一したテムジンが、一二〇六年のクリルタイ（有力者の集会）で推戴されて、チンギス・カンと称して即位した。ホラズムを攻略して中央アジアに領域を広げ、彼一代で世界帝国の礎を築いた。

クビライ（一二一五〜九四）　モンゴル帝国第五代皇帝（在位一二六〇〜九四）、元の初代皇帝（在位一二七一〜九四）。モンゴル高原と華北の境界に大都を築いて遷都し、国号を中国風の「元（大元）」に定めた。一二七六年に南宋を滅ぼして中国統一を完成した。

ウルス　ユーラシア中央部に成立した遊牧民国家をさすモンゴル語。遊牧国家は土地や領域の側面は薄く、その人間集団を意味する。

遊牧圏を超えてユーラシアの東西にまたがる超広域帝国を有効に統治するため、各地に統治府を設置し、現地の先行国家の制度を継承しつつ現地に適した官僚機構が整えられました。元朝にとっては江南の糧穀が何よりも重要で、それを運ぶ南北水運ルートの維持が国家の生命線でした。しかし、宮廷内の権力闘争のためにしばしば国政は混迷し、君主に匹敵する有力重臣が跋扈《ばっこ》し、さらに一二六〇年代以降増えた自然災害に対して、元朝は歴代中国王朝にならって徴税免除や米粟支給（「賑恤《しんじゅつ》」）を行なって対処しましたが、一三二四年前後に起きた大規模な地震、豪雨、旱魃、蝗害の災害複合に加え、政争に端を発する内戦や反乱が疫病や飢饉をいっそう深刻化させました。山岳民や白蓮教徒による反体制的な反乱が相次ぎ、そのなかで南北流通の大運河と海運路が分断されたことで元朝は税糧を失い、明朝成立後は漢地を捨てて北元（韃靼）としてわずかに存続するのみとなりました。

イラン・中央アジアを支配するイル・ハン国では、王家を支えるアミール／ノヤンと呼ばれる重臣層による権力奪取が進み、大アミールは君主に匹敵する権力を掌握しました。そこから一三三〇年代の末に、イラクを支配するエレゲ家のジャライル朝、タブリーズとアゼルバイジャン地方を押さえるチョバン家のチョバン朝が独立勢力として分立します。

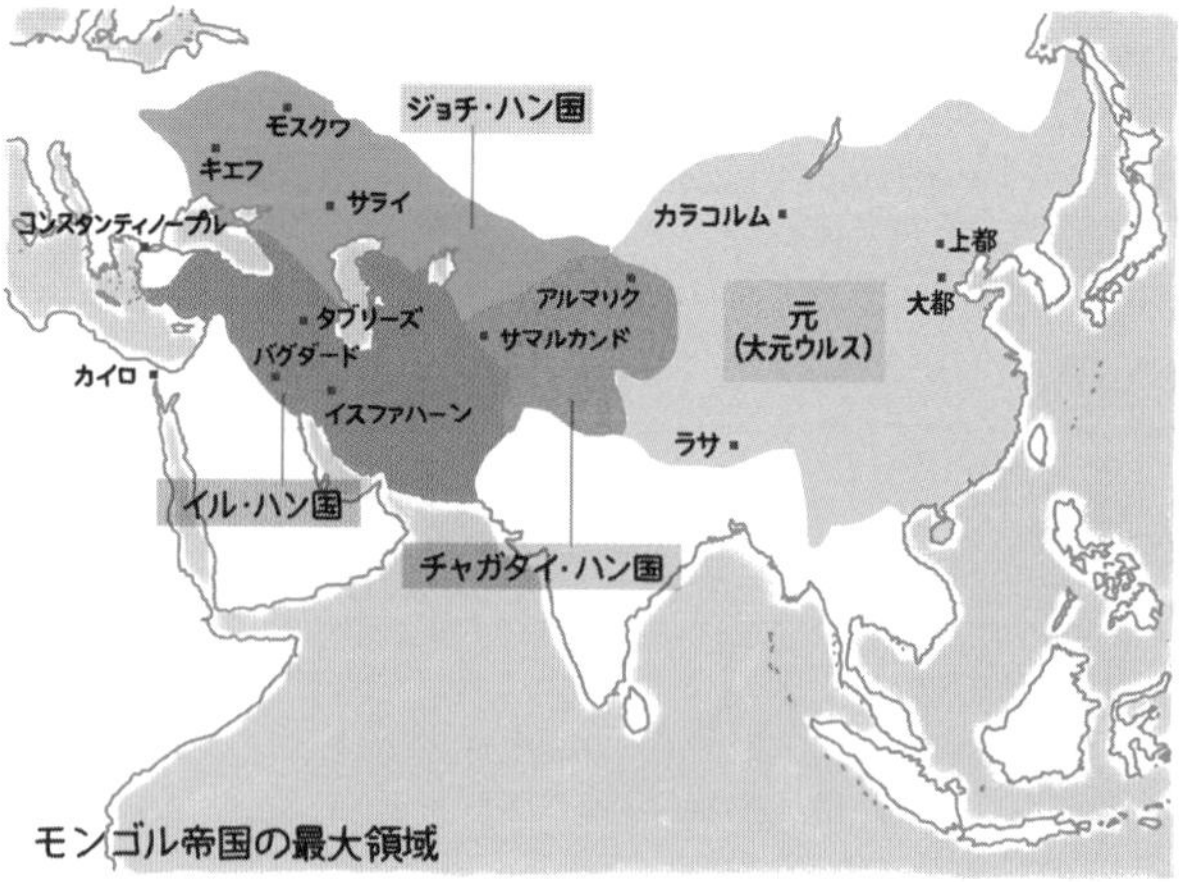

モンゴル帝国の最大領域

オゴデイ家の勢力を取り込んだ中央ユーラシア南部のチャガタイ・ハン国でも、元朝やイル・ハン国との交戦と和平を繰り返しながら、各地に諸勢力が分立する権力の多極化の状況が進みました。それでもチンギス裔のハン位は傀儡として立て続けられ、エジプト・マムルーク政権とも対峙しました。中央ユーラシア北部のジョチ・ハン国でも、国家内での権力の分裂・多極化が進みますが、ジョチ・ハン位は存続し、隣接するモスクワ大公国やリトアニア大公国との外交交渉を積み重ねていました。

一三四八年の解体期のモンゴル帝国では、災害複合の度合いやその影響、ペスト禍の発生の有無についても、地域ごとの違いが顕著でした。一ついえることは、災害や感染症が解体を促したのではなく、解体期にある諸ハン国がそれらを経験したということです。ペスト禍を被らなかった元朝では災害複合やそれと連動する反乱の多発が甚大なインパクトをもちましたが、元朝が中国を失ったのは、南北交易ルートの喪失や政権内部の動揺が主たる原因でした。一方で、イル・ハン国では危機的な災害複合はありませんが、ペストと思しき疫病がアゼルバイジャン地方を襲っています。チャガタイ・ハン国でも都市部での疫病被害、戦乱による被害がともに深刻でした。ジョチ・ハン国の草原地帯でも疫病を原因とする人口減少が見られ、同国内のジェノヴァ商人居留地カッファから、ペスト菌がヨーロッパにもたらされます。

モンゴル帝国の解体過程を観察することから得られる点は二つあります。一つは、「遊牧政権がウルスという重層的な社会体系、君主を中心とした右翼・左翼構造をも

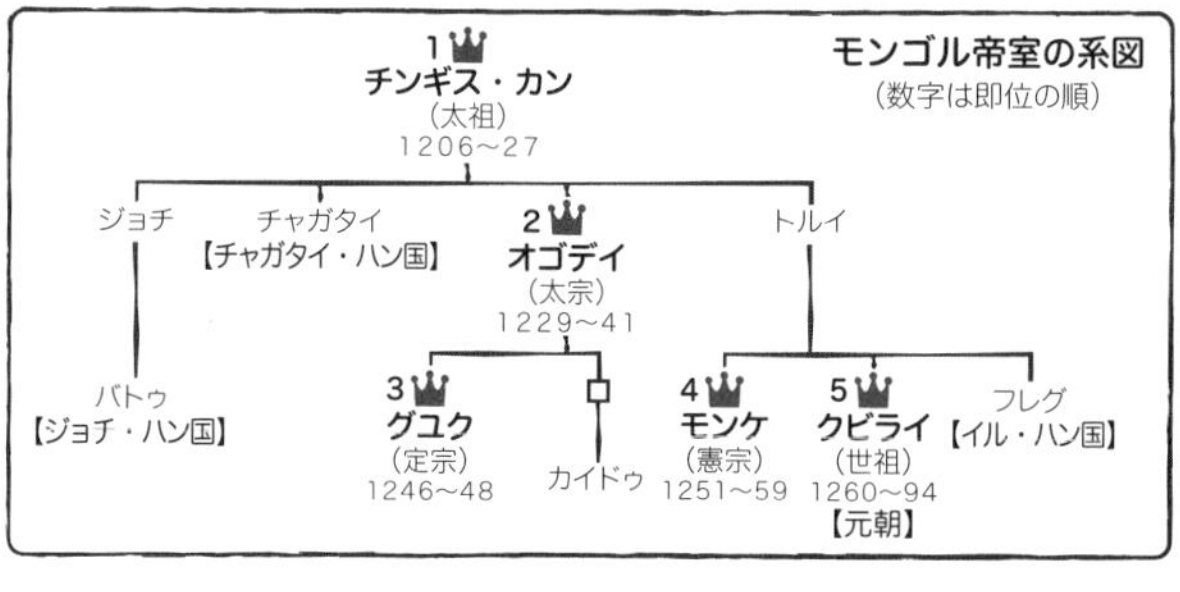

ち、あえて分裂しやすい国家構造をもっている」ということであり、権力が分裂と再編を繰り返すのは、その本性に基づいているということです。いま一つは、全ユーラシアにまたがる強大な帝国の記憶がその後も各地の政治秩序を規定し、とくに「チンギス統原理」（チンギス・カンの血統に基づく支配原理）が形骸化・神話化しながらも、君主の地位や統治権の起源としてティムール、ムガール、オスマン朝など、各地域の大型政権に正統性を付与し続けたことです。

この章の三節では、モンゴル覇権がもたらした短期・長期のインパクトが詳細に分析されています。短期では、モンゴル帝国の軍事的拡大により周辺地域の諸政権が滅亡し、モンゴルの侵攻が地域の再編を促しました（東南アジアなど）。同時に、征服者・統治者であるモンゴル帝国自体も、被支配領域の人材や制度の取り込みや在地化を通じて変質し、当初の純然たる遊牧国家が、都市や農耕に依存する、官僚が租税台帳を用いて税を取り立てる遊牧・定住複合国家へと変容しました。その際、国としての体質が変化し、自然災害などの危機に対する耐性が弱まりました。長期的には、ジャムチ（駅站）網を利用した安全な陸上ルート、朝貢交易や中継交易を行なう海上ルートを整備したことで、漢人、ムスリム、テュルク系諸族が帝国各地に拡散（ディアスポラ）しました。また、中国の陶磁器を広め、東アジアの銀を銀不足にあえぐイスラーム世界の市場へ還流させたのです。

水の災害との闘い

一三四八年の東アジアは、元朝の衰退を招く水害との闘いのさなかにありました。第四章「元明交代の底流」（井黒忍）は、第三章で説明されたモンゴル帝国解体期の大元ウルス（元朝）における展開のミクロな分析であると同時に、災害複合における主要河川（黄河）の河道変移の問題を多面的に考究しています。

大河川である黄河は、土砂が多く水量の少ない川であり、とくに下流では天井川となるため頻繁に氾濫して流路を変えてきました。そのため歴代政権は、流域の水環境に深甚な影響を及ぼす氾濫を堤防によって防いできました。一三四八年は、黄河の流れが不安定になり、氾濫を繰り返した金・モンゴル支配下の二〇〇年に属しています。一三四四年の黄河の氾濫では地域が水没し、氾濫の被害が王侯貴族の所領を脅かしたといいます。

ここでも災害は連鎖し、複合します。一三四四年の黄河の氾濫以降、水害が重なり地震も発生して、農作物が広範囲に被害を受けたことから、深刻な大飢饉が地域を襲いました。『元史』「五行志」などに記された旱魃、水害、地震等の自然災害の記録に加え、中国におけるアイスコアや樹木年輪、湖底堆積物などのデータの解析から得られた古気候復元の成果から、十四世

紀の気候状況が明らかとなります。東アジアの気候は一三二〇年を境に寒冷化が急激に進行（一・五度の降下）し、十二〜十四世紀半ばまでは総じて乾燥期となりますが、一二八〇〜一三三八年までは例外的な湿潤期であり、夏季モンスーンが弱く降水量の少ない時代に入りました。人間社会は数十年周期の気候変動に対して脆弱との仮説、すなわち「良好な気候条件のもとで人口と生活水準を高めた人間社会は、数十年周期の気候変動が生じ、環境収容力が縮小したにもかかわらず、生活水準の肥大化を制限することができずに危機への対応を誤り、飢饉や疫病、戦争などを引き起こし、社会の混乱と崩壊を導く」という認識が当てはまる状況が看取されます。総じて、元明交代期の底流は、一三〇〇年前後を境にして生じた数十年周期での気候変動と、これに対する人間社会の適応と不適応、あるいは過適応に、同時期の黄河の河道変移が加わったことにあるとしています。

一三二〇年代、寒冷化が進み、これに五年間の大旱魃が加わって、流民の群れが発生しました。一三二九年には、一二三万の飢民と数十万の流民が生まれたといいます。大雨が続いた一三二〇年代半ばから一転して干ばつと飢饉に見舞われた一三三〇年代初めは、モンゴル時代で最長の被災期とされます。一三四三年には日照りと多雨で不作となり、冬には飢饉が広がりました。翌一三四四年に起きた黄河の大氾濫は、そのような状況下で起きた災害複合でした。塩の密売業者の率いる反乱が勢いを増し、さらに地震による被災も加わり、飢饉はいっそう深刻化する一方、荒廃した耕地は打ち捨てられました。流民の数は膨れ上がり、未曾有の数の大流民が発生しました。

一三四八年、行政府は事態の打開に乗り出します。官衙の移転、集団移住、耕地開発等からなる被災地復興計画を策定し、また水利行政を統括する行都水監を設置しました。大元ウルスの基本政策は、穀物生産地としての耕地開発、水運体系の一元化、内陸水路(海運)の整備にありました。内陸水運は一二八〇年代以降、大元ウルス発展の生命線であり、そのために運河の開削、改修・維持が進められ、物資、献上品、商人、生活必需品を首都の大都まで一貫して水路で運ぶシステム、南北をつなぐ物流と移動の経路が確保されました。行政府は黄河大氾濫に際しても、担当役人(賈魯《かろ》)を派遣して視察させ、堤防の建造・補強と黄河を淮河に合流させる、黄河治水の解決案を献策させました。この章では、災害複合からの復興が、行政府の主導でいかに進められたか、その失敗と成功の歴史について、功罪を含めた検証がおこなわれています。

気候変動に適応する地域世界

補論「東南アジアの十四世紀と気候不順」(松浦史明)は、同じ著者が第四巻『一一八七年　巨大信仰圏の出現』で描いた十二世紀末の東南アジアのその後の展開を論じ、一般に「解体と再編の大変動の時代」とされる十四世紀東南アジアにおける気候不順の位置づけについて、近年の議論を踏まえつつ、一つの見方を提示しています。

十四世紀に進んだアンコール朝解体の原因として、タイ・アユタヤ朝の軍事的脅威、財政の逼迫、海上交易統制には遠すぎた首都の位置、水路と貯水池から成るアンコールの水利システムを破壊する干ばつと多雨による洪水の繰り返し、農業規模の縮小と人口減などが挙げられます。

東南アジア地域における一三四八年は、大陸および島嶼部を問わず、旧来型の政治秩序(国家)が解体へ向かい、混乱を経て新しい国家群へと再編されていく大変動のさなかにありました。大陸部ではアンコール朝やバガン朝が解体し、海域では、タイ系のアユタヤ朝が拡大し、マラッカ海峡地域では三仏斉が解体してムラカ(マラッカ)王国の成立に繋がり、ジャワ島ではマジャパヒト王国が版図を広げて最盛期を迎えました。

近年の研究は、温暖で適度に湿潤な好気候が十四世紀後半、東南アジアでも寒冷で乾湿の不順な小氷期に交替し、好気候に立脚した旧来型国家の解体を招く一方、小氷期や気候変動に耐性を持つ土地での新興国家の台頭を促した可能性を指摘しています。大陸部の大越では、飢饉や干ばつ、洪水の頻発により災害複合が発生し、民衆反乱を誘発するという東アジアに典型的な事態の推移がみられます。ただ、島嶼部では気候変動の影響は限られていました。したがって、各地域の国家の盛衰はローカルな原因によって生じましたが、十四世紀に東南アジア地域で進んだ政治的再編の「共時性」を説明するのは、気候不順や気候変動がもたらした社会変容にほかなりま

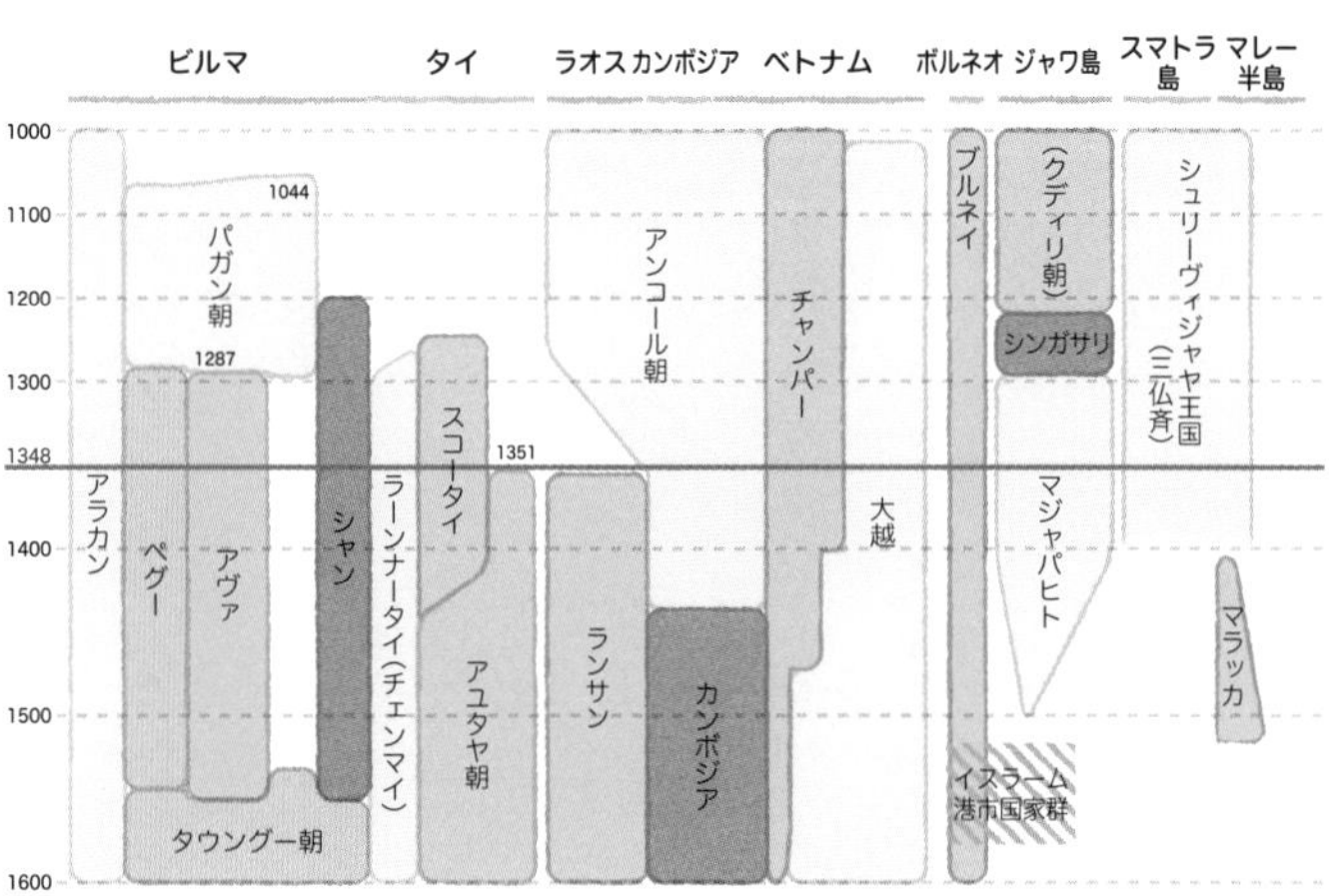

せん。

従来の政治体制が抱える構造的な脆弱性が、気候変動を背景として露呈し、王権の集権性の後退、経済の停滞や縮減、社会不安や反乱を惹起して、旧来型政治秩序の破綻を招きました。しかし、これを「崩壊」と捉えるのでなく、新事態に対するより整合性のある体制への組替えと考えると、モンゴル帝国の解体過程と同じように、一つの適応のプロセスと理解する余地が出てきます。歴史上、東南アジア地域が経験してきた様々なインパクト、すなわちインド文化の受容、イスラーム化の広がり、元朝との戦争と交易、交易路や物資の変動、そして気候変動も、じつに多様な地理的特性を備えた東南アジア地域がそれぞれに対応する試行錯誤の中から、地域全体として新たな編成による最適解が導き出されたと考えることもできるのです。

一三四八年におけるターニングポイント

・一三四八年前後はユーラシア大陸全体が寒冷化した。気候不順は各地で災害・飢饉などの社会状況の悪化を生んだ。
・気候不順に起因する生存危機に対し、人々は克服の試みをかさねて、危機打開を模索した。
・危機打開の方策のなかに、社会福祉や科学的研究の発芽をみることができる。

第6章

一五七一年　銀の大流通と国家統合

一五七一年を中心とする十六世紀は、銀が世界を結びつけ「世界の一体化」が進んだ時代といわれます。銀の大流通は苛烈な軍事抗争や宗教弾圧と絡み合いながら進行していきました。本章ではその様子を概観しましょう。

岸本　美緒

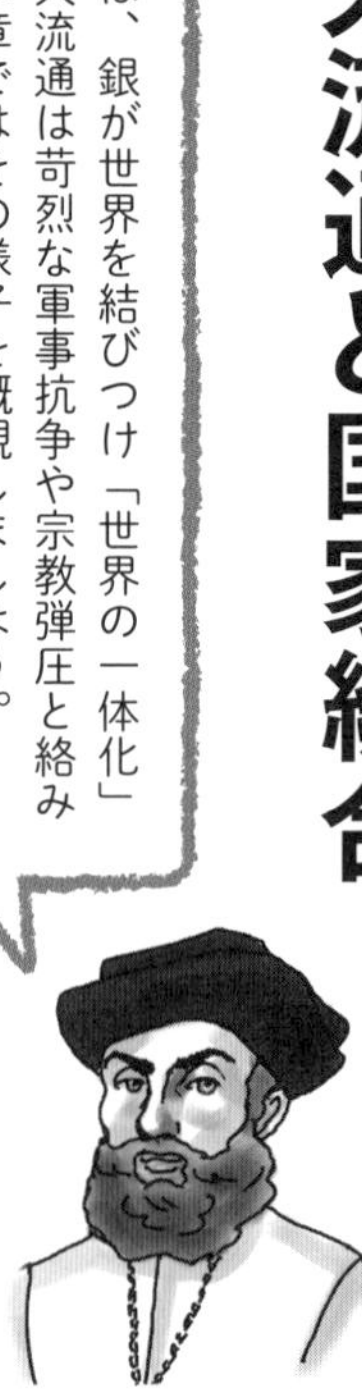

十六世紀という時代

十五世紀から十六世紀という時代は、歴史上の大きな転換期として久しく認められてきました。今日でも一般的に用いられる「古代」「中世」「近代」という歴史の三分法がヨーロッパで登場したのはルネッサンス*の頃で、それ以後、ラテン語のモド（今、最近）に由来するモダンなど「近代」にあたる語が、キリスト教中心の「中世」にかわる新たな人間尊重の精神を備えた自らの時代を指すものとして使われるようになりました。現在の欧米における常識的な用法では、英語のモダン、フランス語のモデルンなどはいずれも、ほぼ十六世紀以降を指す言葉として用いられています。では、ヨーロッパ以外の地域を含む世界史の範囲でみると、十六世紀という時代は、どのような特徴をもつのでしょうか。そこに、世界的なつながりに基づく共通性をみて取る

ルネッサンス　十四世紀にイタリアで始まり、十六世紀に西ヨーロッパに広まった文化的潮流。中世キリスト教における不浄で弱い者としての人間観と異なり、現世に生きる人間の価値を重視し、古代ギリシア・ローマの学問・文化に学ぼうとした。ルネッサンスとは「再生」の意。

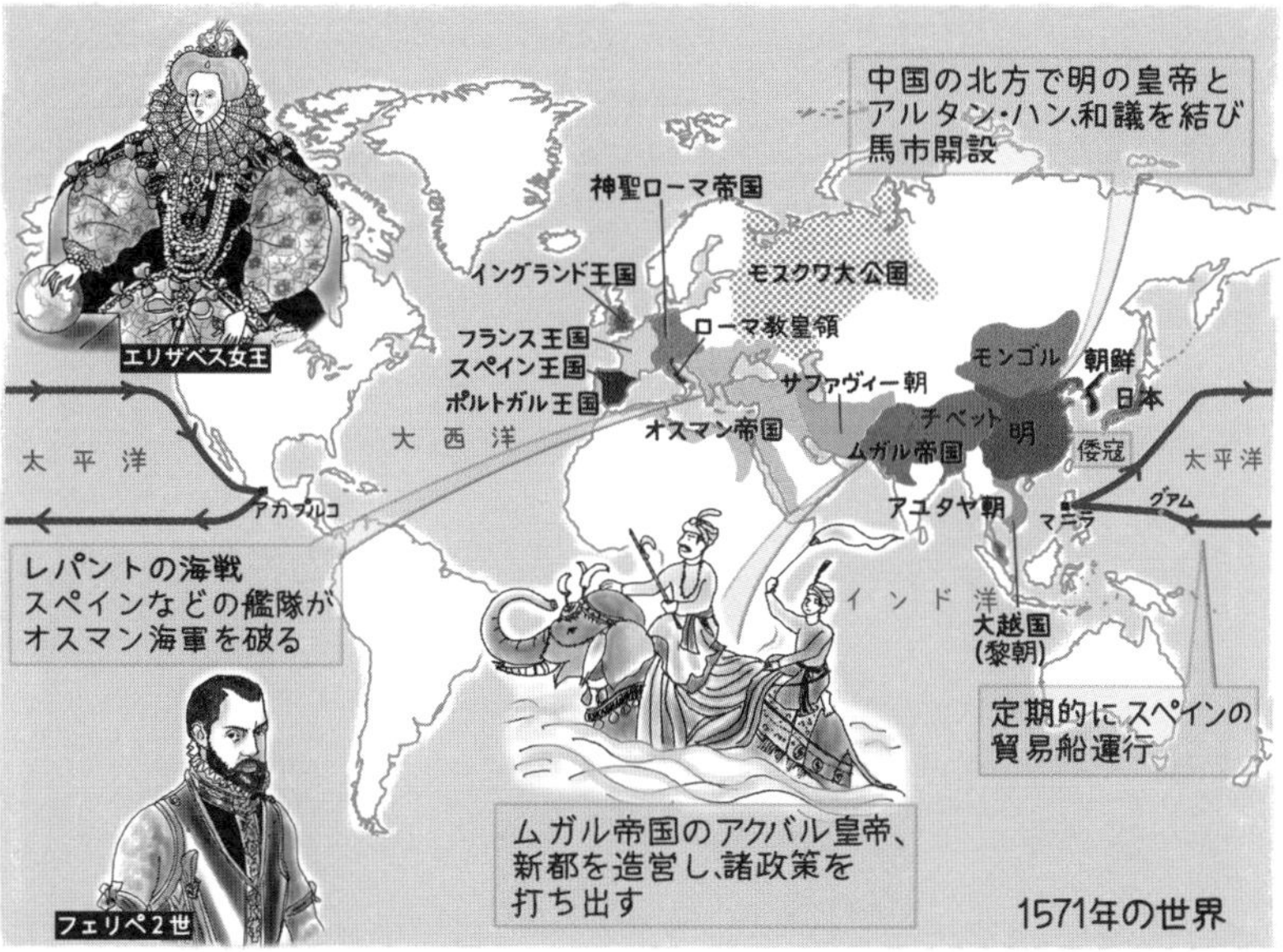
中国の北方で明の皇帝とアルタン・ハン、和議を結び馬市開設
神聖ローマ帝国
イングランド王国
モスクワ大公国
ローマ教皇領
フランス王国
スペイン王国
ポルトガル王国
エリザベス女王
サファヴィー朝
モンゴル
朝鮮
日本
チベット
明
太平洋
大西洋
オスマン帝国
ムガル帝国
倭寇
太平洋
グアム
アカプルコ
アユタヤ朝
マニラ
レパントの海戦
スペインなどの艦隊が
オスマン海軍を破る
インド洋
大越国
(黎朝)
定期的にスペインの
貿易船運行
ムガル帝国のアクバル皇帝、
新都を造営し、諸政策を
打ち出す
フェリペ2世
1571年の世界

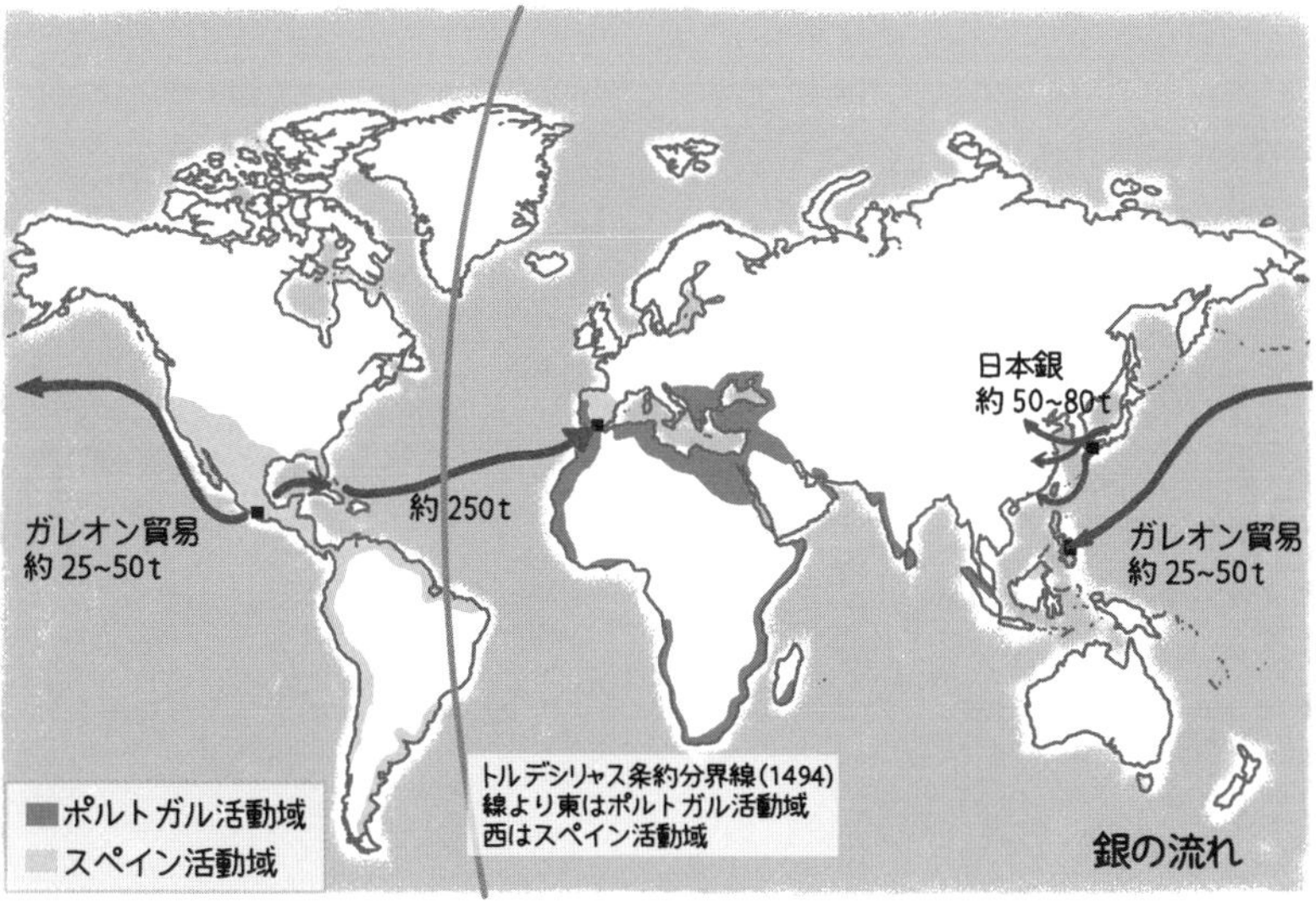
日本銀
約 50~80t
約 250t
ガレオン貿易
約 25~50t
ガレオン貿易
約 25~50t
ポルトガル活動域
スペイン活動域
トルデシリャス条約分界線(1494)
線より東はポルトガル活動域
西はスペイン活動域
銀の流れ

ことはできるでしょうか。

「近代」という言葉を聞いたとき、私たちは普通、政治面では中央集権的な国家体制や議会主義、経済面では工業の発達、文化面では科学的なものの考え方や民主主義的な思想などを思い浮かべるでしょう。しかし、十六世紀の世界を見渡してみたとき、そのような特徴が一般にみられるようになったわけではむろんありません。それは、ヨーロッパにおいても同様です。後の時代から振り返ってみると、世界の諸地域はこの時期、早い遅いの差はあっても、「近代」の方向に向かって進み始めたようにみえるかもしれません。しかし、当時の人々の立場に立ってみれば、それぞれの社会のシステムは大いに異なっており、彼ら彼女らの考えるあるべき社会の姿も、地域によってさまざまでした。

それでは、十六世紀について、世界的な共通性を考えることは、意味がないのでしょうか。興味深いことは、それぞれの社会のあり方は異なっていても、この時期多くの地域で、人々が世界的な交流の活発化やそれに伴う衝突の影響を直接・間接に受け、社会が大きく変わっていくという不安感や期待感を抱いていたということです。例えば、十六世紀には、スペイン・ポルトガルがアメリカ大陸の中・南部を征服し支配を進めますが、この地域にもともと住んでいた人々にとって、この時期が空前絶後の激変期と感じられたことは、いうまでもないでしょう。一方で、地球の反対側にある日本では、戦国末期から安土・桃山時代、いわゆる「天下統一」がおこなわれたという点で、十六世紀は日本史上特筆すべき大変動期ですが、これも、中南米の動きと無関係ではなく、この時期のグローバルな交流の進展と深くかかわっていたといえます。

日本史では、織田信長の天下統一事業が始まる時期から江戸時代の約三〇〇年間を「近世」と呼んで、幕末・明治維新後の「近代」と区別する用法が定着していますが、西洋史の学界においても、十六世紀から十八世紀を一まとまりの重要な時代、「近世」(初期近代、アーリーモダン)としてとらえ、十八世紀の産業革命、フランス革命以後の狭い意味の「近代」と区別して扱う考え方が広く共有されるようになっています。世界史的な「近世」といえる時代があるとするなら、その共通性は何なのか、またそれぞれの地域では、その変動がどのように感じられていたのか。ここでは、一五七一年という年に焦点を当てて、このような問題を考えてみたいと思います。

「世界貿易」の誕生

一五七一年という年を世界史上の新状況の誕生にかかわらせて特筆した論文としてよく知られているものに、デニス・フリンとアルトゥーロ・ヒラルデスの共著英文論文「「銀のスプーン」とともに生まれる――一五七一年における世界貿易の始まり」(一九九五年)があります。なぜ一五七一年かというと、それは、スペインがフィリピンのマニラに拠点を建設し、現在のメキシコにある港アカプルコと*マニラとを結んで太平洋を横断する帆船(ガレオン)貿易を開始した年であることによります。マニラ・

マニラ・ガレオン　アカプルコとマニラ間のスペインの貿易船の総称。

ガレオンの定期運航によってはじめて、アメリカ大陸とアジア、ヨーロッパ、アフリカ諸大陸を結ぶ恒常的な海上貿易の連環が完結し、「世界貿易」が始まった、とフリンらは論じます。むろんそれ以前にも大陸間を結ぶ交易は存在しましたが、交易相手のすべてに決定的なインパクトを与えるような重要性をもって継続的に、そしてさらに、従来は存在しなかったアメリカ大陸―アジア間の太平洋定期航路の実現というかたちで、四大陸を結ぶ交易網が形成された点に、「世界貿易」の誕生としての意義がある、というのです。

このような議論は必ずしも新しいものではありませんが、フリンらの着眼点の新しさは、この時期の大陸間交易の発展について、従来の見方を逆転した視角を採用した点にあります。かつては、この時期の大陸間交易はもっぱら、コロンブス*やヴァスコ・ダ・ガマ*に始まるヨーロッパ人の世界進出という側面からとらえられ、「地理上の発見」といった語が普通に用いられていました。その後、「地理上の発見」という語のもつヨーロッパ中心主義的偏りが自覚されるにつれ、「大航海時代」などの語がかわって使用され、また、ヨーロッパ人を引きつけてきたアジアの生産物の豊かさ、質の高さの指摘を通じ、少なくとも十八世紀末頃まではアジア諸地域の経済力・技術力がむしろヨーロッパをしのぐものであった、ということが強調されるようになりました。しかしその場合でも、「ヨーロッパ人がアジアの豊かな物産を求めてやってきた」といった論じ方は、暗黙のうちにヨーロッパ人を主人公とみなしていることに変

コロンブス（一四五一〜一五〇六）　ジェノヴァ出身、スペインの援助による航海でアメリカ大陸に到達した。

ヴァスコ・ダ・ガマ（一四六九頃〜一五二四）　ポルトガルの軍人、航海者。アフリカ南岸を回るインドへの直接航路を開拓。

わりはありませんでした。それに対し、フリンらの論文は、アメリカ大陸及び日本の銀を大量に飲み込むことによって世界的な銀の流れを引き起こした中国の銀需要に焦点を当てます。すなわち、中国の人々が銀を求めたことこそが、世界貿易の誕生の主導因であり、ヨーロッパ商人はその流れに乗っていった商人たちの一部にすぎない、として、銀の中国流入の重要拠点となったマニラの建設に、世界史的な画期を見出すのです。

このような主張は、ヨーロッパ中心主義批判が強く叫ばれている近年の英語圏の学界動向に沿ったもので、やや極端のきらいもありますが、アジア諸地域の側から一五七一年前後の動きをみてみるとどうなるか、という興味を呼び起こすものといえるでしょう。第六巻第一章の平山篤子《あつこ》「スペインのマニラ建設」は、マニラ・ガレオン貿易が開始される過程を追うと同時に、モノの移動、ヒトの移動、情報の移動という三方面から、この時期の転換を立体的に描き出しています。銀の対価として輸出された中国産品の代表である絹(生糸・絹織物)は、スペイン領アメリカのみならずスペイン本国にも流入し、富裕層にとどまらない広範な人々に消費されました。ヒトの移動という点からいうと、マニラを中心とした交易の活発化は、ヨーロッパ人以外にも中国・日本・東南アジア諸地域から人々を引き寄せ、フィリピンの先住民社会を変容させるとともに、それらアジア系の人々が船員や奴隷としてアメリカ大陸などへ渡ってゆくきっかけを作りだしました。また、情報という観点からいうと、マニラを拠点とするカトリック宣教は、フィリピンの先住民や華人、さらに日本へとひろがり、ひいては外国の侵略への懸念を一因とする日本のキリスト教禁圧政策の背景ともなってゆきます。スペイン王権にとって、マニラを通じての銀の流出は頭の痛い問題でもありましたが、マニラ建設をきっかけとして生み出されたモノ・ヒト・情報の流れは、押しとどめられない勢いをもって広範な地域を巻き込んでいったのです。

　さてそれでは、世界貿易の誕生の主要因としてフリンらの論文が重視した中国の状況は、どのようなものだったのでしょうか。この問いに答えるのが、第二章の城地《じょうち》孝「北虜問題と明帝国」です。北虜とは、この時期、明朝中国の人々が北方のモンゴルを指して用いた蔑称ですが、一五七一年は、明とモンゴルとの関係において大きな転機となった年でした。この年、明はそれまで戦争状態にあったモンゴルと和議(年号をとって隆慶《りゅうけい》和議という)を結び、国境地帯での貿易(互市《ごし》)を開始します。もともと明朝は、民間の自由な交易を許さず、*朝貢《ちょうこう》という国

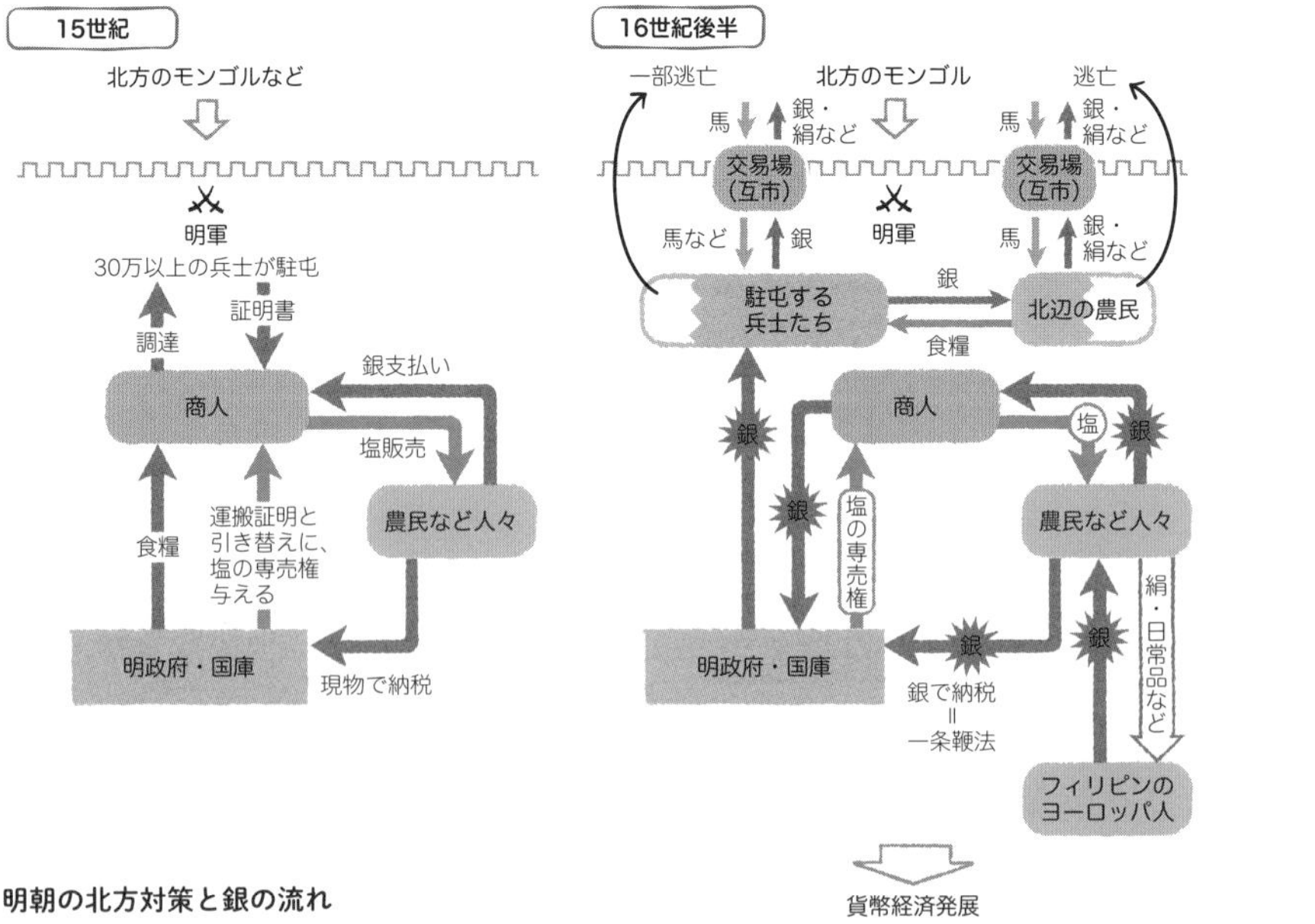

明朝の北方対策と銀の流れ

家間儀礼の形でのみ対外交流をおこなうという統制色の強い政策を取っていましたが、モンゴルなど北方民族の側では、中国物産の入手を目的に明側に圧力をかけ、しばしば武力紛争が起こっていたため、明の北方辺境には大量の軍隊が駐屯していました。十六世紀には、重い負担に苦しむ農民や弾圧を受けた白蓮《びゃくれん》教*徒、また逃亡した兵士などが国境を超えてモンゴル側に流れ込み、華人(中国人)とモンゴル人が入り混じる辺境社会が形成されていました。軍費として中国内地から運ばれる銀も、密貿易などを通じ、辺境社会の経済を支えていたのです。モンゴルに対し強硬な態度をとっていた世宗《せいそう》(嘉靖《かせい》帝、在位一五二一～六六)の死後、明の対外政策は、隆慶和議にみられるように互市容認へと転換してゆきますが、このような貿易が、北方へと流れ込む銀を通じ、辺境の軍事勢力を成長させる場合もありました。のちに農民反乱で滅亡した明に代わり、中国の支配者となった満洲*人の清朝は、そのようにして成長した辺境の軍事勢力であったのです。

　フリンらの論文の表題は「「銀のスプーン」とともに生まれる」でした。これはもちろん、生活に困らない裕福な家に生まれることを「銀のスプーンをくわえて生まれる」と表現する慣用句を借りたもので、「世界貿易」が「銀の大流通」とともに生まれたことを表しているのです。ただ、「銀のスプーンをくわえて生まれる」という語は、スプーンより重いものをもったことのない苦労知らずの貴公子や深窓の令嬢を想起させます。実際には、それとは逆に、銀の大流通は、苛烈な軍事抗争や宗教弾圧と

朝貢　周辺国が中心国に対し、貢物をもった使節を送り、中心国の君主が使節に接見して返礼品を与える制度。中心国を上位とする国際秩序を確認する儀礼であると同時に、貿易の側面ももっていた。

白蓮教　仏教的要素の強い民間の宗教結社で、宋代に始まった。元代には呪術的となり弾圧を受け、元末には「弥勒仏が救世主としてこの世にあらわれる」という予言と結びついて勢力を拡大。紅巾の乱を起こしている。

満洲人　現在の中国の東北地方に住んでいた民族集団で、明代には女真（ジュシェン）と呼ばれていた。十二世紀に金を建てた民族であるが、明の時代には明朝に服属し、農耕・狩猟採集などで生活していた。十七世紀になって後金、ついで清を建国し、民族名を満洲（マンジュ）と改称した。

絡み合いながら進行していきました。以下、国際商業・戦争・宗教の結びついたその様相についてみていきましょう。

フェリペ二世の時代

フランスの歴史家フェルナン・ブローデルが第二次世界大戦中の捕虜生活のなかで執筆した『フェリペ二世時代の地中海と地中海世界』(原著邦訳『地中海』)は、歴史学に限られないさまざまな方法を用いて広域内部の関連性とめざましい多様性を描き出し、その後、同書のインスピレーションのもと、地中海の範囲も超えて近世の広域的な世界を描こうとする多くの重要な研究が生まれました。この著書の表題にいう「フェリペ二世時代」とは、その在位年代が一五五六年から九八年であるので、第六巻の焦点である一五七一年を含みます。第六巻のいくつかの章も、フェリペ二世の統治するスペインと関わりをもっています。

まず第一章の主題である「スペインのマニラ建設」に関してみると、さきほど述べたように、一五七一年はフィリピンにおけるマニラ建設とマニラ・ガレオンの運航開始の年ですが、そもそもこのフィリピンという名は、フェリペ二世の皇太子時代に彼の名にちなんでつけられたものなのです。一五七一年という年はまた、フェリペ二世にとっては、オスマン帝国海軍に対抗してスペイン艦隊を派遣し、教皇軍・ヴェネツィア軍と協力して、ギリシア沖のレパントで海戦をおこなった年でもありました。

フェリペ二世(在位一五五六〜九八) スペイン王。ネーデルラント・南イタリアも継承し、ポルトガルの王位も兼ね、広大な植民地を含む「太陽の沈まぬ帝国」を手中にした。

第四章の堀井優「東地中海のオスマン帝国とヴェネツィア人」で述べられているように、レパントの海戦でオスマン側は敗北したものの、その東地中海への勢力拡大は停止したわけではありませんでした。従来の通説では、レパントの海戦により、オスマン帝国の拡大が阻止されたという点を強調する傾向がありましたが、本章では、戦後もオスマン帝国の広域的な影響力のもとで、ヴェネツィア人などさまざまな集団の商業圏が重複し、重層的なネットワークが形成されてきた点に、「近世」への転換期の特徴をみています。オスマン帝国がその領土内及び周辺地域に張り巡らせたアフドナーメ（活動条件や保護に関する条約）のもとで、東地中海には、ムスリム商人のほか、ヨーロッパ諸地域のキリスト教徒商人、ユダヤ教商人などが共存する商業秩序が生まれていたのです。

1550年頃のオスマン帝国領

一方、フェリペ二世時代のスペインは、大洋を超えた遠隔地に向けて支配を広げてゆきます。一五八〇年には、フェリペ二世はポルトガルの王位も継承し、ヨーロッパ大陸ではイベリア半島のほか、オランダやシチリア・サルディニアなど、さらにヨーロッパ外ではアメリカ大陸、フィリピン、またポルトガルの支配地であったマラッカ、ゴア、アフリカ西岸のアンゴラなどを含む、「太陽の沈むことのない」広域的な領土を支配することとなりました。

遠隔の領土が拡大する一方で、十六世紀後半には、スペインと対抗する諸国家が勢力を伸ばしてきました。カルヴァン*派の多かったオランダでは、フェリペ二世のカトリック化政策に反抗して一五六八年に反乱が起こり、その後長期にわたり独立戦争が続くこととなりました。一五八八年には、オランダを支援するイングランド海軍が、スペインの派遣した「無敵艦隊」を英仏海峡で撃破しました。第六巻の補論の薩摩真介「ドレイクの世界周航と掠奪行為の変容」で論じられるように、これに先立ち、イングランド船によるスペイン銀輸送船の拿捕《だほ》など、海上での略奪行為もしばしば起こっており、その立役者ともいえるフランシス*・ドレイクは、無敵艦隊との戦いにおいてもその経験を買われて副司令官となっていたのです。アメリカ大陸の銀を積んで大洋を航海するスペイ

エリザベス女王から騎士の称号を与えられるドレイク

ンの船団は、彼らの略奪行為の最大の標的となりました。このような略奪行為をおこなった人々は「海賊」と呼ばれることもありますが、私人の犯罪としての海賊行為と異なり、政府など公権力の認可（ないし黙認）を受けた国家の管理下の略奪が増えていったことがこの時期の特徴です。掠奪という行為が、国家間の戦争の一部である半ば軍事的な活動として公認されてゆくに伴い、ドレイクの略奪行為はその後、海洋国家イングランドの栄光の歴史として神話化されていくことになりました。

オランダやイングランドのようなプロテスタント国家ばかりでなく、その内部に激しい宗教対立をかかえていたフランスにおいても、スペインの介入に対する対抗のなかで、国王の改宗により温和なカトリックに基づく国家統合が導かれました。反スペインの言論の高まりをともなうその過程については、第六巻第五章の和田光司「宗教戦争と国家統合」で詳細に述べられています。一五七一年前後にフランスで起こった有名な事件というと、一五七二年の「サン＝バルテルミーの虐殺」があげられます。当時フランスの大貴族の間では、カトリック側とユグノー（プロテスタント）側との間で対立が深まり、それぞれ周辺諸国の支援を受けて、国内で宗教戦争が起こっていました。「サン＝バルテルミーの虐殺」はそのなかで、カトリック勢力が聖バルトロマイの祝日にユグノー首領を暗殺し、その動きが地方にまで広がって多数のユグノーが虐殺された事件です。カトリックのスペインはむろん、カトリック側を支援していましたが、フランス王権の側では、強力な隣国スペインの介入を排除して自立した国家

カルヴァン派　カトリックに対抗するプロテスタントの一派で、フランス出身のカルヴァン（一五〇九〜六四）がジュネーヴを中心に教えを広めた。規律と勤勉を救済の前提条件とするその教義は、商工業者に広く受け入れられた。

フランシス・ドレイク（一五四〇頃〜九六）　イングランド人の私拿捕船長。イングランド人としてはじめて世界周航をおこなったことでも知られる。

の統合を進め、力のみならず徳の高さの上でも卓越した大国になろうとする動きがその後強まっていきました。フランスの王権は、カトリックとプロテスタントとの間で揺れ動きましたが、国内のカトリック勢力のなかでも、「暴力的で残酷」なスペインと対比して「柔和、寛仁」なフランスの優位性が主張されるようになりました。もともとプロテスタントであったアンリ四世は十六世紀末にカトリックに改宗して国内の宗教対立の終結を図ってゆきますが、その背景には、スペインとの対抗という動機があったのです。

このように、一五七〇年代から十六世紀末にいたる数十年間は、スペインにとって領土が最大規模に達した「黄金時代」であったともいえますが、同時に、諸方面での戦争による財政難や、プロテスタント諸国との抗争による海上覇権の喪失などによって、国力の衰退がしだいに顕在化していく時期でもありました。アメリカ大陸からスペインに流入した銀は、国内に止まることなく、他国へと流出していきました。その後、オランダやイングランドによる東インド会社設立をへて、アジアにおけるヨーロッパの商業活動の主役も、スペイン・ポルトガルからオランダ、さらにはイングランドへと推移していくこととなります。

この時期のヨーロッパは、「絶対主義国家」の形成・競争の時代といわれます。ここでいう「絶対主義」の意味は近年の西洋史学のなかで変容しており、国王の文字通り絶対的な権力というよりはそれを支える身分制や社会集団が重視されるなど、国に

16世紀半ばのヨーロッパ

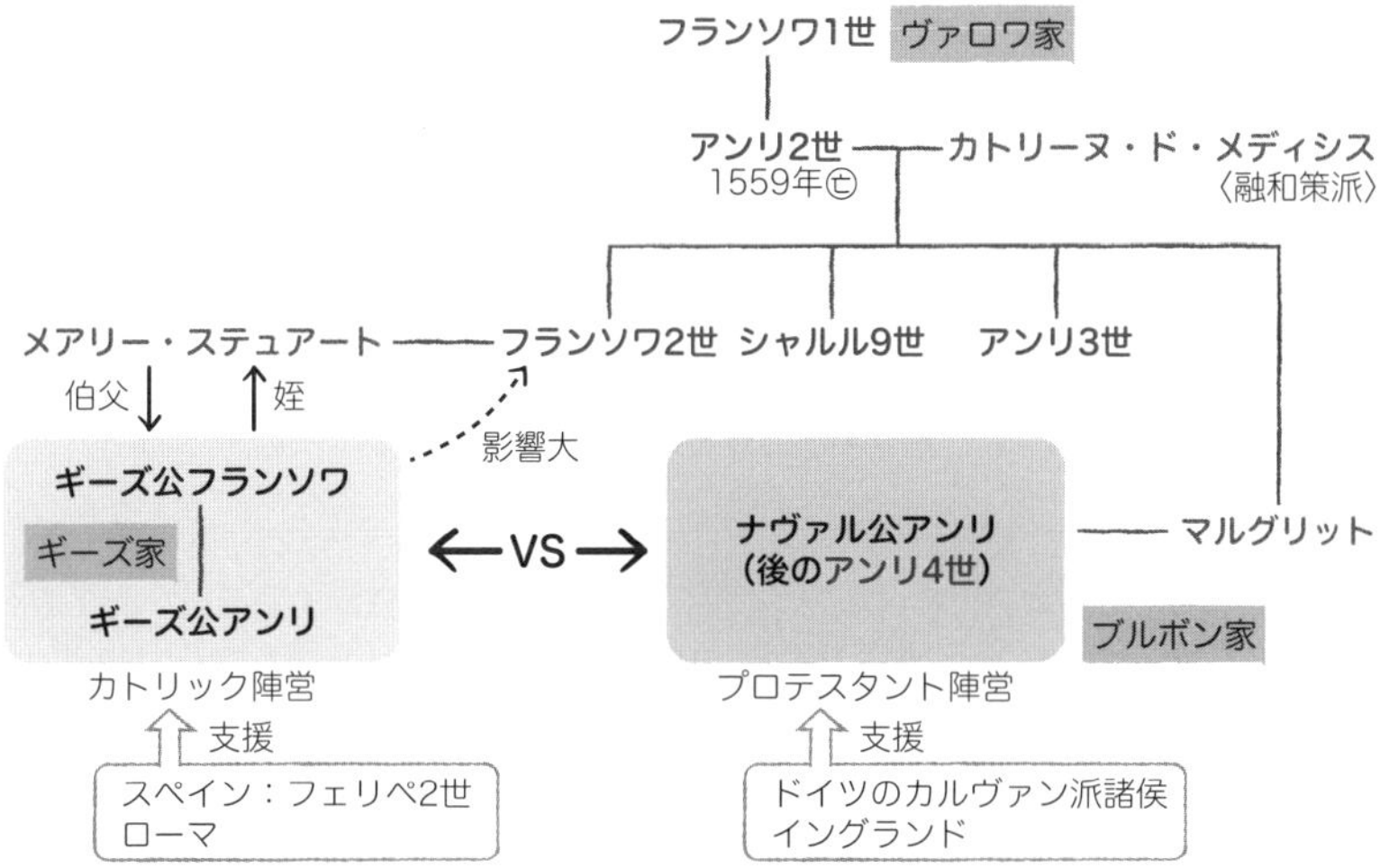

ユグノー戦争 対立図

よっても異なるさまざまな特徴が指摘されているので、「絶対主義」という言葉をあまり額面通りに受け取ることは避けなければならないでしょう。しかし巨視的にみれば、この時期に、ユーラシア大陸の東と西の大洋に面した諸地域で、君主への権力集中の動きが同時代的に起こっていることも確かでしょう。東側では日本がその例です。その動きは、長距離交易にともなって流出入する銀の獲得に向けての競争、軍事的抗争で優位を占めるための兵器の改良と戦争形態の大規模化(軍事革命)、及び王権に対抗する宗教の弾圧ないし包摂の試みなど、国際商業・戦争・宗教といった諸要素が密接にからみあうかたちで進行しました。むろん、国際商業・戦争・宗教などの諸要素は、あらゆる地域・時代にみられるものでしょう。しかし、これら諸要素が不可分の関連をもって相互に強め合いつつ、国内的にも急激な変化を引き起こしていったという点に、この時期特有のものが感じられます。いわば、世界的な銀の大流通を触媒として、大洋に面した諸地域で、軍事・宗教をてことした権力の凝集が起こり、求心性の強い国家をつくり出していった、といえるでしょう。

その意味で、十六世紀の銀の大流通に共時性の基礎をおく歴史の区切り方は、ユーラシアの東西両端では、アメリカ大陸とともに、比較的説得力をもって受け入れられるように思われます。しかし一方で、そのような区切り方が必ずしもうまくあてはまらない地域もあります。例えば、この時期における西アジア・南アジアのイスラーム の大帝国として並列されることの多いオスマン朝、サファヴィー朝、ムガル朝についてみると、これらの地域の歴史について「近世」という語は用いられていないわけではありませんが、それほど定着しているようには思われません。それはなぜでしょうか。

「陸の帝国」と近世世界

一五七一年という時点でみると、これらの諸帝国ではいずれもこれと近い時期に、強力なリーダーシップをもつ君主をいただき、国家統合を推進・強化しています。オスマン帝国ではスレイマン一世*、サファヴィー朝ではアッバース一世*、そしてムガル帝国では、第三章の真下裕之「ムガル帝国の形成と帝都ファトゥフプルの時代」の主人公であるアクバル(在位一五五六～一六〇五)です。これらの諸帝国を「近世」帝国といった枠組みでとらえることは可能なのでしょうか。

ここで、「世界貿易の衝撃」という観点から、この問題を考え直してみましょう。オスマン、サファヴィー、ムガルの三帝国において、十六世紀後半の世界貿易の活発化は、ヨーロッパや東アジアにおけるような激動をもたらさなかったのでしょうか。むろん、当時これら帝国の接する海上においても、交易は活発におこなわれていました。東地中海におけるオスマン帝国とヴェネツィア商人との関係については、前述の第四章で詳しく論じられている通りです。またインド洋では、ポルトガル人は、たんに交易をおこなうことに満足せず、武力を行使して拠点を構築してもいました。それ

スレイマン一世（在位一五二〇～六六）　オスマン帝国の第十代スルタン。国内では諸制度を整備して「立法者」、ヨーロッパ諸国からは「壮麗王」と呼ばれ、帝国の最盛期を現出した。一五三八年には、スペイン・ヴェネツィアの連合艦隊をプレヴェザの海戦で破り、東地中海の制海権を握った。

アッバース一世（在位一五八七～一六二九）　サファヴィー朝第五代の王。中央集権的な統治体制を確立し、多民族からなる王直属の常備軍や銃兵軍を拡充した。オスマン帝国から失地を奪回して王朝の最盛期を現出した。主都イスファハーンには壮麗な建物が立ち並び、「イスファハーンは世界の半分」と称えられた。

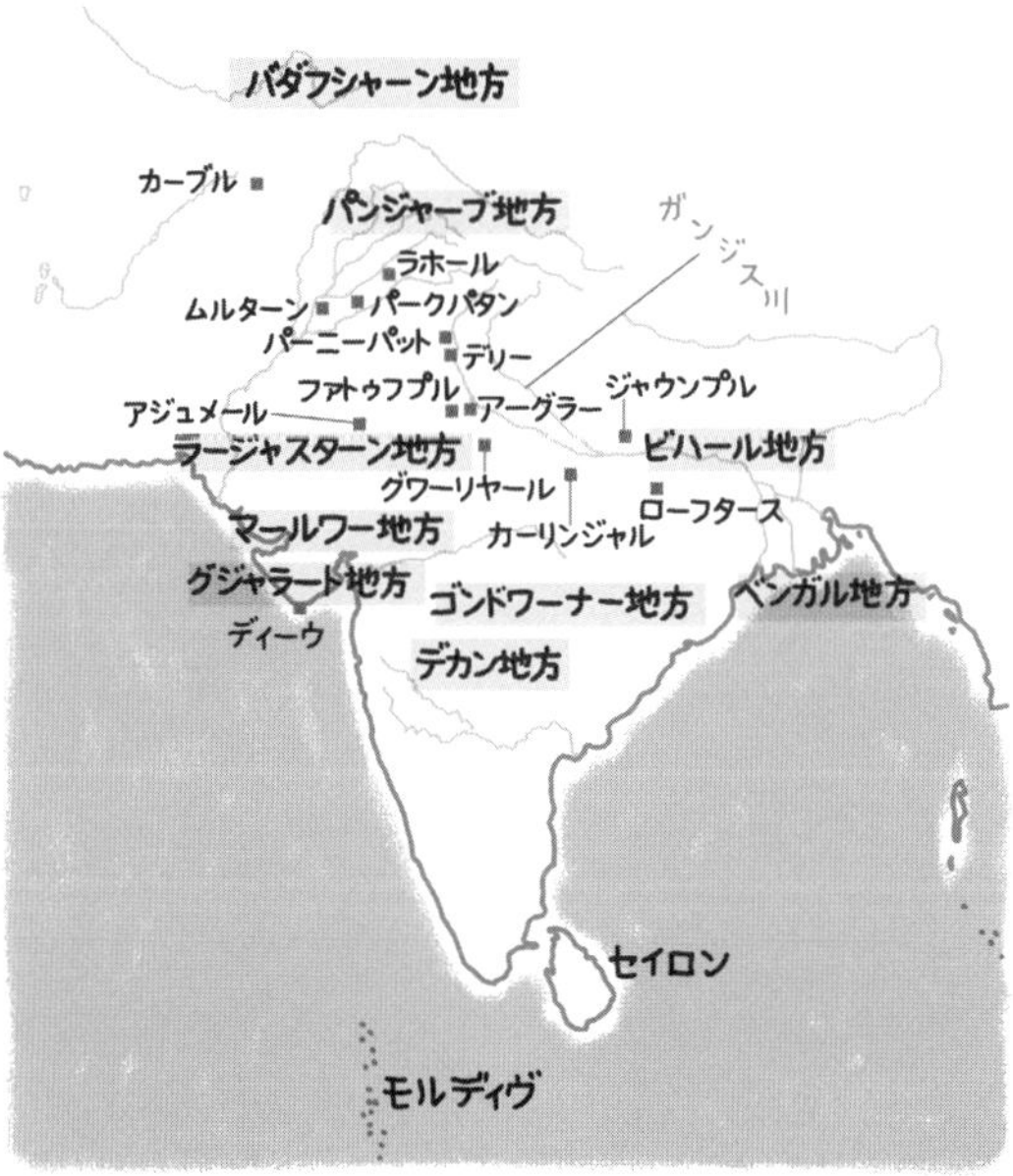

アクバル時代のインド

アクバル帝の統治政策

1	支配階級の組織化	・マンサブ制
2	中央集権的統治機構	・全国を分割し官吏を派遣
		・土地を測量し、税制を確立
3	宗教政策	・人頭税（ジズヤ）廃止
		・ヒンドゥー教徒とイスラーム教徒の融和をはかる

にもかかわらず、これら三帝国の財政や支配体制は海上貿易の動向によって大きな変容をこうむることはなかったようにみえます。

このことを、いくつかの側面から考えてみましょう。一つは、海上貿易に対する関心のもち方という点です。これら三帝国では、君主や官僚個人が海上交易に投資することはあったとしても、他者を排除して独占的に海上貿易を管理・運営し、それを財政基盤としようとする姿勢は希薄でした。第三章で論じられるように、アクバルが一五七一年に建設した新都ファトゥフプル(「戦勝の町」の意)は、当時のインド洋貿易の重要地域であったグジャラート地方の征服を記念して命名されましたが、その勝利の意義は、必ずしも貿易利益の掌握ではなく、ライバルであるティムール家王族の制圧にあるとみなされていたようです。その後、アクバルは、位階に応じて貴族に給与地を与え騎兵軍団を維持させるマンサブ制度によって、国家統合を図ってゆきます。当時、給与地の地税は銅貨などの貨幣で納入されており、ムガル帝国においてルピー銀貨での納税が始まるのは、一五八〇年代以降のことでした。

もう一つは、民間貿易に対する政府の態度の柔軟さという点です。この点について、第二章で論じられた明朝と比較すると、民間の貿易に対する一五七一年以前の明朝の政策は、禁圧を旨とした統制的なものでした。そうした強硬な政策はかえって、貿易を求める集団の武装化と抵抗を招き、ひいては辺境地域における明朝の支配を掘り崩していったのです。それと比較して、これら三帝国は概して、領域内における貿易商人の活動に対して禁圧を加えることが少なく、対外貿易に対して一定の管理はしたとしても、強い干渉を加えることがありませんでした。その結果、対外貿易は、国家の統制に対する人々の抵抗や衝突を招くことが少なかったのではないでしょうか。

以上のような点からみて、これら三帝国は、世界貿易のブームに乗って急速に凝集性を強めた国々とも異なり、また世界貿易のもたらす遠心力の影響を受けて解体した帝国とも異なり、世界貿易の影響をゆるやかに吸収していったものと思われます。オスマン帝国もムガル帝国も、この時期、宗教的弾圧などは行わず、多様な文化を包摂する姿勢をとっていました。貿易のもたらす利益や、火器などの技術導入、また国家機構整備への方向など、他の「近世」国家とさまざまな現象を共有しつつも、領土の巨大さと統治の柔軟性とをあわせもつこれらの帝国においては、十六世紀の銀の大流通の衝撃に基づく時代の区切りは、それほど顕著なかたちではあらわれてこなかったといえるでしょう。世界貿易は世界各地を同じ形で変容させたのではなく、地域によってそれぞれ個性的な対応がおこなわれていったのです。

以上まとめますと第六巻では、東から西にむけて、一五七一年前後の諸地域の特質を描き出すいくつかのテーマを取り上げました。第一章は、スペインのマニラ建設を切り口として、モノ・ヒト・情報の動きを描き、第二章は、明の北方軍事地帯に焦点を当て、さまざまな出自の人々が混在する「辺境社会」が形成されたことを述べ、そして第三章は、ムガル帝国の新都造営を、アクバルによる帝国形成過程のなかに位置付けます。第四章は、東地中海においてオスマン帝国の影響力のもと形成された、多様な出自の商人集団を含む重層的な交易秩序を描き、第五章は、フランス国内の宗教戦争の収束過程が、スペイン世界帝国に対抗する国家統合という側面をもっていたことを指摘します。補論では、イングランド人によるスペイン銀輸送船略奪を糸口に、このような略奪行為に対する国家の管理の強化を論じます。補論では、略奪の対象が太平洋のマニラ・ガレオンやインド洋のムガル帝国の巡礼船団へとグローバルに拡大していったことも指摘しており、かくして第六巻の内容も、第一章から補論にいたって地球を一巡することとなります。

一五七一年におけるターニングポイントとは？

・十六世紀に始まった銀の流通に伴い「世界の一体化」が加速し、市場経済が世界的広がりをもった。
・「一体化」の進行は、世界の各地において新たな国家統合の動きを生み出し、かつ十七世紀にかけて国内外の抗争を経つつそれぞれ個性ある政治秩序を生み出した。
・一五七一年前後の各地でおきた事象は、以上のような社会の変革のなかで生じた歴史的変動として語ることができる。

第7章

一六八三年　近世世界の変容

島田　竜登

十七世紀後半を中心に世界各地の社会で変容がみられ、庶民が社会の主体となる時代が到来します。この章では、近世社会が成熟し、近代へと飛躍する準備がどのように始まっていったのかをみてみましょう。

世界史における一六八〇年代

一六八三年、台湾に根拠地をおき、明朝の再興を期していた鄭氏政権が清朝に降伏しました。鄭氏政権のリーダーは鄭克塽《ていこくそう》(一六七〇～一七〇七)です。彼は鄭成功*の孫にあたる人物ですが、その時は、まだ十代の若者にすぎませんでした。しかし、この若者の降伏こそが歴史の転換期を象徴しているのです。

漢民族からなる明朝の復興をめざした鄭成功は、一六二四年に日本の平戸に生まれました。鄭成功の父は、鄭芝龍《ていしりゅう》(一六〇四～六一)で、朱印船貿易で平戸に拠点をおいた李旦の配下にありました。この李旦は後期倭寇の代表的な頭目であった王直の部下のひとりです。一六二五年に李旦が死去すると、鄭芝龍が李旦の後継者となります。鄭芝龍は平戸を拠点の一つとし、東シナ海をまたにかけた海上貿易に従事しました。

鄭成功（一六二四～六二）　福建地方の軍事・貿易の実力者、鄭芝竜を父とし、日本人を母として平戸で生まれた。明の滅亡後に、その再興をめざして活動し、明の亡命政権より皇族の姓である朱姓を賜ったので国姓爺とも呼ばれる。

1683年の世界

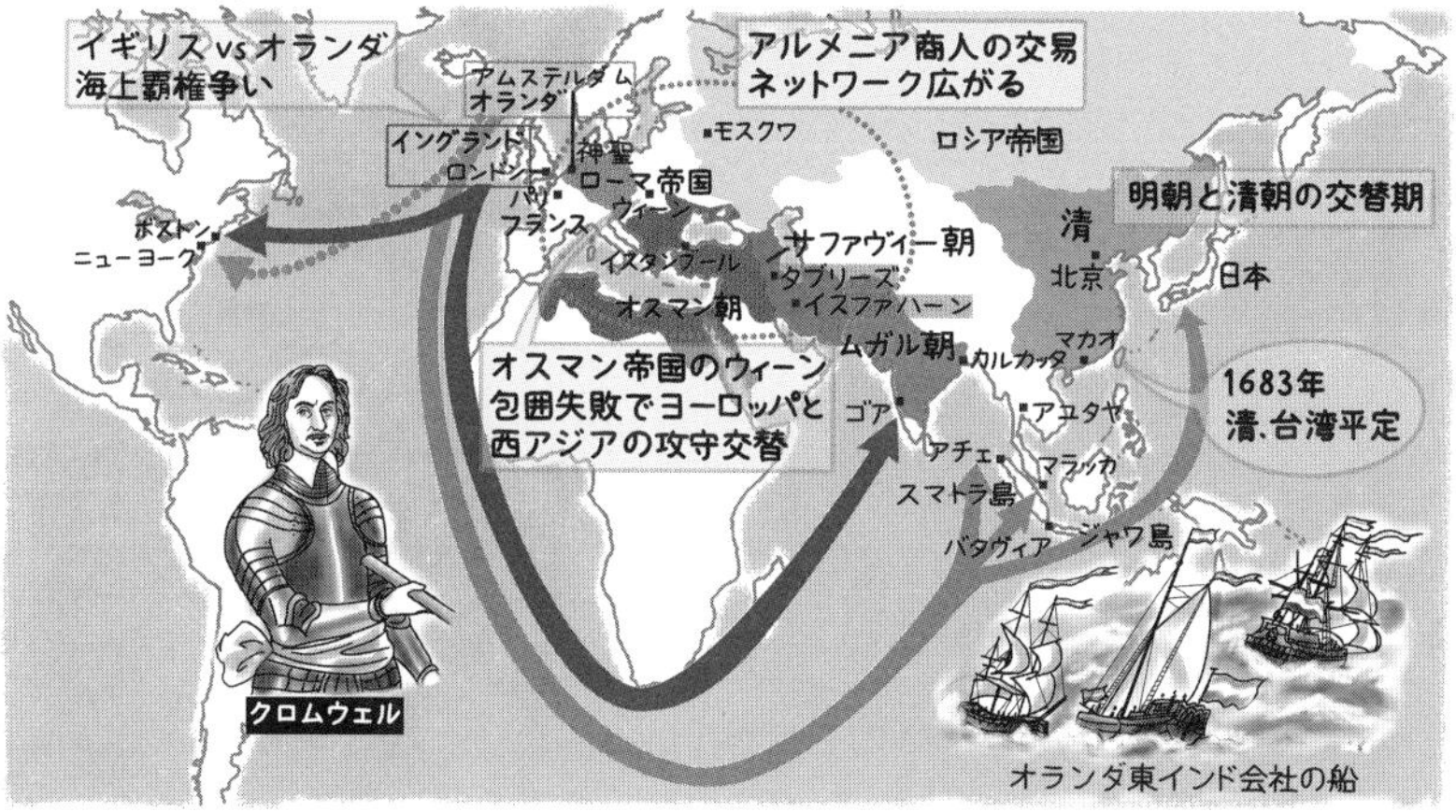

アメリカ

- 1607 ヴァージニア植民地成立
- 1620 ピルグリム＝ファーザーズ
- 1626 オランダによるニューアムステルダム建設
- ニューイングランド植民地の形成
- 1664 ニューアムステルダム、英領ニューヨークに
- イギリス領植民地は、イギリスの重商主義体制のもと造船業などさかんになる。
- 1681 ペンシルヴェニア植民地建設

イギリス

- モルッカ諸島の香辛料獲得をめぐる抗争
- 1623 アンボイナ事件、イギリス敗退
- ↓ インド経営へ
- 1651 オランダに対抗して航海法
- 1652 イギリス＝オランダ戦争
- 世界商業の覇権をめぐる争い
- イギリスの勝利、オランダの衰退のはじまり
- 1661 ボンベイ占領
- 1665 第2次イギリス＝オランダ戦争
- 重商主義政策
- 1688 名誉革命
- 海上貿易　三角貿易
- 資本の蓄積
- 産業革命へ

オランダ

- 1602 東インド会社
- 香辛料貿易独占
- 1624 台湾領有
- 1648 オランダ独立公認
- オランダの海上貿易繁栄はまだ続くが…
- その覇権はじょじょにイギリスへ
- 1689 イギリス＝オランダ同君連合

ヨーロッパ全般

- 三十年戦争
- フランス介入 vs ハプスブルク
- 1648 ウェストファリア条約
- 神聖ローマ帝国の有名無実化
- フランス、ルイ14世の時代／コルベールの重商主義
- 1683 第2次ウィーン包囲
- オスマン vs ヨーロッパの攻守が入れ替わる
- 1699 カルロヴィッツ条約
- 1701 プロイセン王国成立

オスマン・サファヴィー

- 1612 オスマン帝国、オランダに外交特権みとめる
- 1645
- アッバース1世最盛期・都イスファハーン繁栄
- 1661 オスマン帝国、オーストリア攻撃
- 1669 ヴェネツィアよりクレタ島獲得
- アルメニア商人はヨーロッパ・西アジア間の交易にあたる
- 1696 オスマン帝国、ロシアにアゾフ海奪われる
- 1722 アフガン人、イスファハーン占領
- 1736 サファヴィー朝滅亡

中国

- 明、北虜南倭
- 1616 ヌルハチ、金建国
- ↓
- 1636 清と改称
- 1638 明を攻撃
- 1644 農民反乱軍の北京占領により明滅亡
- 清、北京に入る
- 明清交替の混乱社会
- 1661 鄭成功、台湾占領（オランダを駆逐）
- 1673 三藩の乱
- 1683 清、台湾平定
- 1684 清、海禁解く
- 清朝統治の基礎固まる
- 清は以降、支配領域も広げる

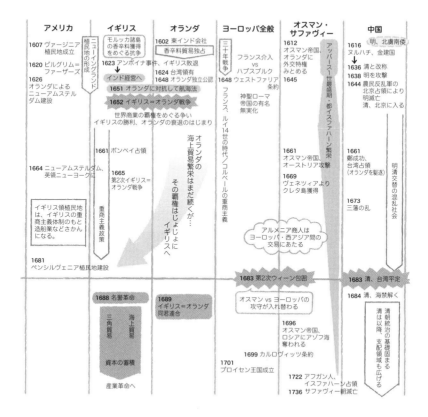

その息子の鄭成功は、海上貿易のビジネスは続けながら、明清交替期にあって反清を掲げ、明朝の復興をめざしました。中国大陸では劣勢になったものの、台湾からオランダ*を追い出し、台湾を根拠に活動を続けたのでした。

まさしく激動の時代に生きた鄭芝龍と鄭成功の親子は、東アジア海域での国際商業ブームを先導するポジションにいた人物といえるでしょう。それにもかかわらず、曾孫の代になると鄭氏（鄭克塽）は、清朝に降伏せざるをえなくなり、東アジア海域の華々しい国際商業ブームの時代は終わりを迎えることとなったのです。

一六八三年の鄭氏政権崩壊で時代は安定の時代へと移り変わります。鄭氏政権が降伏したことで、東アジアには平和が訪れたといってもよいでしょう。翌一六八四年には清朝は展海令を発し、中国人商人の海外渡航を認めました。それにより、日本の長崎には、中国大陸から中国人商人のジャンク船が大挙して訪れるようになります。日本側がさばききれないほどの数で、結局、日本は海外貿易から利益を得るというよりは、むしろ貿易制限をおこなうことにします。この政策は十八世紀にも原則として継続し、これまで輸入に依存していた生糸などが、国産代替化されていくことになりました。

世界史的にみると、この一六八三年は、激動の近世前期の終わりを告げる年でした。滅びたのは鄭氏政権だけではありません。同じ一六八三年、オスマン朝の遠征軍はウィーンに向けて進撃を開始しました。ハプスブルグ家のウィーンを二カ月ばかり包囲しましたが、最終的にはオスマン軍の敗北で終わりました。いわゆる第二次

オランダ　スペイン・フェリペ二世の統治権を否認し、一五八一年に独立を宣言したネーデルラント北部七州が樹立した国家。正式にはネーデルラント連邦共和国。

ウィーン包囲です。かつて一五二九年の第一次ウィーン包囲ではスレイマン一世が大軍を率いてウィーンを包囲し、ウィーン自体は陥落しませんでしたが、オスマン朝のバルカン半島支配の基盤を固めるとともに、オスマン朝は絶頂期を迎えることになりました。この第一次ウィーン包囲の勝利を念頭に、一六八三年の第二次ウィーン包囲とオスマン朝の敗北を考えると、ヨーロッパとアジアのバランスの変化を読み取ることができます。かつて勢力を誇ったオスマン朝は、いまや相対的衰退への道を歩み始めました。一方、ヨーロッパはオスマン朝のくびきを脱し、ヨーロッパこそが世界を先導する時代が訪れることに備えて、光を浴びつつ力を蓄え始めたのです。

　ユーラシアの東西で、これまで勢力を誇示していた明朝とオスマン朝という二つの巨大勢力が衰退したことで、世界のパワーバランスが変化しました。このことを象徴する年が一六八三年なのです。

　そもそも、一六八〇年代には世界の各地が大きな変化を経験しています。一六八三年にフランスでコルベールが死去し、果てはスペイン領メキシコの港町で、スペイン本国との貿易活動の拠点都市であったベラクルスが海賊*による略奪を受けています。さらに五年後の一六八八年には時代の変化を象徴するできごとが発生しました。一つにはイギリスにおける名誉革命*です。この名誉革命では、ジェームズ二世が王位から追放されました。一方、オランダに嫁いでいた彼の娘のメアリー二世と夫でオランダ総督であったウィレム三世(ウィリアム三世)がイギリスにわたり、イングランドの王

カリブの海賊　十七世紀初頭、カリブ海にはスペイン以外にもイギリス、フランスなどが拠点を設けるようになり、各国によるタバコやサトウキビのプランテーションが始まる。カリブ海やメキシコ湾に出没した海賊の多くは、プランテーションで働いていた年季奉公人やアフリカ系奴隷、そして職場を逃げ出した貿易船の乗組員たちが徒党を組んだものだった。

　イギリスやフランスは、逆にこれら海賊を利用して「私掠状」を発行し、敵国船を襲うことを認めたため、後ろ盾を得た彼らの活動は活発化した。これにつられるかたちで、私掠状をもたない海賊行為も増加していったのだった。

名誉革命　メアリー二世とウィリアム三世は議会の要求を受け入れて「権利の章典」の制定に同意した。これは立法や財政などにおいて、議会の権限が国王の権力に優越することを宣言するもので、ここにイギリスの立憲君主制が始まった。無血で体制移行できたため名誉革命という。

位に就きました。このことは、オランダからイギリスへという覇権の交代を象徴するできごとであったことを忘れてはなりません。

一六八八年には、タイのアユタヤ朝で多方面にわたる外交・貿易の推進をおこなったナーラーイ王が死去しました。彼はアジア各地に使節を送るばかりでなく、ヨーロッパ各国にまで使節を派遣し、多数の国々と国交を開き、国際貿易を進展させ、港市国家としてのアユタヤ朝を発展させ、現実的な利益を得る方策をとることを堅持しました。しかし彼の死後、アユタヤ朝の国際貿易政策は大きく変化しました。経済的に成長しつつあった中国を重視する方針に変化するとともに、西洋諸国との貿易は、フランス等との関係が薄れ、オランダ東インド会社ばかりとなっていきました。ナーラーイ王の死去はアジアの海上貿易のバランスの変化を象徴するできごとでもあったのです。

以上にみた一六八〇年代における世界各地での事件は、近世という時代のなかで、社会の本質が世界的に変容していったことを象徴するできごとであったといえるでしょう。第七巻は、この十七世紀の後半に生じた近世世界の変容を、さまざまな事例をもとにしてグローバルな現象として描き出すことを目的としています。

グローバル・ヒストリーと時代区分

「グローバル・ヒストリー」の本来の意味は、地球規模的視点から歴史を検討するということです。第七巻では、一六八三年ないしは十七世紀後半を世界史上の転換期の一つとして措定し、世界各地がいかに変化したのかを共時的にとらえることとしました。たしかに共時的に世界史を考えるということは難しいですが、ほぼ同時期に世界各地で同一の方向性をもった変化を析出することで、一つのグローバル・ヒストリーとなることをめざします。

もっとも、グローバル・ヒストリーの時代区分が一般に認められた形で歴然と存在しているわけではありません。グローバルに歴史を検討すること自体に意義があるとするのが、グローバル・ヒストリー研究の現状なので、時代区分に関して共通理解ができるのはまだ先のことなのでしょう。しかも、グローバル・ヒストリーが、必ずしもグローバル化の歴史を扱うだけではないことも確かです。歴史を地球規模的に検討することとグローバル化の流れを理解することとは必ずしも一致しません。しいていえば、グローバル化の歴史分析は、グローバル・ヒストリー研究の一部をなすにすぎないといえるでしょう。この二つの点に留意して、以下では、グローバル化を考察するというグローバル・ヒストリー的な見地から、第七巻が取り扱う時代区分について考えてみることとしましょう。

現在、歴史学の時代区分は、地域別ないしは各国別となっていることが通常です。地域別ということであれば、西ヨーロッパとか、西アジアといった単位のなかでの時期区分となります。あるいは各国史であれば、イギリス史とかフランス史、あるいはアラブ史やイラン史といった具合です。こうした地域別や各国別の歴史研究においいて、時代区分をおこなうとすると、同じ時期であっても、あるところでは古代であり、隣接するある場所では中世といったことも、しばしば起こりうることです。また、ある地域や国の歴史でも、研究者や学派によって時代区分が異なるということも現に存在します。例えば、日本における中国史研究では、大きく二つの学派が存在し、一方は近世という時代を認めますが、他方は近世という時期区分を受け入れません。インド史においても、これまで一般には、古代・中世・近代という時代区分が一般的であり、近年みられるインド近世なる時代区分は一種の歴史修正主義とみなされることもあります。ともあれ、時代区分というものは、基本的に何らかの社会変化が生じ、それを指標として時代を区切ることです。かつて史的唯物論が主流を占めた時代には、生産手段をめぐる社会の生産関係のあり方が時代を区切る指標でした。そして、指標が異なれば、当然、時代区分はそれだけ多様となります。

それではグローバル・ヒストリーにおける時代区分は、どのようなものがふさわしいでしょうか。もちろん、この場合、グローバル化の歴史の時代区分ということになりますが、人々に広く受け入れられたグローバル化の時代区分が存在するわけではないので、研究者各自が自ら時代区分案を提案していくしかないでしょう。これはある意味、大変な作業ですが、魅力的なことでもあります。

時代区分を考えるにあたって、ある社会では中世の段階にあって、同じ時期に別の社会では古代であるというのは、いささか戸惑いを覚えます。このような時代区分のとらえ方は、ある社会は「進んで」いて、ある別の社会は「遅れて」いるという認識を生み出しかねません。少なくとも、グローバル・ヒストリーの時代区分のあり方としては適切なものといえるのかどうか疑わしいものです。むしろ、時代区分のために、新たに別の指標や尺度をつくり出して、用いたほうがよいといえるでしょう。そもそも、グローバル・ヒストリー研究の意義の一つとして、地球規模での共時性を重んじるという視点があります。進んでみえるような社会も、遅れているかのごとき社会も、同じ時間を地球上で共有しています。ならば、同じ時代にあらゆる社会が存在していることを強調して考えてもよいのではないでしょうか。その場合、グローバル化の進み具合が時代区分の標識となるでしょう。人の移動やモノの移動、情報伝達のあり方が地球規模でどのようにおこなわれるかが時代区分の尺度となるのです。以上のごとくに指標を定めると、いわゆる大航海時代の開始が一つの時代の幕開けとなります。真の意味で、アメリカ大陸を含んだ地球上の社会が結びついて、グローバル化が進展するのです。

グローバル・ヒストリーにおける近世

グローバル・ヒストリーの時代区分として、「コロンブス交換」開始後の時代を広義の近代としてとらえることができるでしょう。「旧大陸」と「新大陸」という呼び名は今となっては古いかもしれません。なぜなら、どちらが新しいと中立的にいえず、アメリカ大陸を「新大陸」と呼ぶのはたんにヨーロッパからの見方にすぎないからです。とはいえ、「旧大陸」と呼ばれるアジア・アフリカ・ヨーロッパというアフロ・ユーラシアと「新大陸」とされるアメリカ大陸が有機的に結びついたことの意義は大きいです。アフリカから大西洋を渡ったアフリカ人奴隷やヨーロッパからの移住者という人の移動と連鎖が生じるとともに、両大陸にそれぞれ新たなモノがもたらされました。もちろん、モノの移動は新作物の導入ばかりではありません。日本や中南米で十六世紀から大量に生産され始めた銀が世界を廻ることで、世界的な規模でも、日常的な小さな市場圏内でも、貿易・商業活動が盛んとなりました。貿易や商業が活発化すると、それにともなって生産が刺激を受け、換金作物や商品の生産が増加し、個別社会は大きく変容しました。モノに加えて、さらに、人の出入りが盛んになると、情報のやりとりも活発化します。ヨーロッパ人が各地を旅行し、多数の旅行記が記され、出版されることになりましたし、キリスト教の布教も盛んとなり、それに対応して既存のキリスト教以外の宗教も先鋭化することとなりました。

それゆえ、十五世紀末にグローバル・ヒストリー的な視点からは、広義の近代が始まったと考えることができるのです。そもそも、英語で近代とはmodern periodといいます。加えて、近代のうちの初期の部分が初期近代ということで、early modern periodとなります。これを近世と呼び、十九世紀後半の一八七〇年ごろに本格的な狭義の近代が始まると定義します。狭義の近代の開始を一八七〇年ごろに定めるのは、

モノの交流　ジャガイモ・サツマイモ・トウモロコシ・トウガラシ・タバコなどはアメリカ大陸原産の作物であり、急速にアフロ・ユーラシアに伝播した。一方、アメリカ大陸にはサトウキビやコーヒーが移植され、ヨーロッパ市場向けに大規模に生産されることになった。

この時期を境にグローバル化のスピードが突如速まるためです。人やモノの移動という点では、蒸気船*が世界的に往来するようになり、これまでの風頼みの帆船とは桁違いに往来が活発となります。また、情報の伝達という観点からは、十九世紀後半に世界中に電信ケーブル*がひかれるようになりました。

初期近代たる近世が十五世紀末から一八七〇年ごろまでとすると、三七〇年強の長い時間が近世となります。その後の狭義の近代は、現在にいたる一五〇年程度となります。これでは近代が非常に短いともいえますが、この一五〇年間で急速にグローバル化が進んだことを考えると、長い近世と短い狭義の近代もそれなりに妥当性があり、一つの時代区分として成立しうるでしょう。もっとも、四〇〇年近い長い近世は、実際には二つの時期に分かれます。近世のなかでの転換期が一六八〇年代でした。それ以前が、近世前期とすれば、以後は近世後期ないしは「長期の十八世紀」と呼ぶことができます。第七巻が歴史の転換点の一つとして一六八三年を標榜しているのは、長い近世のうち、近世前期と近世後期の分かれ目だからです。

銀の流通による社会の変化

近世前期の世界を秩序づけたのは、銀の大量生産の開始とその国際流通の大規模な展開でした。第六章で示したように、十六世紀前半、世界では銀の大量生産が開始されました。日本では石見銀山が開鉱し、日本で生産された銀はアジアなかんずく中国

蒸気船　実際、一八六九年にスエズ運河が開通するとアジア各地に蒸気船が来航するようになり、しだいに帆船貿易を量的に駆逐し、貿易量や人の移動は急増した。

電信ケーブル　十九世紀の半ば過ぎにドーバー海峡に海底ケーブルが敷設され、一八七一年には長崎まで海底ケーブルが到達した。アジア各地を含む世界中に海底ケーブルが張りめぐらされた。

に流入しました。一五四〇年代にはアメリカ大陸で銀山が開発されます。現在のボリビアにあるポトシ銀山、メキシコにあるサカテカス銀山を代表とするスペイン支配下の中南米の銀山は、この時期に採掘を開始しました。アメリカ大陸で生産された銀の一部はスペイン人の手でヨーロッパに運ばれ、さらにその一部は陸路と海路を通じてアジアに流れていきました。また、アメリカ大陸で生産された銀の一部は、アカプルコから太平洋を渡って、当時はスペイン領であったフィリピンのマニラに届けられました。いわゆるマニラ・ガレオン貿易です。マニラからはおもに中国へ銀が流出していきます。いずれにせよ、銀は生産され次第、その地にとどまることは少なく、西や東に世界を廻り、そしてアジアに行き着いたのです。

　銀が世界を廻り、世界経済に刺激を与えるという図式が始まった十六世紀半ばから一〇〇年が過ぎ、十七世紀後半となると、こうした楽観的で単純な見取り図だけで済まなくなりました。近世前期には銀の流通が世界経済に与えた刺激は、意識せずして世界各地の社会の隅々までに浸透し、庶民の日常を支えるミクロな社会が変容を経験する時期が到来しました。まさしく、その社会の変容の開始こそが近世後期たる「長期の十八世紀」の始まりです。

　近世後期たる「長期の十八世紀」は、どちらかといえば地味な時代です。しかし、静かに社会が変容し、近世的な成熟を成し遂げる時代でした。およそ、十七世紀の半ばを過ぎると、これまでの華美な社会から実質的で豊かな社会へと変化し始めました。第七巻第一章、島田竜登「アジア海上貿易の転換」で言及されるように、大航海時代の幕開けとともに始まった近世前期は、国際貿易で取引される商品からいえば、高価な香辛料や生糸といった奢侈品貿易の時代でした。一方、近世後期たる「長期の十八世紀」は、安価で嵩高な商品が貿易品の中心となるバルク商品貿易の時代といえるでしょう。つまり奢侈品を消費する富裕な人々の消費を支える国際貿易が遠距離貿易の中心であった近世前期から、庶民が消費する商品が国際的に流通する近世後期となったのです。世界各地に、いわば庶民の時代が到来し、一定程度の豊かさを備える成熟した近世的な地域社会が成立するのが「長期の十八世紀」なのです。

もちろん、近世後期に成し遂げられる成熟した社会は、「成熟」とはいえ、たいていは身分制の社会でした。現代のわれわれの視点からすると、もちろん手放しで評価すべき社会ではありません。しかし、そうした身分制のような自由を制約する社会制度に対して矛盾を見出し、それを打破しようとする社会が生み出されていった世界的な基盤を近世後期が提供することになったことは確かです。

しかも、同じく貿易についていえば、重要な点をもう一つ指摘できます。貿易から利得を得ることに加えて、布教もめざしたポルトガルと比べ、ビジネスに徹したオランダ東インド会社が十七世紀を通じてアジアの海上貿易で勢力を伸ばしたのです。このことは、この時代の変化を象徴するできごとでしょう。ある意味、スマートで合理的な組織が社会で歓迎されたということであり、即物的な豊かさを求めることが優先する社会ができつつあったことを示しています。

ちなみに、この近世後期の時代に、世界各地の社会は近世的な成熟を迎えますが、人々の欲望がすべて満たされることはありませんでした。欲望には限りがありません。むしろ、世界各地の人々は、政治的自由や経済活動の自由など、さまざまな自由を求めるようになります。それは何も、アメリカ合衆国の独立やフランス革命だけではなく、アジアの各地でも生じました。また、成熟しつつある社会は社会をさらに発展させるべくあらゆる努力をしました。そうしたなかで、成功をおさめたのが、イギリス産業革命です。イギリス産業革命の世界史的意義は無数にありますが、K＊・ポメランツやR＊・C・アレンが近年、指摘するように、なかでも重要なことは石炭という化石燃料の利用です。蒸気機関を発明し、改良を加え、生産機械の動力源とすることに成功しました。こうした十八世紀における社会の成熟、その結果として、イギリスが産業革命に成功する時代に、人々がさらなる自由を求める動きをみせることについては、次章をご覧下さい。

十七世紀後半の変動と社会

第七巻は十七世紀を対象とし、とりわけ、一六八三年に焦点をあてながら、十七世紀後半を中心に世界各地で生じた社会の変化を分析します。きらびやかな一種のバブルの時代が終焉し、世界がゆっくりとはしつつも、成熟に向けて前進する時代へと変

ケネス・ポメランツ（一九五八〜）　アメリカの歴史学者。近代中国経済史、グローバル経済史。主著『大分岐――中国、ヨーロッパ、そして近代世界経済の形成』（川北稔監訳、名古屋大学出版会）。

ロバート・C・アレン（一九四七〜）　アメリカの歴史学者。経済史。主著『世界史のなかの産業革命――資源・人的資本・グローバル経済』（眞嶋史叙ほか訳、名古屋大学出版会）。

化し、世界各地の社会が成熟を迎えつつ、近代の萌芽を紡ぎ始める時代が登場したことを明らかにします。

第一章「アジア海上貿易の転換」は、十七世紀後半に生じた海域アジアでの貿易活動の変化を論じます。まず、オランダ東インド会社によるアジア域内貿易について検討したのち、中国ジャンク船貿易の台頭、アユタヤ朝の海外貿易といった事例をもとに、アジア人商人による貿易ネットワークの重要性やアジア現地政権の貿易活動を検討します。さらに、ヨーロッパ・アジア間貿易の商品の構成の変化を明らかにし、

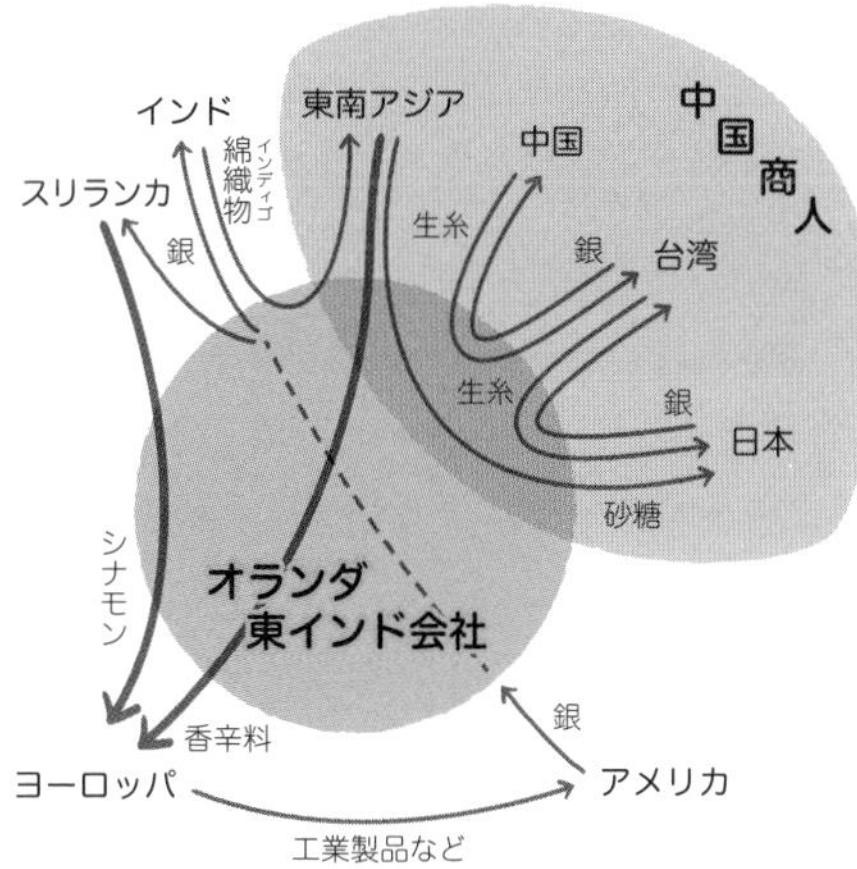

17世紀前半のオランダ東インド会社のネットワーク

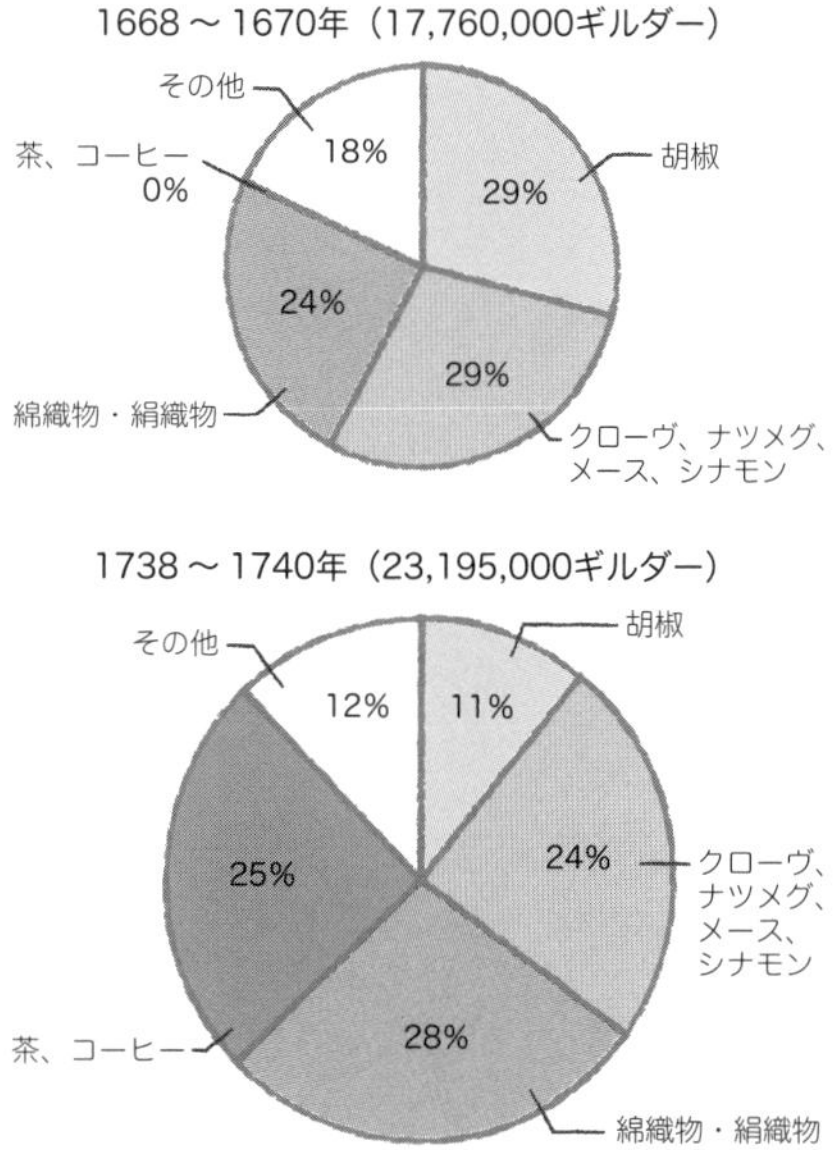

オランダ東インド会社のアムステルダム商品販売額構成の変化

オランダ東インド会社のアムステルダム商品販売額構成
17世紀では胡椒や他の高級香辛料がアジアから輸入される主たる商品であったが、18世紀になると商品は多様化し、茶やコーヒーなども登場した。
出典：Femme S. Gaastra, *The Dutch East India Company: Expansion and Decline 2003*

アブガルの旅

十七世紀末には「アジア貿易」が全体として大きく変化したことを論じます。すでに紹介したように、これまでは銀貿易に象徴されるごとく奢侈品中心の華々しい商業の時代であったのが、十七世紀後半には、一般庶民が消費することになる商品も海上貿易で広く取り引きされるようになりました。そして、それにともない、海域アジア各地の生産のあり方も変化したのです。いうなれば、国際貿易の加速であるとともに、質的な変化が生じたのです。

第二章守川知子「あるアルメニア人改宗者の遍歴にみる宗教と近世社会」は、宗教という観点から社会変容の分析に挑みます。アブガルという名のアルメニア*人に焦点をあてます。アブガルはサファヴィー朝期イランの王都イスファハーン郊外にある*新ジュルファーで生まれました。この新

アルメニア人　アルメニア共和国は、カスピ海と黒海のあいだの南コーカサス地方にある内陸国。アルメニアは、その長い歴史のほとんどの期間、東西の大国のはざまにあって、いずれかに従属する道を歩んできた。四世紀初頭には、ササン朝とローマ帝国が対立するなか、キリスト教を国教としてローマ側につくが、結果的に国は崩壊し、アルメニア人は各地に移住した。現在、本国の人口は三〇〇万人ほどで、本国以上の人々（三〇〇万人〜八〇〇万人。諸説あり）が世界中に離散しながらも、アルメニアの言語・文化、そしてキリスト教アイデンティティを保って暮らしている。居住先はアメリカ合衆国がもっとも多く、カリフォルニアのブドウ産業での成功などが有名。

ジュルファーはキリスト教徒であるアルメニア人の街区です。彼は生まれながらにしてアルメニアのキリスト教徒でした。しかし、彼は若くしてイスラーム教に改宗します。大商人の家に生まれた彼は、改宗したことを心配する家族に勧められ、親類のいるオスマン朝下の港町イズミールに送り出され、その後、イタリアのヴェネツィア、イスタンブールやアルメニアのエレヴァンなどに遍歴し、最終的にはイスファハーンに戻ります。この生涯をかけた長い旅の間で、彼はカトリック教会とアルメニア教会というキリスト教の宗派、さらにはシーア派とスンナ派というイスラーム教の宗派のなかで精神的に翻弄されます。このアブガルの事例を材料として、いわゆるアルメニア人の商業ネットワークを概観するとともに、十七世紀、西アジアから地中海北部にかけての諸社会で、宗教的寛容さが失われているさまを描き出しています。

第三章伏見岳志「海賊と先住民に悩まされるスペイン領ユカタン植民地」は、視点をアメリカ大陸に移し、スペインの植民地社会の問題について検討します。一六三〇年代から中南米のスペイン植民地での銀生産量は減少し、本国の王室向けの送金額も落ち込みました。このような条件のもとで、植民地当局は二つの問題に苦しめられます。第一の問題がバッカニアによる襲撃です。バッカニアとは、プランテーションの年季奉公人や船舶の乗組員のヨーロッパ人やアフリカ系奴隷のなかで逃亡し野営生活を営んだものたちのことをいいます。彼らは徒党を組み、海賊となりました。第二の問題は、先住民がスペイン支配をきらい、ユカタン半島南部の森林地帯各地に逃げ込ん

新ジュルファー街区　アルメニア人の交易ネットワークを高く評価していたアッバース一世は、敵対するオスマン朝の手に落ちぬよう、コーカサスに住む彼らを強制的にイスファハーンの郊外へ移住させた。その多くがジュルファー村からの移住者だったため、新たな居住地は「ノル（新）・ジュルファー」と呼ばれた。

カリブの海賊

だことです。先住民の逃亡が増加することで、彼らが提供する貢納物や労働奉仕は減少し、植民地経済の停滞を引き起こしました。このような二つの問題に対応するために、植民地当局はどのような方策をとったのでしょうか。スペインの植民地となった地が、欧米向けの一次産品供給地としての従属社会に改変されて、十九世紀的な植民

士大夫・郷紳《きょうしん》　清以前の中国で、儒学の教養を身につけた政治的・社会的指導者を士大夫という。古代中国社会には「天子」「諸侯」「大夫」「士」の支配者層と「庶民」の五つの階層があった。士大夫は、その「大夫」「士」に由来する。六《りく》朝《ちょう》時代は貴族層をさしたが、宋代以降は科挙に合格し官僚となった新しい支配者層が士大夫と呼ばれた。科挙同様の教養をもつと認められた人も士大夫と呼ばれ、彼らが政治や社会の担い手となった。

士大夫のなかでも郷里の名士として勢力をもった人が郷紳である。財力があり、地方行政に関与し、営利事業に進出して権威を振るう者もあった。

士大夫の権威は家柄ではなく、儒学の素養であった。儒学において、明末清初に評価が高かったのが考証学である。明清交替の動乱のなかで、「社会秩序を回復するには空理空論ではなく事実に基づく実証的な研究が必要」「現実社会の問題を解決し正しい社会秩序を作るための学問が必要」という考えを基に、研究が進められた「経世《けいせい》致用《ちよう》の学《がく》（現実社会に役立つ学問）」だった。

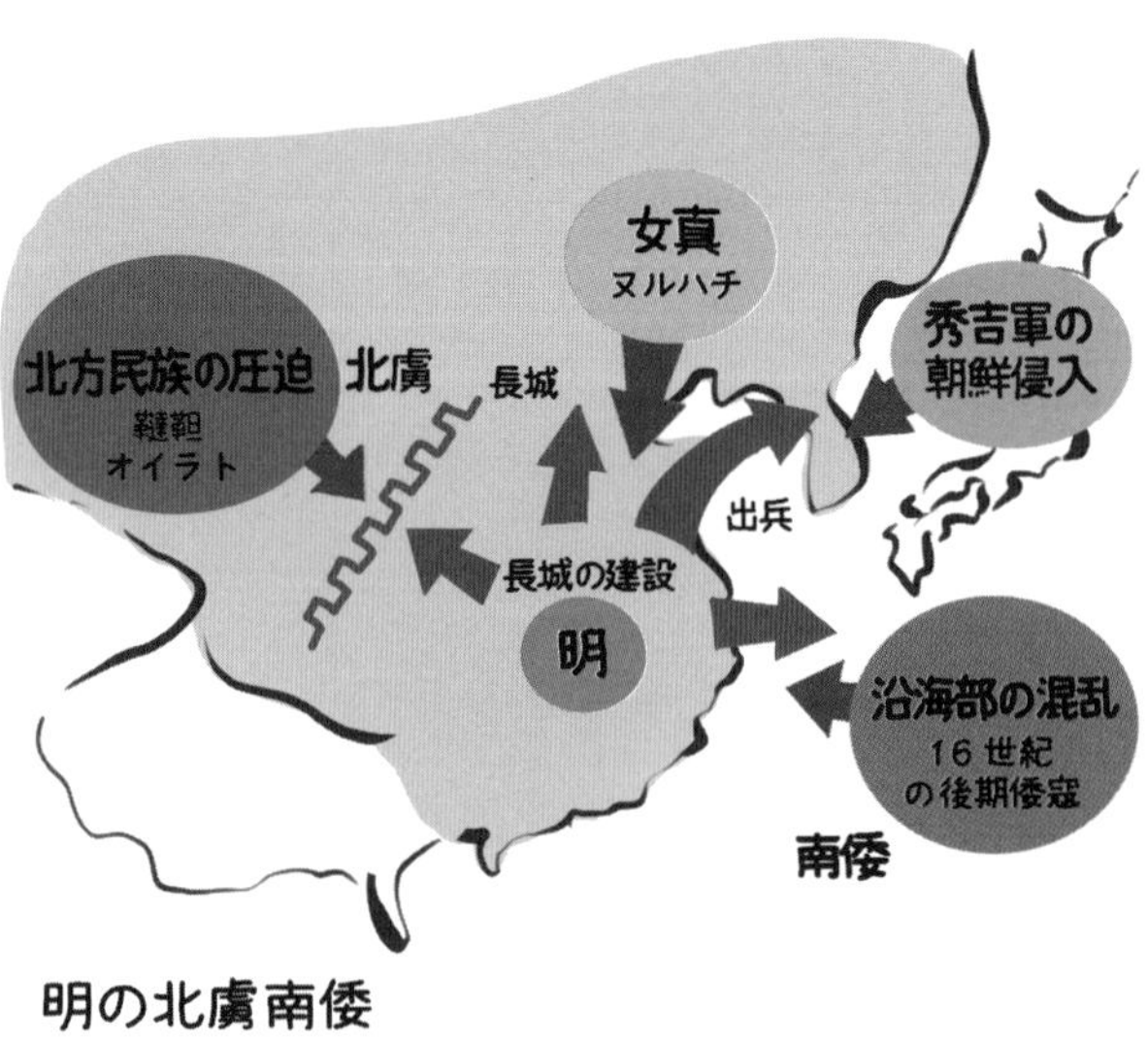

明の北虜南倭

地経済をつくり出す一連の動きが十七世紀末から始まっていったことを論じています。

第四章三木聡「中国福建省の社会空間」は、十七世紀中国を事例に地域社会を検討します。ここで取り上げる中国社会は、中国南東部の福建です。明清交替期にあって、福建は激動の時代でした。清朝の支配が中国南部にまで達し、南明*の亡命諸政権が滅ぼされる一方、福建は一六七三年に発生する三藩の乱の舞台ともなり、また、海峡を隔てた台湾では鄭氏政権が存在しました。本章は、清朝の官僚や地方士大夫《したいふ》、さらには商人の活動や地主・佃戸関係といった社会のさまざまな側面に焦点をあてることで、十七世紀後半に、それまでの時代を継承するような、ある意味、重層的な豊かな社会空間が成立していたことを明らかにします。

第五章川分圭子「近世西欧諸国のアメリカ植民地体制における法と経済」では、法と経済をテーマとして、西ヨーロッパ、とりわけイギリスの事例を検討します。具体的には、イギリスの西インド貿易についての諸政策、とくにイギリスが数度発した航海法を詳しく検討します。航海法とは一六五一年ばかりでなく、数百以上にわたって制定された法で、当初はオランダ船の中継貿易排除を目的としていましたが、しだいにイギリス本国を全植民地貿易の中継地とすることを目的とするように変化していきました。つまり、オランダの覇権からイギリスの覇権へのシフトがその根底にあります。本章では、十七世紀の五つの航海法について分析し、さらに十八世紀における変化について明らかにします。ついで、スペイン・フランスの植民地体制とイギリスと

南明　一六四四年に第十七代の崇禎帝《すうていてい》が自殺して明朝が滅んだのち、中国の南方においてその一族の王を擁立して清に対抗した地方政権の総称。福州の唐王・隆武帝はそのうちの一人だった。

17世紀後半の西洋の情勢とイギリスの航海法

	イギリスの航海法の内容	その頃の英・蘭・仏の状況
1651年航海法	①植民地の産物をイギリスに輸入する際は、イギリス船で輸入する ②ヨーロッパ内の産物の輸入は生産国の船、あるいは最初の積載地船で輸入する ③魚類もイギリス船で捕獲、加工したもののみ輸入可 ④スペイン・ポルトガルの中継貿易は可（銀を得たかったため） ★オランダの中継貿易を排除する ・「イギリス船」には英領植民地の船も含める	1649年　イギリス国王チャールズ1世が処刑 共和制宣言 クロムウェルの独裁体制 1652年　第1次イギリス－オランダ戦争 この頃、イギリスによるアメリカの植民地建設が本格化（18世紀半ばに13植民地）
1660年航海法	・植民地の主要生産物は本国にのみ輸出可とする ＝アメリカ大陸産の砂糖・タバコ・綿花などをほかの国へ輸出できない ★イギリスを植民地重要生産物の中継貿易港とする ★ニューイングランド（アメリカ）において造船業が発達する	1660年　イギリス王政復古 チャールズ2世即位 1661年　フランス、ルイ14世親政開始
1663年航海法		1664年　フランス、コルベールの重商主義により東インド会社再興 1665年　第2次イギリス＝オランダ戦争
1673年航海法	・植民地から植民地に品物が輸送された場合も本国に輸入されたのと同率に課税する ★イギリス本国を中継する課税を避けようとした貿易にも課税	1672年～78年　オランダ戦争（蘭VS仏） 第3次イギリス＝オランダ戦争 1675年　グリニッジ天文台設立 1677年　オランダ総督オラニエ公ウィレム、英王女メアリと結婚 1688年　名誉革命（オラニエ公ウィレムがウィリアム3世としてイギリス国王に即位→イギリス・オランダ同君連合） ファルツ戦争（仏VS英・蘭・西）
1696年航海法	・今までの航海法を遵守するための規則を制定 ★目的はイギリス本国を全植民地貿易の中継地とすることの法的強化	1689年　ウィリアム王戦争（～97） 以降アメリカ大陸における英仏の抗争続く 1694年　イングランド銀行設立

の関係について、とくにアフリカ大陸とアメリカ大陸をも視野に入れ、大西洋貿易圏のなかで考察します。最終的には、十八世紀後半以降のイギリスの自由港開設、さらには十九世紀以降の自由貿易主義について概観し、本シリーズ第八巻『一七八九年自由を求める時代』への橋渡しをしています。

第七巻の転換期がテーマとしているのは、十七世紀後半を中心に世界各地の社会が変容したこと、つまり、近世前期から近世後期へと時代が進み、銀に象徴されるきらびやかな社会から、銅が印象づけるがごとき、庶民が社会の主体となる時代へと移ったこと、そして、近世社会が成熟を迎えるとともに、さらなる近代へと飛躍するための準備を社会がなした時代が始まったことです。こうした近世社会の変容を検証するために、貿易、宗教、支配、社会空間、法と経済といったさまざまな側面から分析を試みました。

一六八三年におけるターニングポイント

・銀が世界で流通をはじめた十六世紀後半から十七世紀前半の「バブルの時代」が終わり、庶民を含めた「安定成長の時代」が始まった。その節目といえる現象が一六八三年頃、世界各地で見られる。

・貿易拡大を背景に経済力を増した社会では、株式会社、所有権の譲渡というような新しい発想が生まれ、資本主義の成長に大きく貢献した。

第8章

一七八九年　自由を求める時代

島田　竜登

十八世紀末は、現在の私たちの社会の前提となる「国民国家体制」と「資本主義経済」が確立していった時代です。「近世」から「近代」に転換した時代をみていきましょう。

十八世紀の世界

十八世紀とはどのような時代であったのでしょうか。かつて十八世紀といえば、偉大なる近代化を遂げた十九世紀という時代の前史にすぎないように考えられていました。しいていえば、十八世紀末にあいついで西洋世界に生じた二つのできごと、すなわち、アメリカ独立戦争（一七七五〜八三年）と一七八九年に勃発するフランス革命のみが重要とされてきました。アメリカ独立戦争とフランス革命が重要だとしても、それはたんにこの二つのできごとで、実際の百年を前後に数十年延ばした「長期の十八世紀」とでも呼ぶ激動の近代化の時代が開始したとみなすほうが望ましいとも考えら

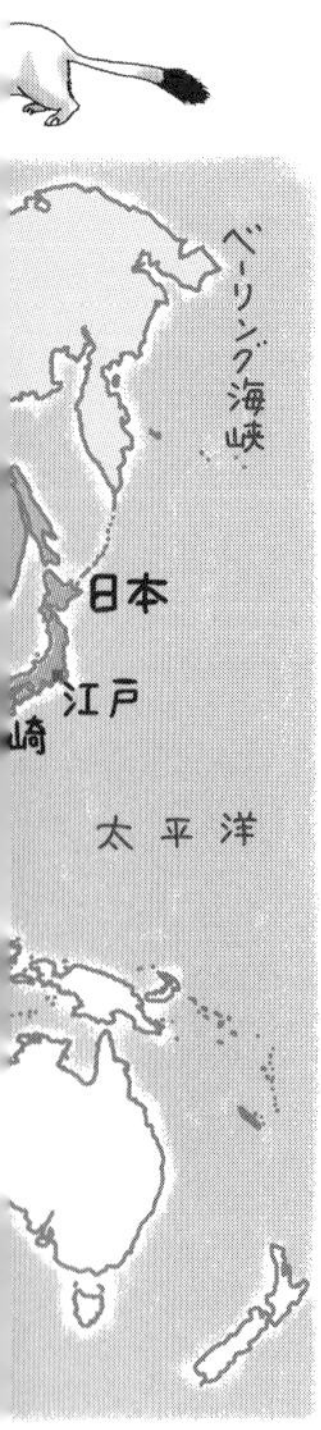

1789年の世界

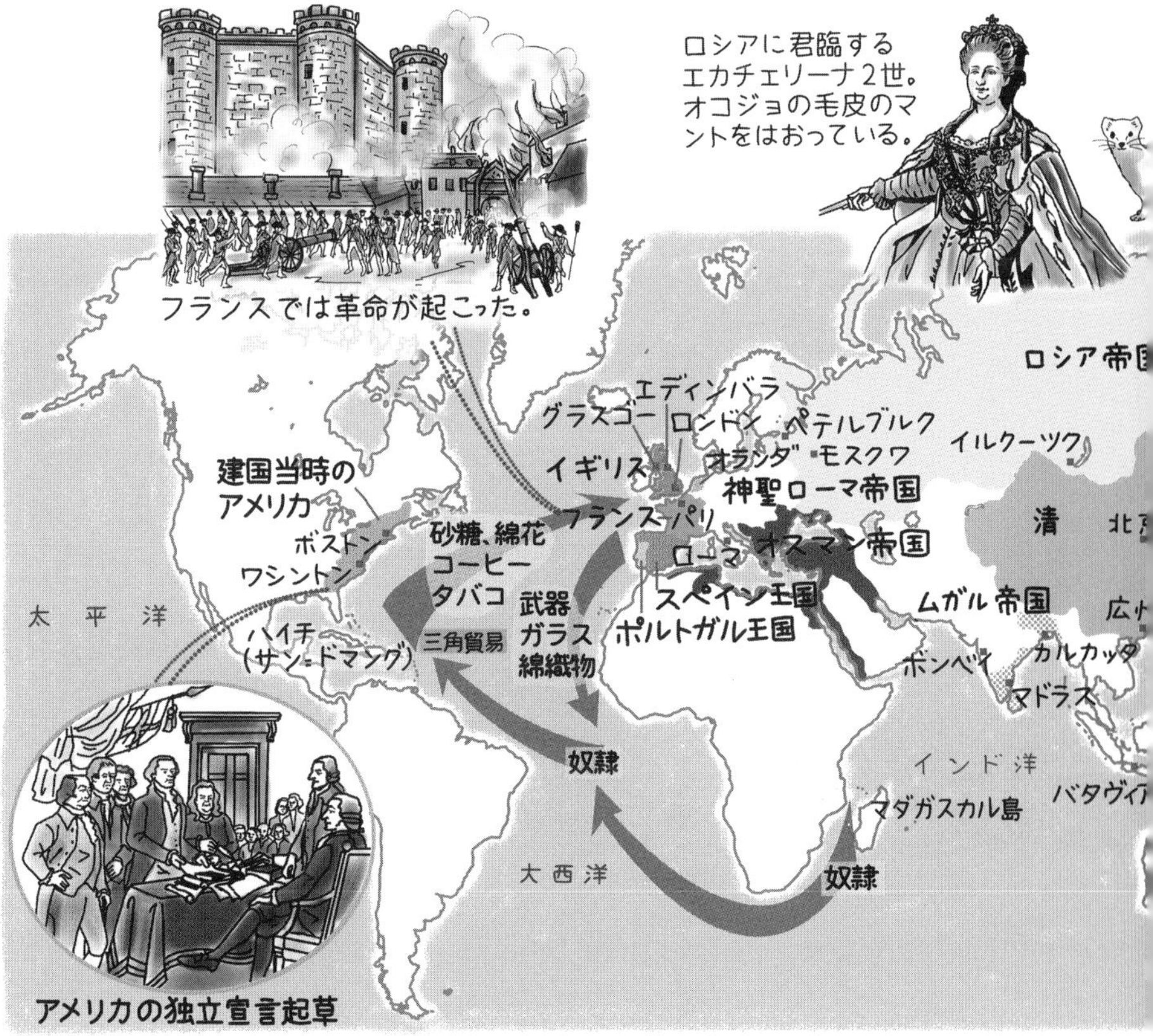
フランスでは革命が起こった。
ロシアに君臨する
エカチェリーナ2世。
オコジョの毛皮のマントをはおっている。
ロシア帝国
エディンバラ
グラスゴー
ロンドン
ペテルブルク
イルクーツク
イギリス
オランダ
モスクワ
建国当時の
アメリカ
神聖ローマ帝国
ボストン
砂糖、綿花
コーヒー
タバコ
フランス
パリ
清
ワシントン
ローマ
オスマン帝国
太平洋
武器
ガラス
綿織物
スペイン王国
ムガル帝国
ハイチ
(サン＝ドマング)
三角貿易
ポルトガル王国
ボンベイ
カルカッタ
マドラス
奴隷
インド洋
マダガスカル島
バタヴィア
大西洋
奴隷
アメリカの独立宣言起草

れていました。つまり、これらのできごとは十八世紀に生じたとしても、実質的内容としては、華々しい近代化を遂げた十九世紀の嚆矢《こうし》として、たまたま十八世紀末に発生したにすぎないということです。いわば、長期の十九世紀という見方に立つ限り、十八世紀の世界史というものは魅力の乏しいものであり、あるいはまた、近代という視点に立てば、十八世紀の世界は否定すべき社会であったかのごときなのです。まさしく、アンシャン・レジームたる旧体制とはフランス革命以前のフランス社会のことを指しますが、十八世紀の世界全体そのものが、否定すべきアンシャン・レジームとみなされていたのでした。

とはいえ、近年では、十八世紀の世界について、歴史研究の内容が大きく変化しています。この新たな歴史研究による結論を先取りしていえば、つぎの二点の論点にまとめることができるでしょう。第一の論点は、十八世紀の世界各地の歴史について実証研究が進展し、十八世紀から十九世紀への連続性が大きく重視されるようになったことです。もちろん、世界各地の社会はさまざまな変化を経験しましたが、十八世紀末から十九世紀にかけて一気に世界が変化したというよりも、むしろ十八世紀初め頃から時間をかけて社会が成熟し、さらには社会が長期的に変化していったというのです。

もう一つの論点は、西洋中心主義的な近代史像の再考です。西洋世界における社会の変化が非西洋世界にも大きな影響を与え、しかも、その影響の与え方は、西洋世界から非西洋世界への一方向的なものであったとする見方が、かつては当然視され、今でもなお、こうした歴史的発想からは脱しえていません。しかし、近年の研究動向は、むしろ西洋世界と非西洋世界は、近代化という点において、双方向的に影響を与えあって、全地球的に十八世紀全体を通じて、新たな十九世紀的な近代世界をつくり出していったことが明らかにされつつあります。決して、西ヨーロッパで生じたことが、世界中の他の地域を一方的にリードし、とくに近代化という点で、非西洋世界が西洋世界に従属するようになったわけではないのです。

世界の一体化の進展

十八世紀の世界史をみるときに忘れてはならないことは、世界の一体化が前世紀に比べてより一層進んだことです。十五世紀末、コロンブスやダ・ガマに代表されるヨーロッパ人が、大西洋を越えてアメリカ大陸に達したり、アフリカ大陸南端の喜望峰を経由した海路を通じてヨーロッパ人が自ら仕立てた船団でヨーロッパからアジアにたどりついたことで、いわゆる「大航海時代*」は開始されました。

十六世紀には、ポルトガルとスペインが世界各地に進出し、世界中を駆け巡る交易網を構築しました。そして、のちのアジア植民都市の後背地で植民地的な開発を実施する基盤を形成し始めました。一方、中南米では先住民を酷使し、アフリカから黒人奴隷を導入して、プランテーション型の農業開発も開始されました。続く十七世紀にはオランダやイギリス、フランスも世界各地に進出し、ヨーロッパ諸国間での競争を

大航海時代　近年では、こうしたヨーロッパ人の立場から、大航海時代という世界史の時期区分をおこなうことは西洋中心主義として否定されることがしばしばある。たとえばアジアでは、東アジアから東南アジア、南アジアをへて西アジアにいたるまで海上交易が、ヨーロッパ人が海路でアジアに到来する以前からさかんであった。環シナ海地域とインド洋地域はそれぞれの地域内での交易も、両地域を結ぶ交易も発展を遂げつつあり、大交易時代とも呼びうる状況であった。それゆえ、ヨーロッパ人の海域アジアへの到来は、アジアの大交易を一層発展させる契機になったが、少なくとも時期区分として一大転機となるほどの事態ではなかったというのである。しかしながら、こうしたアジアの大交易時代論は、たんに海域アジア内部の議論にすぎないともいえるだろう。なぜなら、世界全体を見渡すならば、事実として、アメリカ大陸がヨーロッパやアフリカ、アジアと連結し、世界が有機的に一体となり、グローバルな歴史を織りなす前提条件が成立したことは否定できないからである。

ともないながら、世界経済の動脈となる貿易網を構築したのです。

十八世紀になると、アメリカ大陸を接合する世界貿易網にも変化があらわれます。一つには、取扱商品の変化です。十七世紀までの世界貿易商品は生糸や砂糖、胡椒、さらには、ナツメグやクローブといった高級香辛料が中心であり、銀を支払い手段として決済されていました。一方、十八世紀には、綿織物や銅、錫(すず)などが主要商品として台頭し、また、それ以前から取引されていた奢侈品的な商品も大量生産されるようになりました。砂糖*はその代表例であり、その価格が低下しました。砂糖は世界的な生産量の増大により、いまや奢侈品とはみなしにくく、大衆品へと変化していったのです。

もう一つの変化は世界貿易の構造化と参入者の多様化です。いわゆる大西洋の三角貿易は十八世紀に安定的な構造となりました。アフリカ大陸から黒人奴隷がアメリカ大陸に「輸出」されます。アメリカ大陸では、彼ら黒人奴隷を酷使するプランテーション農園で、砂糖やコーヒー豆、タバコ、綿花などが栽培され、ヨーロッパに輸出されました。ヨーロッパからアフリカへは、武器などの諸道具のほか、インドからヨーロッパへ輸入された綿織物やアフリカで貨幣の一種として用いられたインド洋産の子安貝も再輸出されました。もちろん、イギリスが十八世紀から十九世紀にかけて産業革命をへて、旧来はインドから輸入していた綿織物を自国内で生産するようになりますが、その時に原料として必要になる綿花は、この大西洋の三角貿易のシステム

砂糖の価格　オランダのアムステルダムにおけるブラジル製白砂糖の価格動向をみると、十七世紀を通じて白砂糖の価格は大幅に低下し、十八世紀には白砂糖価格は安値でほぼ安定し、十八世紀の第４四半期に戦争などの社会的混乱により再び価格一般が上昇するまで安値が続いた。もちろん、砂糖価格の低下とともに、それだけ砂糖の消費者層が拡大したことはいうまでもない。

が存在したからこそ、入手可能なのでした。

世界貿易の担い手の変化

世界の貿易活動を検討すると、十八世紀には新たな貿易参入者があらわれて、世界貿易に変化がみられたことがわかります。

第一の変化は、アジア貿易におけるオランダ東インド会社の独占の衰退です。十七世紀末頃には、オランダ東インド会社は海域アジアで独占貿易体制をつくり上げました。オランダ東インド会社はオランダ本国とアジアを結ぶヨーロッパ―アジア間貿易に従事していたほか、海域アジア各地に設けた多数の商館のあいだでも貿易活動をおこなうアジア域内貿易にも積極的に乗り出していました。ヨーロッパ・アジア間貿易とアジア域内貿易という二つのタイプの貿易活動を有機的に結びつけ、イギリスやフランスの東インド会社と比べ、有利な立場を構築していたのです。オランダ東インド会社のアジア域内貿易のうち、マラッカ海峡を越えて、環シナ海地域とインド洋地域とを結びつけるアジア域内貿易は十八世紀初めの頃にはほぼオランダの独占状態でした。しかし、十八世紀の半ばからイギリス系自由貿易商人がこのマラッカ海峡を越える貿易に参入し始め、オランダの独占貿易は、結局は長くは続きませんでした。

第二の変化はロシア人商人、さらにはアメリカ人商人のアジア貿易への参入です。第八巻第二章森永貴子「毛皮が結ぶ太平洋世界」で検討するように、十八世紀を通じてロシア人商人はシベリアから北太平洋さらには中国の広州貿易にまで参入するようになりました。一方、アメリカ合衆国の独立後には、アメリカ東海岸から多数の貿易船が中国から東南アジア、インドにいたる海域アジア各地に進出し、アジア域内貿易や欧米とアジアを結ぶ遠距離貿易にも従事するようになります。これまでアジアとヨーロッパを結ぶ海上貿易はおもに西ヨーロッパ各国の商人によって担われていましたが、十八世紀には新たな参入者が登場したのです。

アジア貿易への参入者は何も欧米人商人に限ったことではありません。アジア人自身で広範なアジア域内貿易に積極的に乗り出していく集団もありました。このアジア人商人の台頭が世界貿易の担い手に関する第三の変化であり、もっとも顕著なのが中国人商人の東南アジア進出です。いわゆるジャンク船を駆使して、東南アジア各地に進出しました。現地に拠点を多数おき、それぞれを一族のネットワークで結びつけ、商業を円滑に進めていきました。中国人商人以外でも、第八巻第三章太田淳「東南アジアの海賊と「華人の世紀」」でふれるように、マレー人やブギス人による貿易活動も十八世紀後半に顕著となりました。マラッカ海峡のリアウ諸島に拠点をおき、東南アジア内での貿易活動に従事し、オランダ東インド会社がつくり上げていた貿易の独占を打破しつつあったのです。

平和の中の社会変化

そもそも、十八世紀は世界的にみて平和の時代であったといえるでしょう。たしかに戦乱*がまったくなかったわけではありませんが、十七世紀や十九世紀と比べ、世界

18世紀の東南アジアとその周辺

十八世紀の戦乱　一七二〇年代にはサファヴィー朝イランが事実上滅亡し、イランからインド北部にかけて戦乱の時代にはいった。とりわけナーデル・シャーの台頭とデリーでの虐殺は壮絶である。また、東南アジアではタイのアユタヤ朝が、ビルマのコンバウン朝に攻められ、滅亡している。加えて、一七八〇年代にはアメリカ独立戦争にともなう第四次英蘭戦争において、アジアの海域でも戦乱が発生し、さらにはフランス革命後のヨーロッパの戦時動乱はアジアやアメリカ大陸にも波及した。

的にみて戦乱の少なかった世紀であったといえるでしょう。平和の世紀ともみなせる状況にあって、世界各地の社会は近世社会として成熟していき、時に成熟のなかで社会変化を成し遂げていったのです。

社会の成熟といった視点では近年のアジア史研究は格段の成果をあげてきています。地方社会あるいは地域社会の充実といったものが、アジア各地で散見されます。日本を含む東アジアからビルマ・北部ベトナムにかけて、小農を基盤とした近世経済社会の成熟がみられました。

南アジアでは、ムガル朝の衰退にともない、インド各地で地方政権が台頭しました。ムガル朝という強力な中央集権システムを脱するという環境のもとで、各地方政権は自らの領土へのインフラ投資も進めました。こうした地方社会や地域社会の充実は、サファヴィー朝崩壊後のペルシア湾岸にもみられましたし、アナトリアなどオスマン朝下の地方社会における名望家の誕生もインドの事例に近い要素があります。

一方、西ヨーロッパ社会でも長期的な変化が生じています。フランスのブルボン朝、*ルイ十四世などを典型例とする絶対王政論がかつての見方だとすれば、今日の歴史学は詳細な実証研究に基づいて社会の諸相を明らかにしています。政治史の面では、とくに徴税力に優れた国家が、集めた税収を軍事力増強に費やしたというイギリスを事例とした軍事財政国家論もありますが、社会として重要なのは、つぎの二点でしょう。

ルイ十四世（在位一六四三～一七一五）ブルボン絶対王政最盛期のフランス国王。重商主義を推し進め王権を強化した。ヴェルサイユ宮殿を造営。「朕は国家なり」と称し、「太陽王」と呼ばれた。対外拡張策を強行したが、たびかさなる戦争により、治世後半には財政状況を悪化させた。

イギリスなどのコーヒー・ハウスが広く人々の集う場を形成し、政治や経済、社会に関して議論する場となり、自由や民主主義に関する思想を広範に形成させる社会をつくりだしました。また、東洋趣味（オリエンタリズム）の広がりも重要です。フランスでは十八世紀後半において啓蒙思想家による百科全書派の活動にも影響を与えたことはよく知られていますが、それは人々の物事の考え方を大きく変化させる基盤の一つともなりました。他方、コーヒーやそれを飲む際に利用する砂糖はアジアやアメリカ大陸で生産され、西ヨーロッパに輸入されたものです。さらに東洋趣味そのものが、アジアとの貿易の進展の結果ともいえるでしょう。いずれにせよ、世界の一体化の進展が、西ヨーロッパ社会の変化の下地を提供していたことは見逃すことはできないでしょう。

つまるところ、十八世紀とは、世紀の初めから世界的には比較的平和を享受し、みえざるかたちで世界各地域の諸社会が成熟し、近代に向けて前進していった時期であったといえます。なにも十八世紀末に世界の近代化が突発的に生じたのではなく、十八世紀という長い時間を通じて、世界の諸社会が近代への準備をしていたのでした。

イギリス産業革命

静かな成熟と内なる変動の時代ととらえるのがふさわしい十八世紀も、後半になると、歴然としたかたちで新たな革新的変化が生じました。一つには、自由を求める動きが世界的にみられるようになったことであり、これは第八巻の主題でもあります。もう一つの革新的変化は、イギリスで生じた産業革命です。

近年では、イギリス産業革命をめぐる見方がめまぐるしく変わってきています。二十世紀後半には数量経済史研究の発展にともない、イギリス産業革命史像が大きく見直されました。十八世紀後半から十九世紀前半までの時期が、いわゆるイギリス産業革命期とみなされてきたわけですが、当時のイギリスの成長率を計算すると、今日の我々の感覚からすると成長率はわずかで、いわば低成長の時代にすぎません。一部の部門における急成長を除けば、社会全般が一変するほどの革命的変化が生じたとはいいがたいというのが、数量経済史研究の成果です。

しかしながら、二十世紀も終わりを迎えるにいたり、こうした数量経済史研究に基づく「通説」が影を潜めることとなりました。イギリス産業革命の世界史的意義を問うことが提起されたのです。二〇〇〇年に原著が刊行されたケネス・ポメランツの話題作『大分岐』は、十八世紀における西ヨーロッパ、なかんずくイギリスと、中国の経済先進地である揚子江下流デルタ地域を経済史の立場から比較分析した研究ですが、ポメランツによれば、どちらの地域も十八世紀の初めにはほぼ同じ程度の生活水準にありました。両地域とも成長を実現するためには土地制約に苦しんでいましたが、十八世紀の終わりにはイギリスが化石燃料である石炭を利用して工業化を実現し、大いなる分岐(Great Divergence)を成し遂げたというのです。

イギリス産業革命の世界史的意義を見直そうという試みは、R・C・アレンによってもなされました。アレンの著作『世界史のなかの産業革命』（原著出版は二〇〇九年）は、石炭を本格的に利用することになったイギリス産業革命の世界史的重要性をさらに強調しています。石炭をエネルギー源として利用するための蒸気機関、さらには、この蒸気機関を利用する綿業などでの機械の開発ともあわせ、イギリス産業革命の世界史的意義を示しています。

グローバル・ヒストリーの試み

第八巻は、自由を求める時代というテーマのもとで分担執筆をおこない、双方向型の世界史叙述を目指し、グローバル・ヒストリー研究を価値あるものとさせる試みでもあるといえます。

目次を一見すると、フランス革命に始まる自由を求める運動が世界に伝播して行くプロセスを描いているだけに思われるかもしれません。しかし、それはまったくの誤解です。これを前提として、第一章松嶌明男「近代への転換点であるフランス革命」はフランス革命を扱います。これまでさまざまなフランス革命史が提示されてきましたが、フランス史の範疇で考える限り、やはり時代を区分するできごとであり、近世から近代への大きな転換点であります。このフランス革命で生まれた自由について、宗教的自由、さらには美術館や教育など、多様な面から社会の変化について検討して

バスティーユ牢獄の襲撃

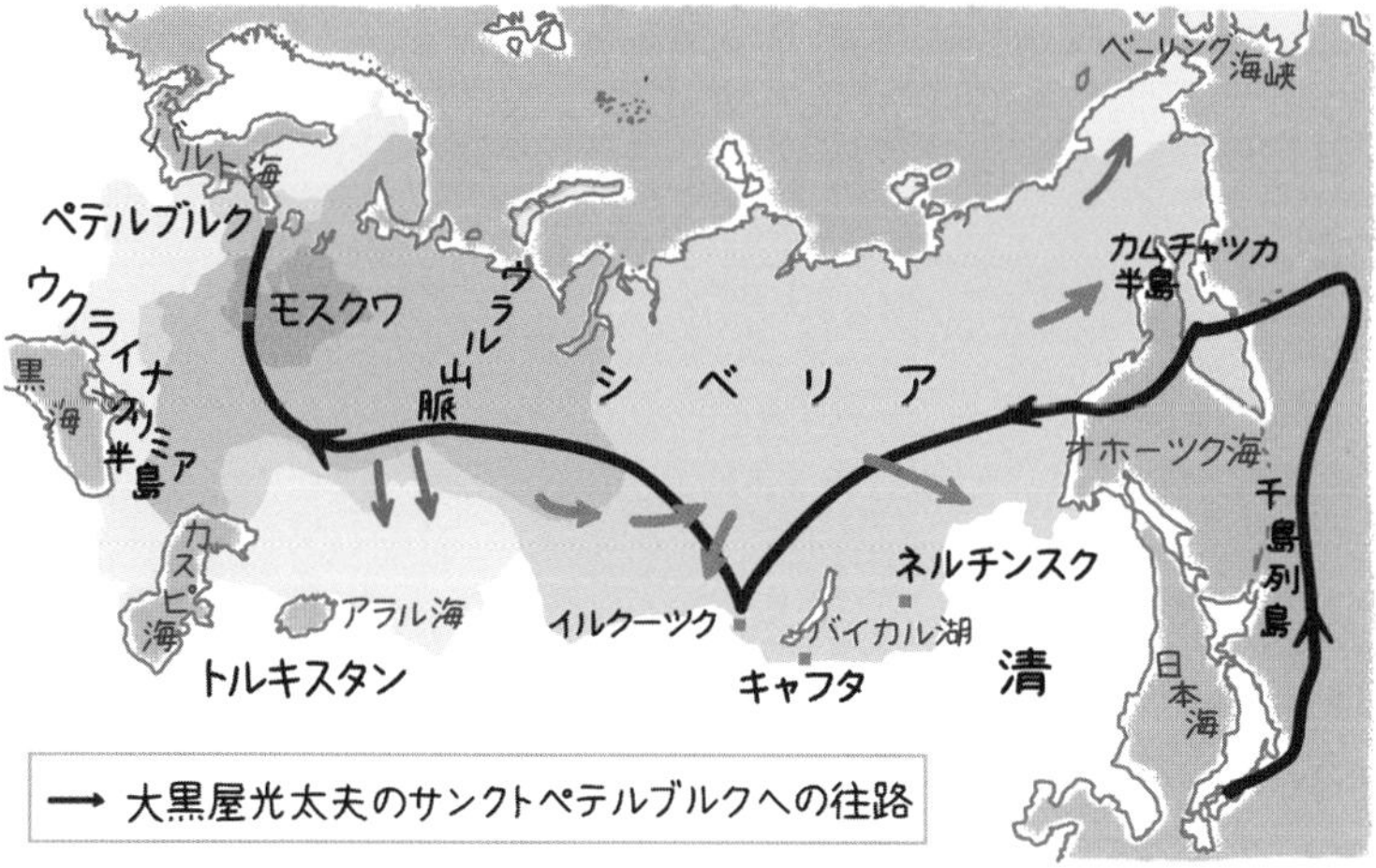
ベーリング海峡
バルト海
ペテルブルク
カムチャツカ半島
モスクワ
ウクライナ
ウラル山脈
シベリア
黒海
クリミア半島
オホーツク海
千島列島
カスピ海
ネルチンスク
アラル海
イルクーツク
バイカル湖
トルキスタン
キャフタ
清
日本海
大黒屋光太夫のサンクトペテルブルクへの往路

ロシアの領土拡大

います。

第二章森永貴子「毛皮が結ぶ太平洋世界」はロシアのシベリアから北部太平洋への商業的な進出を論じます。ロシア人商人への東方への進出は、陸域と海域をまたぐ商業的進出であり、江戸時代の日本とも交差します。江戸時代の日本には、一七九二年のラクスマンの来航など、何度かロシア船が登場することは広く知られています。そもそもラクスマンの日本来航は、八九年、シベリアのイルクーツクで、彼が漂流者の大黒屋光太夫に出会ったことに直接の端を発します。本章は、そうした「鎖国」時代の日本と、エカチェリーナ二世*の時代のロシアとの関係についてロシア側からアプローチする論考でもあるといえるでしょう。もちろん、本章は、ロシア商業資本の自由を求める一連の動き、さらには北アメリカへの進出という事象も検討する過程で、日本との問題を明らかにする優れた研究です。

第三章太田淳「東南アジアの海賊と「華人の世紀」」は、東南アジア島嶼《とうしょ》部の「海賊」について検討します。十八世紀後半から十九世紀前半の東南アジアは、近年、「華人の世紀」と呼ばれることがあります。中国からの移民が増加するとともに、東南アジアから中国への輸出が増え、東南アジアでの社会・経済での中国の影響力が増大したのです。もっとも「華人の世紀」というと、中国人が主体となる歴史を想像してしまいがちですが、実際に、東南アジア現地の人々はどのように生計を成り立たせていたのでしょうか。また、当時は、オランダ東インド会社や十九世紀以降にはオラ

エカチェリーナ二世（在位一七六二〜九六）　ドイツ出身のロシア皇帝。夫のピョートル三世から帝位を奪った。啓蒙専制君主として文芸の保護や社会福祉・地方行政制度の充実などをおこなった。ポーランド分割を主導するなど領土拡張も推し進めた。

アダム・スミス

イギリスを構成する四つの「国」と主要都市
1707年にイングランドと合併するまで一つの独立した国だった。

スコットランドの商人とイングランド（ロンドン）の対立

スコットランドの貿易商人		イングランド（ロンドン）の貿易商人
↓		↓
東インド会社とコネクションがない	VS	東インド会社と強いコネクションがある
↓		↓
自由貿易を求める		従来の東インド貿易の枠組みを維持したい
↓		↓
東インド貿易の開放を求める		若干の規制緩和でおさめたい

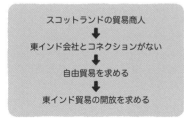

ンダ植民地当政庁が本格的な植民地支配への基盤を整えつつありました。いわば三つ巴の状態での東南アジア島嶼部の状況のなかで、自由を求める動きを析出します。

　第四章熊谷幸久「スコットランドの自由貿易運動」は、イギリスのスコットランドにおける自由貿易を求める運動の分析です。イギリスでは東インド、すなわちアジアとの貿易はイギリス東インド会社の独占となっていましたが、実際にはアジア域内の貿易はイギリス東インド会社の独占状態であったというよりは、むしろイギリスの自由貿易商人(カントリー・トレーダー)に門戸が開かれていました。この自由貿易商人はスコットランド出身者が比較的多いという状況にありました。十八世紀末になると、さらにスコットランド商人はヨーロッパとアジアを結ぶ貿易への参入を要求するようになります。これこそスコットランドの自由貿易を求める運動であり、彼らスコットランド商人の西インド貿易の問題を含めて、自由貿易要求という事象を解明します。

　第五章鈴木英明「インド洋西海域と大西洋における奴隷制・交易廃絶の展開」では、東アフリカを含むインド洋世界からアメリカ大陸までの広大な地域を対象とする大きな問題、すなわち奴隷制度廃止や奴隷交易廃止が引き起こしていった問題について検討します。イギリスを中心とした奴隷制・奴隷交易廃止は実際のところ実効力をもったのでしょうか。あるいはまた奴隷とされる人々を生み出した社会や彼らにとっての影響はいかなるものであったのでしょうか。さらには、そもそも自由

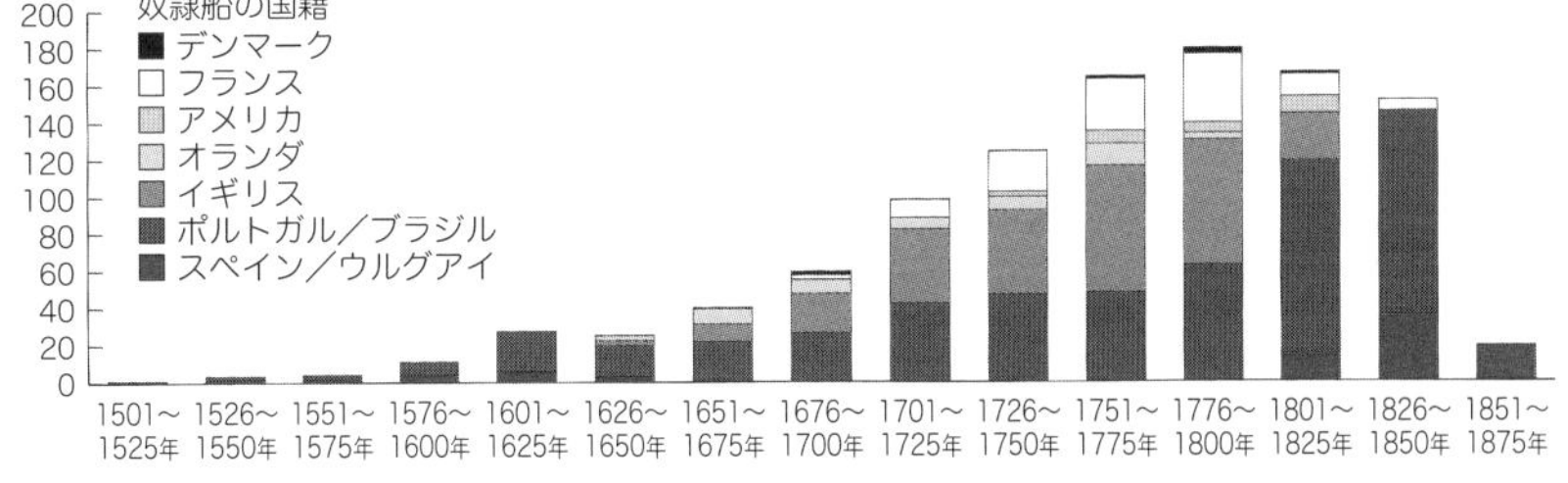

16世紀から19世紀にかけての南北アメリカ大陸へ到達した奴隷数

を求める時代が、皮肉にも、新たな不自由をも生み出した可能性についても言及します。

このように、本書はフランスを起点に、シベリア経由で北大西洋やアメリカまでに視野を広げ、ついで南下して東南アジアや中国などのシナ海世界をめぐったのち、いったんイギリスのスコットランドに焦点を戻します。最終章では舞台はインド洋世界やアフリカ大陸、アメリカ大陸となります。めまぐるしく世界を駆けめぐるわけですが、こうすることで、世界各地について多方向型の歴史叙述が可能となるでしょう。

全体として、この十八世紀末葉から十九世紀初めの時期を、自由を求める時代と位置づけました。ただし、繰り返し注意すべきは、この時代が何も十八世紀末葉に突如として生まれたものではないという点です。十八世紀を通じた静かな成熟のなかで、内なる変動の一つとして、自由を求める機運が熟成されてきたのです。また、自由を求める行為が何も西ヨーロッパのみに発生したのではなく、十八世紀を通じた世界の一体化と地域社会の円熟の結果として、共時的に自由を求める動きが生じたということを強調したいと思います。

一七八九におけるターニングポイント

・アメリカ独立やフランス革命をとおし、国民を主権者として成立する近代国家が誕生した。

・産業革命をへて、国家主体の経済から企業や個人が資本を投じ、経済を動かす資本主義体制が生まれた。

・国民国家も資本主義体制も、それまでの支配体制に対する個人の自由を求める意欲がモチベーションになっていた。

・しかし、自由貿易により生産地での奴隷がさらに増えたように、ある人の自由の裏には、違う人の不自由があった。

第9章

一八六一年 改革と試練の時代

小松 久男

ナショナリズムの潮流や、外国からの圧力など、世界各地がそれまでの秩序では打開できない政治的・社会的危機に迫られたこの時期、どのような転換があったかみていきましょう。

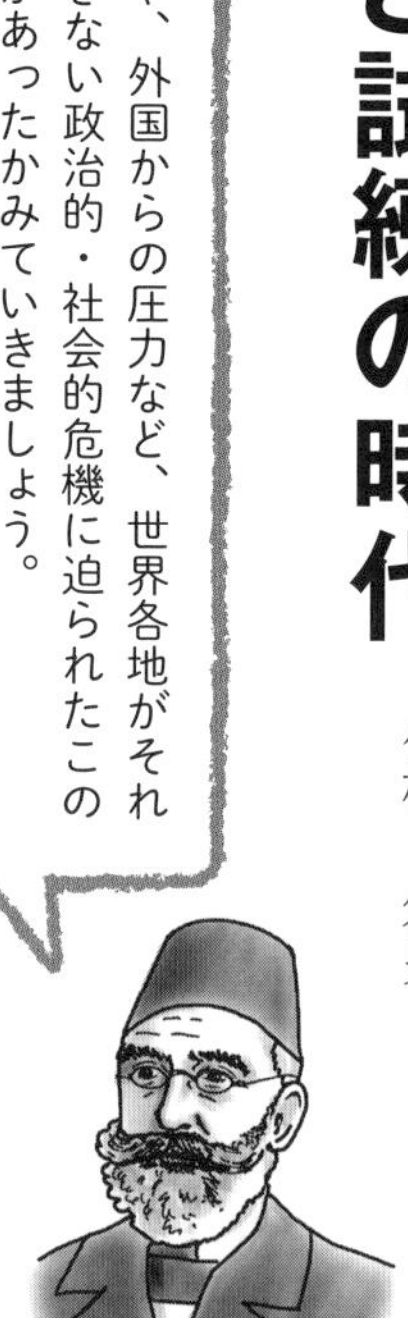

ロシアの辣腕外交官

いま一八六一年に戻ってみると、どんな世界がみえてくるでしょうか。第九巻のテーマは改革と試練の時代です。具体的には清朝、オスマン帝国、ロシア帝国、日本そしてイタリアにおける転換期を取り上げています。転換の様相はそれぞれ異なりますが、ここではその同時代性をとらえる手段として、この時代にユーラシアの各地で名をはせた一人の人物にスポットをあててみたいと思います。この人物とはロシアの軍人にして外交官のニコライ・イグナチエフ（一八三二〜一九〇八）です。

彼は一八六一年に外務省アジア局長に任命されます。ときはアレクサンドル二世（在位一八五五〜八一）がクリミア戦争*で敗北した帝国の再生をはかるべく、農奴解放*（一八六一年）や軍制改革などからなる「大改革」に着手したときにあたり、彼も大改

クリミア戦争（一八五三〜五六） クリミア半島を主戦場としたロシアとオスマン帝国・英仏・サルデーニャ連合軍の戦い。

農奴解放令 ロシア皇帝アレクサンドル二世が発布した、農奴に身分的自由を認めた勅令。この勅令で始まった「大改革」は農奴制の廃止、工業化の推進、地方自治機関の設置などロシアが近代的社会制度を導入する契機となった。

革の担い手として帝国の威信を高めることを使命としていました。クリミア戦争後、彼は駐英ロシア大使館の武官としてロンドンにおもむき、イギリスの軍事、政治的な意図を実地に研究する機会をえますが、ここでイギリスのロシアに対する攻撃的な態度を感じ取ります。そこでイギリスは南ではペルシア湾から、東ではアフガニスタンから攻撃を仕掛けようとしている、と本国にくりかえし警告しました。これはまさに中央アジアにおける英露の対抗、すなわち後に有名となるグレートゲーム（大勝負）を勝ち抜くにはどうすればよいかという発想です。帰国後、彼は外務大臣らにこう語っています。軍事においても通商においてもロシアがイギリスに対抗できるのはアジアだけである、と。

　このように考えたイグナチエフは、中央アジアと中国に対する強硬策を唱えることになります。一八五八年、彼が外務省アジア局から中央アジアのヒヴァ・ハン国およびブハラ・ハン国への使節行の

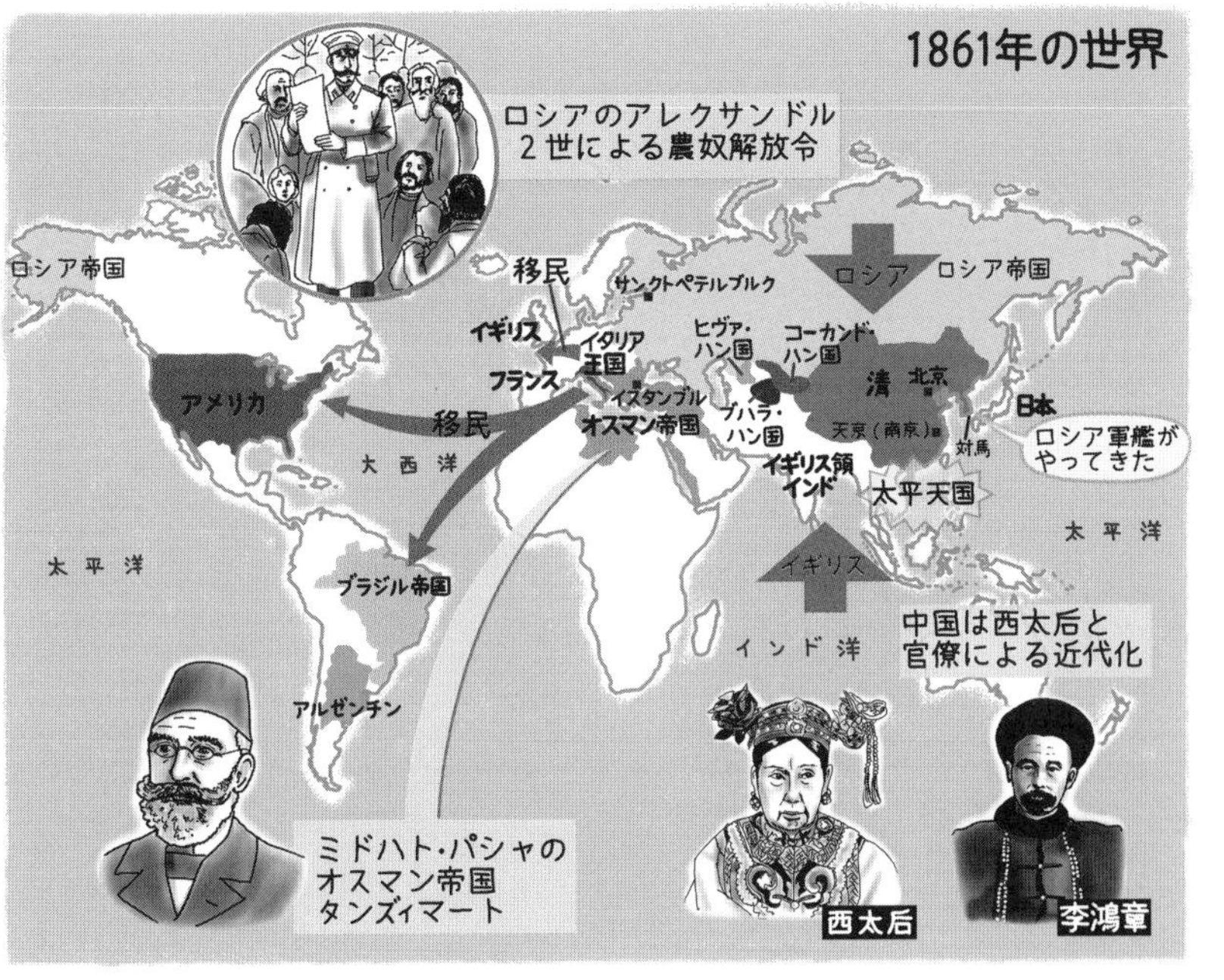

命令を受けたのは偶然ではありません。帰還後に彼がおこなった提言は、ロシア軍の中央アジア侵攻に道を開くものとなりました。当初の目標は、ロシア統治下のカザフ草原と中央アジア諸国との間に明確な国境線を定めることでしたが、いったん始まった軍事行動は止むことがなく、ロシア軍は一八六五年に中央アジア最大の商業都市タシュケントを攻略し、その後ブハラ・ヒヴァの両ハン国を保護下におき、コーカンド・ハン国を併合するにいたります。こうしてロシア領トルキスタンが成立すると、ここはアメリカ南部にかわってロシアに原料綿花を供給することになりました。そして、インドを支配するイギリスとの緩衝国にされたのがアフガニスタンです。

危機のなかの清朝

イグナチエフが中央アジア使節行の功績で陸軍少将に昇進したころ、東方の清朝は深刻な危機に直面していました。これが第九巻第一章、吉澤誠一郎「危機のなかの清朝」のテーマです。一八六一年八月、清朝皇帝の咸豊帝《かんぽう》は逃避先の離宮で病死しますが、前年の逃避には二つの理由がありました。一つは*第二次アヘン戦争で英仏軍が首都の北京まで攻め上がってきたこと、もう一つは一〇年前から清朝に反旗を翻してきた太平天国が、名将*李《り》秀成《しゅうせい》の指揮下に江南地域で支配地域を広げ、上海に迫る勢いを示していたことです。まさに内外ともに二重の危機というほかありません。しかし、清朝はこれを乗り越えて体制を再建することにある程度成功するのです。それは

第二次アヘン戦争（アロー戦争）　条約の改定によって中国市場の拡大をはかるイギリスが、一八五六年、フランスと連合しておこした対清戦争。

李秀成（一八二三〜六四）　太平天国の指導者の一人。キリスト教の影響を受けて成立した宗教結社上帝会が、一八五一年、理想社会をめざして打ち立てた太平天国は、清朝打倒をかかげて挙兵したが、やがて追い詰められ滅亡した。

曾国藩（一八一一〜七二）　湘軍を組織し、太平天国軍の鎮圧に貢献した清末の漢人政治家。

なぜか、これが吉澤論文の問いであり、この時代を生きた人々の姿が鮮明に描かれています。

まず咸豊帝の妃、西太后《せいたいごう》ですが、夫の死後に起こった朝廷内の権力闘争に勝ち、一八六一年から長期にわたって政治の実権を握ります。西太后の政治は、女性による統治への反発もあって、これまで否定的に論評されてきましたが、吉澤論文は「西太后は権謀術数を駆使しつつ朝廷の体制を安定させ」、「そのような中央政府の安定のもとでさまざまな漸進的な改革が進んでいった」ことを指摘しています。たしかに欧米諸国との交渉を担う総理衙門が中央政府に設けられ、外国公使の北京駐在が認められたことは対外関係の調整に役立ったはずです。

この間、地方の大官として太平天国軍と戦ったのが＊曾国藩《そうこくはん》と＊李鴻章《りこうしょう》です。曾国藩はほとんど戦力にならない既存の軍隊を見限り、故郷の湖南省で将兵を募って新しい軍隊、湘《しょう》軍(湘とは湖南省のこと)を編成します。彼は湘軍を規律ある軍隊に仕上げることに努め、儒教の倫理を掲げて督戦にあたっています。これに対して李鴻章は故郷の安徽省でやはり新しい軍隊、淮《わい》軍を編成して上海の防衛にあたりますが、この淮軍の特徴は英仏軍が使用する新式兵器の優秀さを評価した李鴻章の判断で洋式の火器を標準装備としていたことにあります。彼はその後も軍事改革を進めて北洋艦隊も創設しますが、この時期に進められた富国強兵の政策(＊洋務運動)によって清朝は体制を立て直し、一八八〇年代には一時ロシア領とされていたイリ地方を取り戻して新疆省の統

洋式兵器工場を建て、洋務運動の先駆者となった。

李鴻章（一八二三〜一九〇一）　清末の漢人政治家。太平天国軍を鎮圧して功績をあげ、一八七〇年代からは清の対外政策で大きな役割をはたすようになった。

洋務運動　ヨーロッパの近代技術導入を中心とした清朝の富国強兵運動。

治を確立する一方、ベトナムをめぐる清仏戦争でも善戦することになるのです。

吉澤論文には太平天国軍を率いた李秀成も登場します。興味深いのは一八六四年に敗北して捕えられた李秀成が曾国藩宛に書いた供述書の内容です。彼は「いまやわが太平天国軍のことは方がついたので、もうお力を費やすこともないでしょう。外国からの防衛の方が肝心です。これは本当の話です。今まだ彼らが動かないうちに、貴殿は速やかに計画を立て、まず広東に行って密かに彼らの大砲を多く買ってきてください。［中略］そして要害の地で防衛するのです」と書いているのですが、これは李鴻章の考えとまさに同一です。また、私兵を率いて清朝あるいは太平天国側に加勢して戦った欧米人の存在も注目されます。清朝側では常勝軍が有名ですが、李秀成の側にいたイギリス人リンドレーの言葉は時代の空気を感じさせます。「もし英国が太平天国を援助していたら、ロシアが東洋に絶え間なく蚕食してくるのに対抗するような均衡を作り出せたし、英領インドの隣に強力な友好国を生み出すことができた」と言う彼は、イグナチエフと同じくグレートゲームの思考にはまっていたことがわかります。

北京条約

このころ、グレートゲームの主役ともいえるイグナチエフは何をしていたでしょうか。ロシアは清朝の危機を重大な関心をもって注視していました。ときの外務省アジア局長は、こう指摘しています。

ヨーロッパ人による北京の占領は、イギリス人によるヘラート［アフガニスタン西部の要衝］の占領と同じく、われわれにとっては等しく敏感にならざるをえず、いかなるときも無関心な傍観者となることはできない。前者は太平洋とアムール川沿岸におけるわれわれの企図を封じるものであり、後者は全中央アジアをイギリスの支配下におくことになるからである。

ロシアはすでに一八五八年のアイグン条約でアムール川以北の広大な領域を獲得していましたが、こうして清朝の北辺に地歩を築いた以上、清朝がイギリスに屈することがないように、これを支えようとしたのです。そこで清朝に軍事支援を与えるべく、小銃一万丁と大砲五〇門などの軍事物資を送ることになりますが、その指揮を委ねられたのが中央アジアから戻ったばかりのイグナチエフでした。しかし翌年国境のキャフタに着いたものの、清朝側はアイグン条約は皇帝の裁可を得ていないと主張し、武器の受け取りも拒否したのです。それでもイグナチエフは外交交渉に活路をもとめ、北京に向かうことになります。交渉は長引き、およそ一年におよびますが、やがてチャンスが訪れます。

一八六〇年八月、二万の英仏軍が北京に迫ります。先に見た咸豊帝の逃避はこのときのことです。そこで交渉相手が見つからない英仏は、イグナチエフに清朝との仲介を求めますが、咸豊帝から対外交渉を任されて北京に残った弟の恭親王《きょうしんのう》も、危機を回避するために講和の交渉をイグナチエフに求めます。その見返りに清朝はロシアの要

出典　セルゲーエフ『グレートゲーム』

求を受け入れるという条件です。こうして絶好の仲介者となったイグナチエフは、清朝との間に北京条約を締結することに成功します。それはアイグン条約をさらに拡大するもので、ロシアはウスリー川東方の沿海州を獲得するのです。ロシアはただちに海軍基地ウラジヴォストークの建設に着手しますが、これは極東におけるロシアの重要な拠点となります。

オスマン帝国の転換期

北京で功績をあげたイグナチエフは、侍従将官の顕職にも任命され、一八六一年オスマン帝国の首都イスタンブルを訪問します。新スルタン、アブデュルアズィズの即位を祝うためでした。ときにオスマン帝国も大きな転換期を迎えており、これが第九巻第二章、佐々木紳《しん》「岐路に立つタンズィマート」のテーマです。本章の主人公はオスマン帝国の内政改革に奮闘し、やがてオスマン帝国憲法の発布を導いたミドハト・パシャ(一八二二〜八四)です。彼の本領は一八六一年ドナウ川南岸のニシュ州の総督に任命されてから発揮されることになります。

オスマン帝国は一八三九年から大規模な近代化改革すなわちタンズィマートに着手し、法治主義と立憲主義の原則を確認していましたが、財政難のために道は険しく、一八五六年に列強の圧力を受けてキリスト教徒臣民に特権を与えると、ムスリムと非ムスリム臣民の間に緊張が高まり、両者の間に大規模な衝突が起こる事態となっていました。タンズィマートは岐路に立たされていたのです。こうしたなかでニシュ州の総督となったミドハト・パシャは、現地の実情を調査したうえで治安の回復と交通網の整備を進め、治水事業のほか孤児の教育と自立を助ける善導院の創設によって改革の実をあげることに成功します。

ミドハト・パシャの改革施策パッケージ

1　舗装道路の整備
2　治安の回復
3　共済金庫（農民に低利で貸付をおこなう公共金融機関）の設立
4　ドナウ川における商業汽船の運行
5　馬車運輸会社の設立
6　善導院の開設（洋裁・製靴技能、車両組立工や印刷植字工に必要な技能などを教授）
7　移民・難民のための定住支援
8　政府庁舎と監獄の新築
9　都市行政区の設定

功績を認められたミドハト・パシャは一八六四年新設のドナウ州の総督に抜擢され、間接選挙で選ばれたムスリムと非ムスリムの代表者からなる州・県・郡レヴェルでの評議会を設ける地方行政改革を実現します。これは代議制を国内に広める契機となったとして評価されています。ところで、このドナウ州はオスマン帝国からみると、対ロシア戦略上の要地であり、この州の安定はロシアの干渉や攻撃を防ぐという意味で安全保障の観点からも重要でした。しかし、バルカン半島のスラブ系諸民族の保護者として南下政策を進めるロシアからみると、ドナウ州の安定は障害以外のなにものでもありません。

はたして一八六四年イスタンブル駐在のロシア大使となったイグナチエフは、ロシアとの協調を志向するマフムト・ネディム・パシャらの要人を抱き込んでミドハト・パシャの解任を画策することになります。やがて大宰相となったミドハト・パシャに対するイグナチエフの評価も辛らつです。「総じていえば、ミドハト・パシャは、私が予見したとおりより大きな仕事の管理には不慣れであり、与えられた役割において真価を発揮することはできなかった。州の行政でみせた資質も、大宰相の職務には不十分であった」と。さらに彼の回想録にはこうも記されています。

私はスルタンの眼を開かせることに成功した。つまり、彼の筆頭大臣は仮面をかぶった革命家にほかならず、スルタンの権力を制限しようとしており、もし彼がこのまま諸事を取りしきれば、ロシアとトルコの関係は危険にさらされるであろうことを理解させたのである。

イグナチエフはまさにミドハト・パシャの仇敵であったことがわかります。

一八七〇年代、オスマン帝国は財政の破綻とロシアに支援されたバルカン諸民族の反乱という内外の危機に直面し、専制をきわめるスルタンの失政は明らかとなっていました。そこで、ミドハト・パシャは改革派の政治家や軍人らとともにスルタンを廃位するクーデタを敢行します。このときの心境を後に獄中で記した自伝ではこう語っています。

［その目的は］現在直面している危機的で困難な状況から国家と国民を救い出し、国政全般のために正しく確かな方針をすえることにあった。そのための唯一の方策は、議会制と自由の原則に基づいて制定され、また、われわれがこんにち目の当たりにしているヨーロッパの文明、繁栄、進歩の水準に到達させる憲法《コンスティテュスヨン》のような法を、わが国でも制定することにほかならなかった。

こうしてミドハト・パシャは立憲制の樹立に尽力しますが、反対派の勢力も根強く、ときには彼らを厳罰に処す必要も生じました。これについて彼は自伝にこう記しています。「国家が直面している転換期のさなかにあって、彼らが意図しておこなった振る舞いに黙っているのは、当時としては危険だった」と（傍点筆者）。憲法は一八七六年末に発布され、翌年には議会も招集されます。これはタンズィマート最大の成果にほかなりません。しかし、立憲制を嫌悪する新スルタン、アブデュルハミト＊

出典　イグナチエフ『覚書』

アブデュルハミト二世（在位一八七六～一九〇九）　オスマン帝国第三十四代スルタン。オスマン帝国憲法の停止後、専制政治をした。一九〇八年、専制に反対する知識人や将校による青年トルコ革命で憲法を復活させたが、翌年、反革命容疑で廃位された。

二世は、危険人物には国外退去を命じることができるという、憲法に追記させたスルタンの大権を行使してミドハト・パシャを追放し、翌年オスマン・ロシア戦争が始まると、これを口実に議会を閉鎖し、憲法を事実上停止させてしまいます。さらにミドハト・パシャに対する追求はやまず、アブデュルアズィズ暗殺に関する特別裁判で有罪とされた彼はアラビア半島の監獄で命を絶たれることになります。「改革、いまだ成らず」、ミドハト・パシャ最後の心境を佐々木論文はこう推理していますが、これは納得できる推理でしょう。立憲制の回復は一九〇八年の青年トルコ革命によりますが、この間もオスマン帝国の改革と近代化は歩みを続け、立憲制は後のトルコ共和国に継承されました。

ロシアの大改革

このオスマン帝国と戦争を繰り返していたロシアでは何が起こっていたでしょうか。一八六一年には新しいツァーリ、アレクサンドル二世のもとで農奴解放など、後に「大改革」と呼ばれる大規模な国内改革が始まりました。当時農奴は人口の三四%にあたる約二三〇〇万人を数えていました。第九巻第三章、青島陽子「陸軍大臣ミリューチンの回想」は、これを支えた「開明官僚」の一人ミリューチン*の回想録と日記をもとに、この転換期の内実を描いています。彼によれば、この大改革は「はるか昔からの我が国の潰瘍を除去し、時代遅れの醜悪な秩序を、同時代のヨーロッパの考

ドミトリー・ミリューチン
（一八一六〜一九一二）　一八六一〜八一年の二〇年にわたりロシア帝国の陸軍大臣を務めた。

え方により適合的な新しい秩序に取り換える」作業だったのです。それでは一八六一年から二〇年にわたって陸軍大臣を務めた彼は、一八六一年をどのようにみていたでしょうか。

国際情勢ではイタリアの統一がポーランド人やマジャール人、オーストリア領内のスラブ系民族、バルカン半島とシリアのキリスト教民族の間に「革命的な試み」を呼び起こしたことに注目し、その背後にフランスのナポレオン三世の曖昧な外交政策を見いだしています。そして西欧列強はシリアのキリスト教徒保護には関心を示しながらバルカン半島の正教徒の境遇には目をつぶり、ロシアが同胞の正教徒保護について問題を提起しても、イギリスはこれに応じず、ロシアに不信の目をむけるばかりだと書いています。英露の対抗はここでも明らかです。彼の目はアメリカの南北戦争にも向けられていますが、アメリカでは「奴隷制の廃止の問題が内戦の殺し合いによって解決された」のに対してロシアでは農奴解放が平和裏におこなわれた、と自国の改革を評価するところが特徴的です。

国内問題に目を転じると、農奴解放令によって「奴隷にされていたおびただしい数の民衆の轡《くつわ》が突然はずれ」ると、民衆はこれに「深い喜びと感謝」を示し、ヨーロッパ諸国でも共感が示されたと改革の意義を評価しています。しかし、その後の内政では農民の利益を擁護する改革派と貴族の利益の維持をめざす保守派との抗争が基軸となります。一方、出版の自由化がもたらした「革命的でアナーキーなプロパガンダ」

の脅威に着目するミリューチンは、ペテルブルク大学の学生運動という「無秩序」が生んだ波紋を記し、ときの国民教育大臣で一八五五年の日露和親条約締結に功績のあったプチャーチンの性急な対応を批判しています。しかし、彼がもっとも関心を寄せたのは、激化の一途をたどるポーランドの民族運動でした。これはミリューチンからみれば「ロシアの力を蝕む」「ポーランドの陰謀」なのですが、それは一八六三〜六四年の大規模な蜂起にいたることになります。帝国の統合と威信を最優先の課題とする開明官僚にとってポーランド問題は巨大な障害であったことがわかります。

大改革は農奴解放にとどまらず、貴族と農民の代表が参加する地方自治会《ゼムストヴォ》の創設、すべての臣民に対して平等な裁判をめざす司法制度の改革、出版の自由化と教育制度の整備、そしてすべての臣民に兵役義務を課す軍制改革などからなり、非ロシア人が多く住む辺境地域は対象外でしたが、ロシアの近代化に大きく貢献することになります。ただし、その目的は民主化とは異なり、ロマノフ王朝による帝国支配の強化にありました。そのためにツァーリへの忠勤に励んだのが開明官僚でした。一八八一年の暗殺直前、アレクサンドル二世は大改革を完成させるかのような「憲法」案に署名することを決意していましたが、新しいツァーリのもとでは「保守反動」勢力が実権を握り、ミリューチンらの開明官僚は要職を去らざるをえなくなります。この二年前に彼が日記に記した言葉は印象的です。「私は確信するが、現在の人々は、眼前の課題を解決する力がないだけではなく、それを理解することすらできないだろう」、ここに彼が一八六一年に抱いていた自信や希望をみいだすことはできません。

対馬の警鐘

この一八六一年のこと、対馬から警鐘が発せられました。二月初めロシアの軍艦ポサドニック号が修理を理由に対馬に来航し、半年にわたって居座り、沿岸部に根拠地を作る動きをみせたからです。対馬藩はもとより江戸幕府にも衝撃が走ります。この事件を扱うのが、第九巻第四章、麓《ふもと》慎一「ポサドニック号事件の衝撃」です。

この事件はなぜ起こったのでしょうか。その背景には環日本海域で英露の緊張関係が高まっていたことがあります。ロシア人艦長のいい分は、第二次アヘン戦争に勝ったイギリスは間もなく対馬に攻めてくるが、ロシアが対馬藩の味方になればこれを防げる、というものでした。たしかに北京条約で沿海州を得たロシアからみると、対馬は戦略的に重要な位置にあり、ユーラシアの各地で対抗するイギリスに取られるわけにはいきません。さらにクリミア戦争後のパリ条約で黒海の軍事利用を禁止されたロシア海軍には、ここ日本海に新たな拠点を設けたいという意図がありました。ポサドニック号の行動は、ロシアの海軍総裁から艦長の「私的な取引」として許可されていたのです。

ロシアとの条約にはない異例の事態を迎えて幕府は困惑します。外国奉行の小栗忠《おぐりただ》順《まさ》らを対馬に派遣して交渉にあたらせますが、進展はありません。そこで、幕府はイギリス公使のオールコックとインド・中国艦隊司令長官のホープ少将に相談を求め、対応を協議することになります。ホープは対馬に赴いてロシア艦長と交渉する一方、その上官であるロシアの中国艦隊司令長官リハチョフに書翰を送り、本件は日露間にとどまらない国際的な外交問題であることを示して退去を促しました。幕府もオールコックの助言を受けてロシアの外務大臣宛に抗議文を作成し、これを函館のロシア領事のみならず、イギリス外務省経由でロシア政府に送りました。

こうしてポサドニック号事件は国際問題化することによってようやく決着することになります。オールコックはこの事件で幕府から相談を求められるのを待っていたのでしょう。東アジアにおける自由貿易を発展させたいイギリスからすれば、ロシア海軍の脅威は可能な限り抑えておきたかったはずです。ここにもグレートゲームの構図が見えてきます。

麓論文では、ポサドニック号事件はロシアの東方進出の終点と始点の転換期に起こったことも指摘されています。一八四〇年のアヘン戦争によるイギリスの進出に対するロシアの対抗策が沿海州の獲得によって終わる終点と、日本海に到達したロシアがウラジヴォストーク港を建設し、やがてシベリア鉄道を建設して極東の経営にあたる流れの始点、この両者の間の転換期という意味です。こうした視点は日露戦争に至る過程を考える上でも大切でしょう。いずれにしてもポサドニック号事件は、幕末の日本に独力では対外問題を解決できないことを自覚させる衝撃的な事件でした。日露

日本海周辺

関係の模索はその後も続きますが、一八六二年ペテルブルクを訪れた幕府の使節団は、「天晴《あっぱれ》な外交家」イグナチエフと渡り合いながら樺太の国境画定の交渉をおこなっています。

イタリアの統一

一八六一年に大きな転換を迎えたのがイタリアです。これを契機として何が起こったでしょうか。これを取り上げるのが、第九巻第五章、北村暁夫「イタリア統一と移民」です。イタリアは古くからいくつもの国に分かれ、ローマ教皇領が存在するほか、オーストリアやフランスの支配・干渉がおよぶ複雑な状況にありました。ここにイタリア統一の機運が生まれたのはフランス革命期のことであり、ヨーロッパを席巻した一八四八年革命のときにはこれに触発されて各地に革命運動が起こりましたが、いずれも失敗に終わります。しかし、紆余曲折を経るなかで、北部のサルデーニャ王国を中心としたイタリア解放を現実的とみなす方向が主流となり、一八六〇年義勇軍を率いてシチリアから半島南部を占領した*ガリバルディがこれをサルデーニャ王国に差し出すことに合意し、翌一八六一年にサルデーニャ王の*ヴィットリオ＝エマヌエーレ二世がイタリア国王になることで統一が実現しました。これはミリューチンも特記している大事件ですが、当のイタリアでは「イタリアはつくられたが、イタリア人をつくるのはこれからだ」という標語が示すとおり、共通の国民意識を醸成することが重要な課題となっていました。

統一後のイタリアで特徴的なのは、大量の移民が生まれたことです。移動先はアメリカ合衆国が最多で、南北アメリカを合わせると全体の半分を占め、残りがヨーロッパ諸国となります。なぜ大量の移民が生まれたのでしょうか。当時イタリアの南北を

ガリバルディ（一八〇七〜八二）　イタリア統一と共和政をめざす結社「青年イタリア」出身。彼が率いた義勇軍の千人隊は、赤シャツを着ていたので「赤シャツ隊」とも呼ばれた。

ヴィットーリオ・エヌマヌエーレ二世　サルデーニャ国王（在位一八四九〜六一）。首相にカヴールを任命し、サルデーニャを強国化した。イタリア統一に成功し、初代イタリア国王（在位一八六一〜七八）となる。

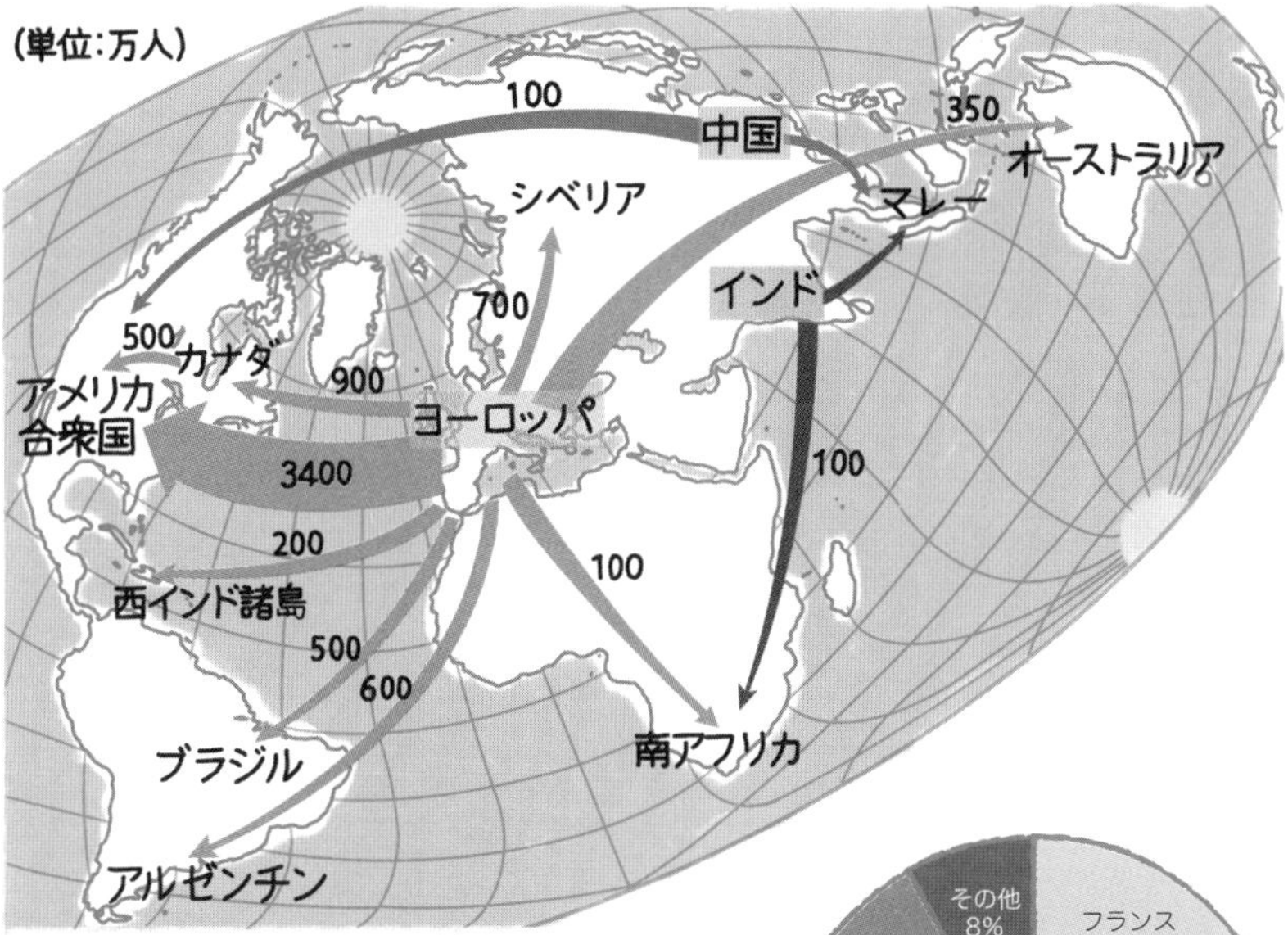

19 世紀の全地球的な移民

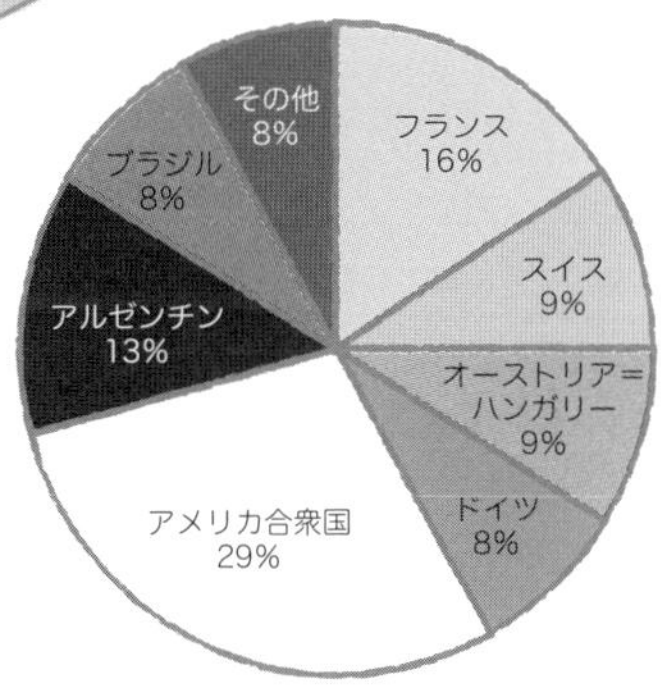

イタリア移民の目的地
(1876 ～ 1925 年)

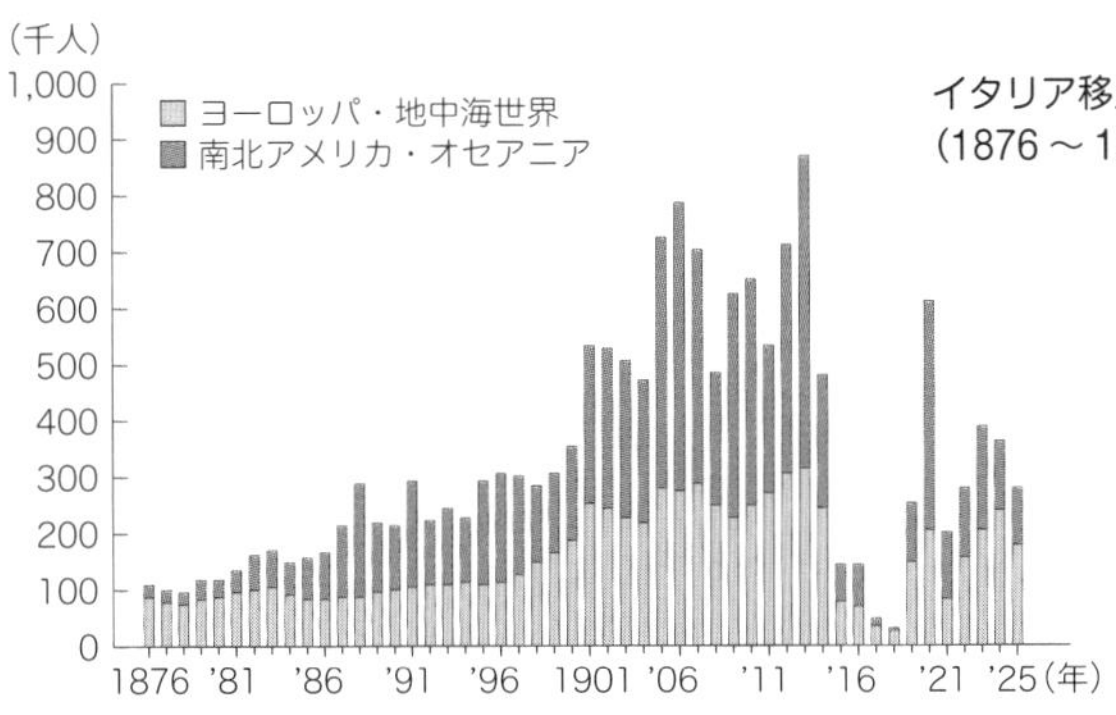

イタリア移民の人数の変化

問わず山間・丘陵地帯での農民の生活は貧しく、さまざまな副業に頼っていましたが、その機会が失われると出稼ぎの延長あるいは代替として移民を選択したのです。彼らは都市化と工業化が急速に進行する地域で建設や工場労働者として、南アメリカでは未耕地の開拓者として働きました。移民のなかには一定期間働いた後に帰国する例も少なくありませんでしたが、後の第一次世界大戦は帰国して兵役に就くかどうかの選択を移住者に迫り、結果として移住先への永住を促す契機となりました。本章には同時代の移民の声も紹介されています。

増大する移民をめぐっては、これを容認するか制限するかで議論は分かれましたが、移民はイタリアにとって必要不可欠だという意見にまとまります。そして戦争によって植民地を獲得してイタリアが拡張することこそ、人々が国民意識をもつことに役立つ、移民のための植民地が必要だとする主張が生まれてきました。この主張は一九一一年にイタリア軍がオスマン帝国領の北アフリカ(現在のリビア)に侵攻してイタリア＝トルコ戦争を起こしたときに広く喧伝され、イタリアはこの経験を経て第一次世界大戦に突入していくことになります。

このようなイタリアの動向は、明治維新後の日本ともかさなるところが少なくありません。富国強兵と殖産興業をめざす明治日本にとっても国民意識の涵養は重要な課題でした。イタリアほどの規模ではないにしても、明治の初期からハワイや南北アメリカへの移住は始まっており、さらに朝鮮、台湾、満洲、ロシア極東から東南アジア、南洋諸島へと移住先は拡大していきました。とりわけめだつ共通点は、両国の急速な帝国主義化です。イタリアが北アフリカをめざしたとすれば、日本は日清・日露の戦争によってまず東アジアを射程におさめます。一隻のロシア軍艦の狼藉に苦慮していた国が、半世紀後には海外植民地を有する帝国に変貌をとげたのです。

第九巻の主人公は、一八六一年という時代の空気を吸っていた人々です。人々はまだ自分たちの歴史の行く末を知りません。第九巻で取り上げた清朝、オスマン帝国、ロシア帝国という三つの帝国は、いずれも革命によって姿を消すとはいえ、まだ半世紀はもちこたえる力をもっていました。そして、日本とイタリアは先行する帝国を急ぎ足で追いかけることになります。一八六一年、人々はまもなく始まる「長い二十世紀」のとば口に立っていたのです。

一八六一年におけるターニングポイントは？

・清朝、オスマン帝国、ロシアという三つの帝国は、いずれも統合と近代化をめざす改革の時を迎え、それは問題や限界をかかえながらも、帝国を一九一〇年代まで存続させることになった。
・東方問題で露わとなった英露対抗（グレートゲーム）の構図が中央アジアや東アジアにもおよび、日本もこれに取り込まれるようになった。
・ヨーロッパを中心にナショナリズムを土台とする国民国家を形成する動きが高まった。

第10章

一九〇五年　革命のうねりと連帯の夢

小松　久男

一九〇五年のロシア革命後、アジアの各地に革命や抵抗のうねりが起こり、新たな連帯が求められ、ここに世界史の始まりを認める解釈も生まれました。この章では二十世紀初頭の世界の転換を考えていきましょう。

革命家の観察

一九〇五年に世界には何が起こり、それはどのような転換をもたらしたのでしょうか。この大きな問いに同時代人として答えた人がいます。それはロシアの革命家トロツキー*です。彼は日露戦争での打ち続く敗北のなかで起こった一九〇五年革命で、ペテルブルク労働者代表ソヴィエトの幹部として活躍していました。これに対して帝政の存続をはかる皇帝ニコライ二世は、言論、集会、結社の自由などの市民的な自由と議会の開設を約束する十月詔書を出しますが、トロツキーらはこれに満足せず、革命の深化を求めたため当局に逮捕されてしまいます。しかし、流刑地のシベリアに向かう途中で脱走し、各地を転々としていました。この間に彼は一九〇五年革命後の世界情勢を見渡しながら、いくつもの興味深い文章を書いています。

レフ・トロツキー（一八七九～一九四〇）　ロシア革命の指導者。一九〇五年革命ではペテルブルク・ソヴィエトの指導者、一九一七年の十月革命後は軍事人民委員などの要職に就いたが、スターリンと対立、国外追放の末、亡命先で暗殺された。

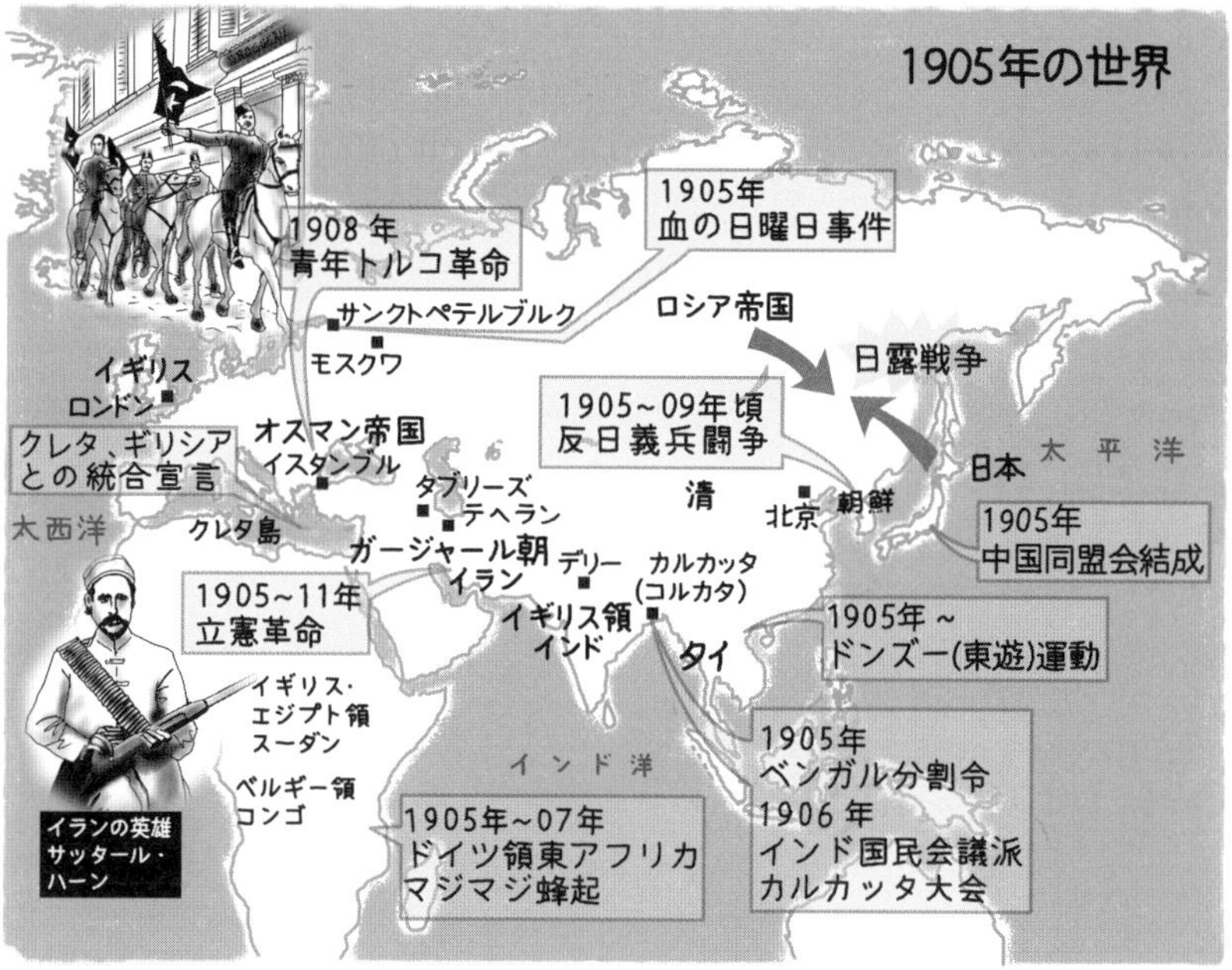
1905年の世界
1908年
青年トルコ革命
1905年
血の日曜日事件
サンクトペテルブルク
モスクワ
ロシア帝国
日露戦争
イギリス
ロンドン
1905~09年頃
反日義兵闘争
オスマン帝国
イスタンブル
クレタ、ギリシア
との統合宣言
太平洋
日本
タブリーズ
テヘラン
清
北京
朝鮮
太西洋
クレタ島
ガージャール朝
イラン
デリー
カルカッタ
(コルカタ)
1905年
中国同盟会結成
1905~11年
立憲革命
イギリス領
インド
タイ
1905年~
ドンズー(東遊)運動
イギリス・
エジプト領
スーダン
インド洋
1905年
ベンガル分割令
1906年
インド国民会議派
カルカッタ大会
ベルギー領
コンゴ
1905年~07年
ドイツ領東アフリカ
マジマジ蜂起
イランの英雄
サッタール・
ハーン

そこで彼が指摘しているのは、このロシア革命が西ヨーロッパのみならず、とりわけアジア諸国民の政治的な覚醒に大きな影響を与えたということです。彼は、たとえばこう書いています。

ロシア革命のこだまは、国境を遠く離れたところまで響きわたり、西ヨーロッパではプロレタリアート運動を激化させ、アジアでは諸国民を政治活動に目覚めさせた。カフカスに隣接したペルシャ［イラン］では、カフカスでのさまざまな事件の直接的な影響で革命運動が始まり、帰趨《きすう》がはっきりしないままですでに二年以上が過ぎている。中国でも、インドでも、いたるところで人民大衆は自国の独裁者や、ヨーロッパの略奪者（資本家、宣教師など）に抗して立ち上がっている。略奪者たちがヨーロッパのプロレタリアートを搾取するだけでなく、アジアの諸国民をも零落させているからだ。ロシア革命の最も新しい影響は今年［一九〇八年］の夏に起こったトルコ革命である。

ここに見える「ペルシャ」の革命運動とは、一九〇五年に始まったイラン立憲革命のことです。これはたしかに彼の指摘するとおり、ロシア領カフカス（コーカサス）、とりわけ当時世界最大の油田を有したバクーでの革命・労働運動と連動する面をもっていました。中国の動きは、孫文らの革命運動と立憲運動を、インドの場合はインド総督カーゾンのベンガル分割令に反対するインド人の運動をさしているにちがいありません。そして、最新のトルコ革命とは、スルタン・アブデュルハミト二世の専制下

引用はトロツキー（清水昭雄訳）『バルカン戦争』柘植書房新社、二〇〇二年より。

で封印されてきた憲法と議会を復活させた青年トルコ革命のことです。このように、トロツキーはロシアからアジアに広がる革命のうねりを実感していることがわかります。ロシア革命はアジアの覚醒という大きな転換をもたらしたという理解です。それでは実際にアジアの各地ではどのようなことが起こっていたのでしょうか。本章ではこれを見ていくことにします。

イラン立憲革命の英雄サッタール・ハーン

一九〇五年の末、イランの首都テヘランにいたイギリス人のペルシア文学研究者E・G・ブラウンは、ガージャール朝の専制と失政への不満を高めた市民の抗議行動を目撃してこう書いています。

　ロシア革命はここに驚天動地の影響を与えた。人々はロシアの出来事を大いなる関心をもって見守り、新しい精神にとらわれたかのようになった。人々は自分たちの支配者に倦《う》み、ロシアの例にならって別のもっと良い統治の方法をもつことができると考えるようになった。不満は一九〇五年一二月その頂点に達し、ウ*ラマーはすべて都市を離れ、政府に対する抗議行動として［聖地］シャー・アブドゥルアズィームにバスト［立て籠もり］した。

これはイラン立憲革命という一大政治変動の幕開けを描いた迫真の文章です。第十巻の第一章、八尾師誠「サッタール・ハーンのイラン革命」は、この革命の英雄に焦

ウラマー　五六頁参照。

点をあてています。この革命はガージャール朝国王の専制と英露などの列強への従属に対する国民的な抵抗という性格をもち、一九〇六年には立憲体制を樹立することに成功しました。しかし、間もなく国王を中心とする反立憲派勢力の攻勢によって崩壊の危機に陥ります。そのときイラン北部の中心都市タブリーズの住民だけが国王の大軍を相手に一一ヵ月の抵抗戦を展開し、この勇戦が立憲派勢力の巻き返しを生んだ結果、立憲体制が復活し、国民議会も再開することになりました。このことから「立憲運動を始めたのはテヘランであるが、それを育み、成功に導いたのはタブリーズである」ともいわれます。このタブリーズの市民蜂起の指導者こそサッタール・ハーンであり、彼はこの功績によって「国民将軍」の称号を与えられたのです。名声は国の内外に知れ渡ることになります。

興味深いのは、彼がルーティーとよばれる任侠無頼の徒の一員だったことです。ルーティーはイランの各都市に見られましたが、街区社会を舞台に男気を発揮しながら秩序を維持するほか、他の街区との抗争の先導、悪徳な役人の成敗や都市の防衛にあたるなど、さまざまな役割を担っていました。彼らにはいわゆるアウトロー的な側面もあることから、サッタール・ハーンについても、前記のブラウンのように彼の大胆不敵な戦いを評価する一方、読み書きも、憲法がなんたるものかも知らない人物として否定的に扱う論者がいることも事実です。それでも彼がルーティーの独立不羈の精神を発揮してタブリーズの防衛戦を勝利に導いたことは、立憲革命の帰趨を決した

現在のイランとその周辺

イラン立憲革命　ユニフォトプレス提供

サッタール・ハーン

という意味で「国民将軍」の名にふさわしい功績だったといえます。

しかし、立憲制が回復された後のサッタール・ハーンらの運命は厳しいものでした。テヘランの中央政府も、そして英露もサッタール・ハーンらの武装勢力(モジャーヘダーン)*を将来にとって危険な存在と見なしたからです、英雄としてテヘランに迎えられたサッタール・ハーンは大歓迎を受けますが、武装解除を要求する政府とモジャーヘダーンとの戦いで負った傷のために亡くなります。さらに大きく見ると、立憲革命はイランにおける国民統合のまさに始点となり、その過程でさまざまなレベルでの統合が進められました。それまで都市住民の自治的な生活共同体であった街区社会も、中央集権的な行政によって解体されていきます。そうなると各都市の街区社会を基盤にしていたルーティーたちの存在理由は奪われ、彼らは社会から疎外されることになったのです。サッタール・ハーンは、まさにイラン近現代史の転換期を生きて散ったルーティーといえるでしょう。

もう一つ注目しておきたいのは、このイラン立憲革命と青年トルコ革命は、ともに専制に反抗しながら相互に影響しあう関係にあったことです。イラン立憲革命は、青年トルコ人に大きな刺激を与え、パリに亡命中の青年トルコ人メンバーはただちに支援を表明しました。彼らは、自国のアブデュルハミト二世が革命の波及を防ぐためにイランとの国境に軍を派遣すると、その部隊にイスラーム諸国間の不和を避けるように要請する一方、イランの議会に連帯の意思を伝えています。さらに、イランの国王

モジャーヘダーン　モジャーヘド(ジハードを遂行する者)の複数形で、立憲体制の護持という聖なる任務を担う、いわば革命防衛組織の呼称。

による反革命クーデタ後の一九〇九年五月、サッタール・ハーンらタブリーズのモジャーヘダーンがオスマン帝国領事館に一時避難したさい、オスマン新政府の最高法官は、彼らの放逐を要求するイラン政府や英露政府に反対し、このような放逐はイスラームへの大きな打撃であるとしてモジャーヘダーンを擁護しました。イランの立憲革命は一九一一年、ロシアの軍事介入によって終止符を打たれますが、イランとオスマン帝国の立憲派の連帯は、ときに汎イスラーム主義的な色調を帯びながら一九一〇年代初めまで保たれていたと考えられます。

ロシア・ムスリムの出現

トロツキーはなぜか触れていませんが、一九〇五年の革命はロシア帝国内のムスリム社会にも大きな変化をもたらしました。一見すると、ロシアとイスラームは縁がないように思われがちですが、ロシア帝国は何世紀にもわたる拡大の過程で多数のムスリムが住む地域を征服・併合していきました。一六世紀後半にヴォルガ・ウラル地域、一七八三年にクリミア半島、そして一九世紀にはコーカサスと中央アジア地域が帝国の版図に加えられた結果、二〇世紀の初頭にムスリムは帝国人口のほぼ一割(約一九〇〇万人)を占めていました。ロシア帝国は巨大なムスリム人口をかかえていたのです。第十巻の第二章、長縄宣博「「ロシア・ムスリム」の出現」は、長くロシア統治下にあったヴォルガ・ウラル地域で展開されたムスリムの多様な政治・社会運動に考察を加えています。

ロシア帝国は、皇帝への忠誠を柱として、多宗教・多民族の臣民を宗教と身分ごとに区分けして、それぞれに権利と義務を定める国家でした。帝政がヴォルガ・ウラル地域とシベリアのムスリム臣民を統治するにあたって活用したのは、エカチェリーナ二世が創設したムスリム宗務協議会でした。それはムスリム臣民を管理・指導するとともに国家と臣民との間をとりなす役割を果たしていました。しかし、一九〇五年一月の血の日曜日事件で始まった革命のなかで帝政の統治がゆらぎ、皇帝の下した一〇月詔書が良心、言論、集会、結社の自由を約束すると、ムスリム宗務協議会という既存の権威の外側でも各地のウラマーや商人、ムスリム官僚、さらには社会主義者の青年たちが、改革や権利を求めてさまざまな声を上げ始めます。こうした流れの中で生まれたのがロシア・ムスリムという集合概念です。そこにはこれまでばらばらであったロシア領内のムスリムが連帯してロシア人と同等の権利を獲得しようという意図がありました。

じっさい一九〇五年から翌年にかけて各地の有志や活動家は、三回におよぶ全ロシア・ムスリム大会を開催し、その合意に基づいてロシア・ムスリム連盟という政治組織を結成することに成功します。これはまもなく開かれたロシアの議会(ドゥーマ)にムスリム会派が生まれる基盤ともなりました。ロシアのムスリムははじめて国政に参加する機会を得たのです。これと同時に注目されるのは、この革命期に多数のムスリム新聞・雑誌が創刊されたことです。おもにタタール語などテュルク系言語で刊行されたこれらの定期刊行物は、論調はさまざまでしたが、政治、経済、社会、文化の幅広い領域で情報共有や議論の場を提供することになりました。なかには、一九〇六年にコーカサスの中心都市ティフリス（現トビリシ）で創刊された『モッラー・ナスレッディン』のように、多色刷りのイラストを駆使した政治・社会風刺で知られる雑誌も登場しています。

　こうして成立した政治・言論空間のことを本章ではムスリム公共圏とよんでいます。これは一九〇五年革命から得られた最大の成果と言えるでしょう。もう一つ、ロシア・ムスリムの運動は、同時期のイラン立憲革命や青年トルコ革命と共振、連動していたことも注意しておきたいところです。しかし、同じロシア・ムスリムといっても、言語や生活様式、宗派（スンナ派とシーア派）、また帝国への編入時期は一様ではなく、各地のムスリム社会が直面する問題も多様でしたから、ムスリムとしての連帯を確保することは容易ではありませんでした。やがてロシア・ムスリムの間には民族という新しい集団意識が芽生え、それがイスラームにまさる凝集力を発揮することになります。

ロシア・ムスリムの居住地域

イブラヒムのイスラーム世界旅行

このロシア・ムスリムの政治運動を指導した人々のなかに、アブデュルレシト・イブラヒム（一八五七〜一九四四）という興味深い人物がいます。彼は西シベリアに生まれ、苦学の末にメディナに留学してイスラーム諸学を修め、一時はムスリム宗務協議会の役員を務めますが、帝政の「御用機関」という実態に満足せず、公務を去ります。革命思想家アフガーニー*ら先達の影響のもと、イスラーム世界に広がる危機と変革の必要性を認識したイブラヒムは、国外でロシアの対ムスリム政策を批判するジャーナリストとして活動し、日露戦争期には対露工作で名高い明石元二郎大佐とも接触したといいます。そして一九〇五年革命が起こると、彼は全ロシア・ムスリム大会の組織とロシア・ムスリム連盟の結成に奮闘すると同時に、首都のサンクトペテルブルクで新聞『ウルフェト（友愛）』を創刊します。これはムスリム連盟や議会の活動のほか、インドや中国、ジャワを含むイスラーム世界の動向を伝えるメディアとして幅広い読者を得ますが、各地の読者からの投稿を載せることによって、ムスリム知識人のフォーラムの役割を果たしたことも注目されます。

しかし、一九〇七年の半ば、革命は終息を迎えます。このことを彼はこう書いています。

> 残念なことにロシアにおける専制の抑圧がふたたび地平線をおおいつくすや、専制政府は狂信の手綱を手にした。人権や市民権は踏みにじられ、印刷所は閉鎖

アフガーニー（一八三八〜九七）　革命思想家。イランの出身で西アジア各地やヨーロッパでムスリムに覚醒と連帯を説き、エジプトやイランの民族運動に大きな影響を与えた。

引用はアブデュルレシト・イブラヒム（小松香織・久男訳）『ジャポンヤ―イブラヒムの明治日本探訪記』岩波書店、二〇一三年より。

された。ペンは折られ、新聞の多くはたたまれた。多くの人々が安寧の国〔監獄のこと〕に送られたのである。

帝政の反動によってイブラヒムの新聞も停刊となり、彼は刑事訴追を受ける身となります。ロシアでの活動を断念した彼は、年来の夢であった大旅行を決意するのですが、それはイスラーム世界の現状をつぶさに観察する旅であり、ロシア領中央アジアを巡った後、シベリア、日本、朝鮮、中国、東南アジア、インド、メッカを経てイスタンブルに達する、まさにユーラシア周遊の大旅行となりました。そのなかで彼がもっとも長く滞在したのが日本です。彼は旅行記の中で、イスラームの教える道徳は、日本人にはみな自然に具わっている、と書いています。この珍しくも闊達な人物の来訪は、明治末の日本でもよく知られ、夏目漱石の日記（一九〇九年六月一六日）には「ダッタン人の回々教管長」として登場します。

イブラヒムが日本でもっとも親密な関係をもったのは、日清・日露の戦争で自信を深めたアジア主義者でした。イブラヒムはムスリム諸民族の連帯と統一によってイスラーム世界をヨーロッパ列強の支配から解放することを目ざしていましたが、彼の理解によれば、それは新興国日本の台頭によって従来の世界秩序が転化するときにはじめて可能になるのでした。そのためには日本との連携を実現しなければならない、彼のこのような考えは＊頭山満《とうやまみつる》や＊犬養毅らアジア主義者の志向にまさにかなうものでした。彼らは、イブラヒムを列強に対抗してアジア諸民族の連合を実現するために奮闘

頭山満（一八五五〜一九四四）　玄洋社、黒龍会などを組織した国家主義者、大アジア主義を唱え、対外強硬論を主張した。

犬養毅（一八五五〜一九三二）　政党政治家。やがて護憲運動を率いて首相となるが、五・一五事件で暗殺された。

する「韃靼《だったん》の志士」と認めます。こうして意気投合した双方は、一九〇九年六月、アジアの復興と連帯を趣旨とする小さな結社、亜細亜《アジア》義会を結成することになります。その趣旨はまもなくイスタンブルの雑誌上でも紹介されました。

「韃靼の志士」は日本の対外戦略を統括する参謀本部第二部長、宇都宮太郎少将の関心も引き、彼はその日記に「他日回教徒操縦の道具に利用し、耶蘇教国と対抗の或る場合には利用し得る如く為し置かんとの考なり」と記しています。この着想は後年、大東亜におけるイスラームに戦略的な重要性を認めた同じ参謀本部第二部によって実行に移され、イブラヒムは一九三三年、アタテュルクの世俗主義体制下のトルコ共和国から日本に渡ることになります。こうしてみると、一九〇五革命の波動はイブラヒムを介して遠く日本にも及んでいたことがわかります。

インド・ムスリムの覚醒

日本を発ったイブラヒムは一九〇九年の秋、インドに到着します。そこで実感したのはイギリスによるインド統治の過酷さとそれに対するインド人の反抗の気運の高まりでした。彼はこう書いています。

近年インドにおけるイギリス統治は各地で厳しい批判にさらされているのみならず、ベンガル州では不平や愁訴が日に日に増しており、公然たる抗議行動も現れていることから、イギリスはこうした民衆の不満がしまいにはイギリス統治の

出典　イブラヒム、前掲書より

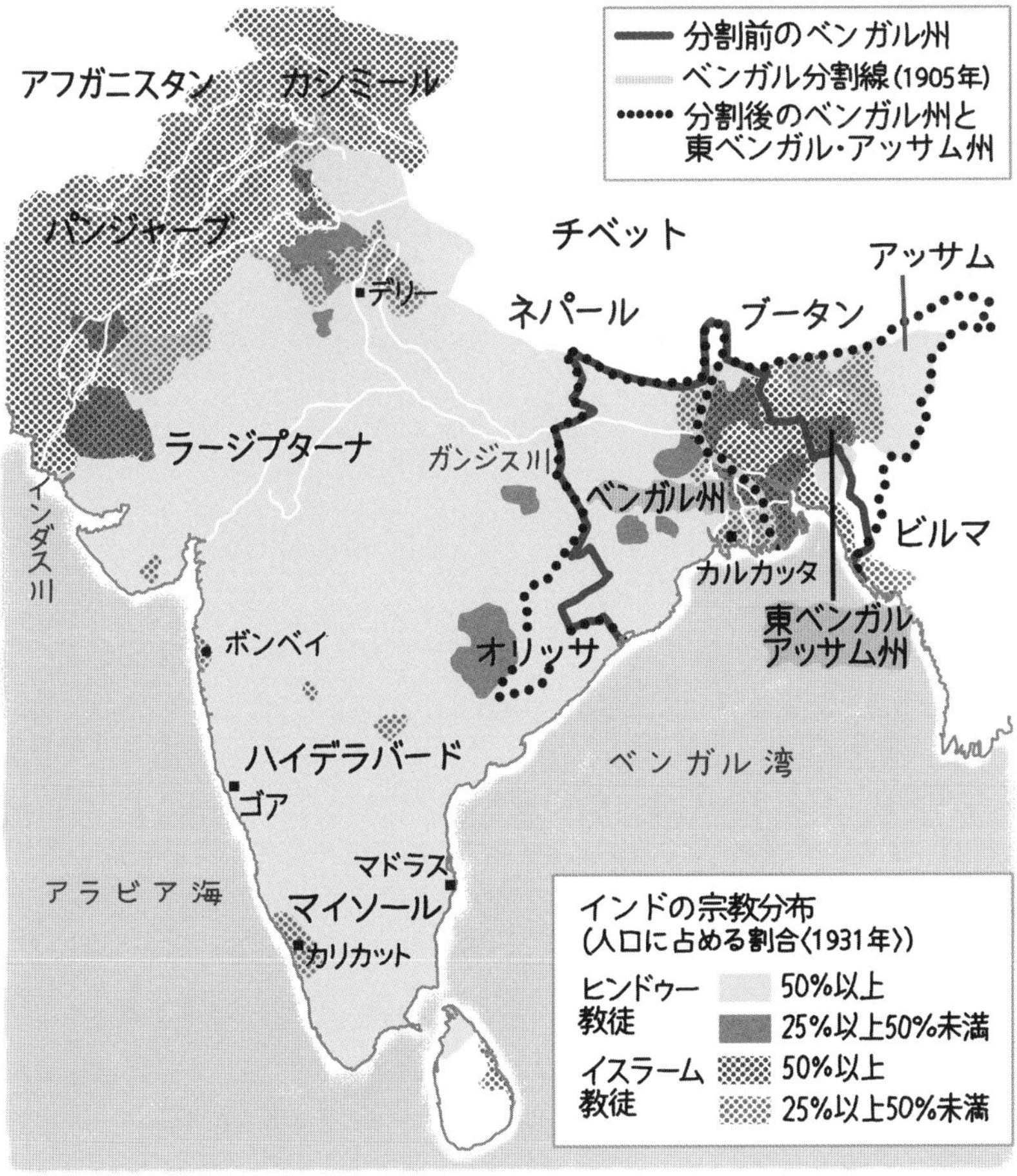

インドの宗教分布とベンガル分割

障害となることを見込んで、その解決方法を熟慮していた。

そして彼は、イギリスがインド統治を維持するためにヒンドゥーとムスリムの離間をはかり、とりわけ後者を統治の「道具」として用いることに警戒心をあらわにしています。それでは一九〇五年当時、インドでは何が起こっていたのでしょうか。これを解説しているのが第十巻の第三章、山根聡「イクバールのロンドン」です。イクバールとは、転換期のインドにあってウルドゥー語の詩作をとおしてムスリムのナショナリズムを喚起した詩人ムハンマド・イクバール(一八七七〜一九三八)のことです。

植民地下のインドではムスリムの政治意識がしだいに高まりをみせていました。北インドでは近代的な教育を受けた青年たちによって新興知識層が形成され、出版や鉄道は彼らのネットワークを拡充していきます。彼らはアラビア文字で表記される口語ウルドゥー語を共通語としていましたが、植民地政府の言語政策はヒンドゥーとムスリム間の対立を生んで言語の政治化が進み、相互に排他的な宗教アイデンティティが急速に台頭していくことになりました。両者はそれぞれ独自の新聞・雑誌の刊行、教育機関や慈善団体の開設を進めていくのです。それでも政治運動にあっては、親英的なインド国民会議派の結成にヒンドゥーとムスリムがともに参加するなど、同じ「インド人」としての祖国愛が説かれていました。しかし、一九世紀末からとりわけ東部ベンガル州で反英運動が高まると、インド総督のカーゾンは抵抗勢力の分断と弱体化をはかって一九〇五年にベンガル分割令を施行します。これを契機としてインド人の政治運動は、ヒンドゥーによる反英運動と、ムスリムの権益擁護をめざす全インド・ムスリム連盟（一九〇六年結成）の運動とに分かれ、これはやがて一九四七年のインド・パキスタン分離独立へとつながりました。

この一九〇五年、すでに数々のウルドゥー語の詩作で祖国愛を謳って名声を得ていたイクバールがロンドンに留学しています。彼はそれまで宗教の別を越えた祖国愛を描き、インド人としての団結の必要性を説いていました。しかし、留学先で東西の文明のちがいを省察してイスラームの精神的な価値を確認し、またヨーロッパにおけるイスラームへの無理解や偏見を体験する一方、自らもムスリム政治運動に関与するなかで、「イスラームこそ我が祖国」とみなし、ムスリムとしての超域的な連帯を訴える詩人へと変貌していきました。一九二三年に発表された次の詩句は、彼の想いを鮮明に表現しているように思われます。

東洋の亡骸《なきがら》の血管に生命の血が走った。
この秘儀はイブン・スィーナー*もファーラービー*も理解できない
西洋の台風がムスリムをムスリムにした
海の荒波によってこそ、真珠は磨かれるのだ

一九〇五年はイクバールの思想的な転換にとっても重要な年だったことがわかります。彼はパキスタン独立運動の思想的な基盤を築いた詩聖として崇敬されることになるのです。

イブン・スィーナー（九八〇〜一〇三七）　中央アジアはブハラの出身で、イスラーム文明を代表する哲学者・医学者の一人。ラテン名アヴィケンナでヨーロッパでも広く知られる。

ファーラービー（八七〇頃〜九五〇）　中央アジアはファーラーブの出身で、イスラーム文明を代表する哲学者の一人。アリストテレスに次ぐ「第二の師」と称された。

転換期の憲法

本章冒頭のトロツキーも注目したように、一九〇五年のロシア革命に始まる革命の波はオスマン帝国にもおよびました。一九〇八年の青年トルコ革命です。これによって一八七八年以来のアブデュルハミト二世の専制は終わり、立憲制が復活したのです。しかし、これはどのような命運を迎えたのか、これを検討したのが、第十巻の第四章、藤波伸嘉「転換期の憲法」です。この章ではオスマン帝国の憲法のみならず、一八二九年に列強の介入によってオスマン帝国から独立したギリシア王国、形式上はオスマン帝国の主権下にありながら列強の管理下に置かれた「半主権国家」、オスマン側の理解では特権州、このクレタの憲法も考察の対象とされています。それというのも、この三国はほぼ一世紀来、諸列強がオスマン帝国をめぐってせめぎ合い、協調してきた東方問題という国際秩序に制約される一方、ムスリムと正教徒が共存するという現実にどう対応するかという共通の課題に直面していたからです。ギリシア側では、一九〇五年のクレタ蜂起で頭角を現し、やがてクレタを合併したギリシアの首相として「偉大なる理念」*（メガリ・イデア）を掲げ、新生のトルコと戦うことになるヴェニゼロス（一八六四〜一九三六）に焦点

ロシア・トルコ戦争のベルリン条約（1878年）後のバルカン半島

「偉大なる理念」（メガリ・イデア） ギリシアの国境外、すなわちオスマン領に居住する「未解放の同胞」を取り込もうとする領土拡張主義のこと。

があてられています。

一九〇九年に制定されたオスマン帝国の改正憲法は、かつてミドハト憲法（本書第9章参照）を封印した君主の大権を制限する一方で、国民の権利と議会の権限を拡大し、イスラームを国教と明記したうえで、すべてのオスマン人は宗教や民族の別なく法の前に平等であることを定めていました。しかし、議会で教育や兵役、租税、裁判、選挙などの具体的な議論が始まると、列強の干渉によってさまざまな特権を得てきた正教徒の主張や要求は、多数派のムスリムのそれとは対立し、議会は宗教をめぐる問題で紛糾します。そして、こうして生じた対立はキリスト教世界の「国際世論」には、「狂信的」なムスリムによる「キリスト教徒抑圧」と解釈されました。このような事態を目撃したムスリム知識人、法学者のババンザーデ・イスマイル・ハック*の次の言葉には重みがあります。

人道や文明やキリスト教徒の名において要求される改革のすべてが、我が国の基盤を揺さぶり、独立をそこなうため、要するに国内を分断して解体させ、外からの一撃を効果的にする条件をつくるという目的を有していたことは、ここ一世紀のオスマン史が最も痛ましいかたちで目撃したところである。

はたして憲政が行き詰まるなか、オスマン帝国はイタリアがオスマン領北アフリカ（現在のリビア）に侵攻したイタリア・トルコ戦争（一九一一〜一二）を皮切りに、第一次バルカン戦争（一九一二〜一三）、第二次バルカン戦争（一九一三）と相次ぐ戦争のなか

ババンザーデ・イスマイル・ハック（一八七六〜一九一三）クルディスタンの名望家の出身。青年トルコ革命後、帝国議会議員、公教育相、行政学院教授などを務め、彼の著『国法』はムスタファ・ケマルも愛読した。

で疲弊し、最後は「第三次バルカン戦争」として勃発した第一次世界大戦に参戦して破局を迎えることになります。

この間に憲法体制は大きな変容をとげました。スルタンや国王の君権は民権に、イスラームや正教という普遍宗教は世俗国家に、そして多民族・多宗教の共存という地域の秩序は単一民族による国民国家に敗北し、取って代られることになったのです。こうして生まれた国民国家は排他性をもたざるをえません。第一次世界大戦後ヴェニゼロスがメガリ・イデア実現のために始めた軍事侵攻が、ムスタファ・ケマル率いるトルコ軍に敗れた後の一九二三年、両国は住民交換、すなわちギリシア領内のムスリムとトルコ領内の正教徒を交換するかたちで国民の統合をはかりました。この住民交換は、トルコにとっては「長い一九世紀」を通して繰り返されてきたバルカン領土からの難民・移民の波の最終幕となりますが、ギリシアにとってはメガリ・イデアの最終的な挫折を意味しました。

同時代人の観察

最後にふたたび一九〇五年革命期の同時代人、トロツキーの観察に戻りましょう。彼はイラン立憲革命の躍動を記したあと、「大いなるアジア大陸の前に資本主義文化の開拓者として浮かびあがった」日本、そして日露戦争によって「アーリア人に過酷な教訓を与えた」その日本以上に、「永遠に枯渇したかに見えていた歴史的活力」を

引用は、トロツキイ（桑野隆訳）『文学と革命』（下）岩波文庫、一九九三年より。

甦らせたインド人、そして「満洲人たちの弾圧的王朝に抗して、共和制運動が成長してきている」中国の巨大なエネルギーに注目し、「歴史的発展の重心はアジア大陸に移るかもしれない」と展望しています。「アジアは「老衰」から新しい青春へと移っており、豊かだが老衰しつつあるヨーロッパを銀行オフィスに変えかねない」と。彼が現実の世界史の始まりを二〇世紀初頭にみとめ、かつ発展の動力をアジアに見出しているのは興味深いことです。一九〇五年以後の歴史は彼の展望通りにはいきませんでしたが、アジアに着眼した彼の展望は二一世紀の今からみるとうなずけるものがあります。

一九〇五年におけるターニングポイントとは

・アジアの各地で専制から立憲制への転換や植民地統治への抵抗の動きが鮮明となった。
・オスマン帝国やインドでは、のちの国民国家の成立をもたらす契機が生じた。
・アジアにおける変革のうねりを認めた同時代人のなかには、ここに世界史の始まりを見いだす者も現れた。

第11章

一九一九年　現代への模索

木村　靖二

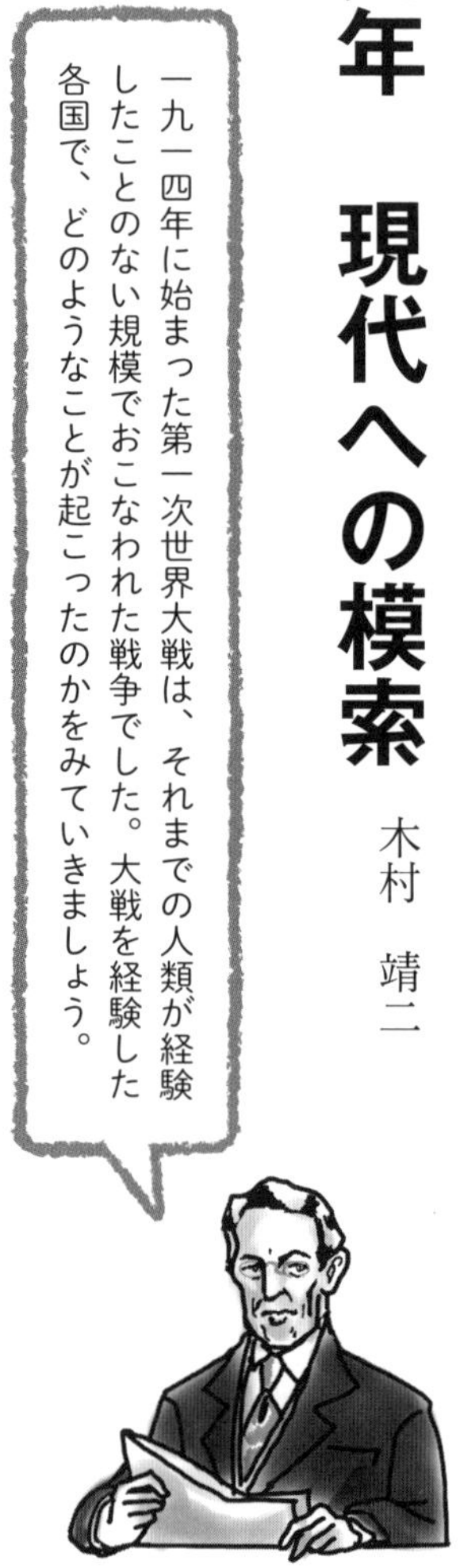
一九一四年に始まった第一次世界大戦は、それまでの人類が経験したことのない規模でおこなわれた戦争でした。大戦を経験した各国で、どのようなことが起こったのかをみていきましょう。

長期的転換と短期的転換

歴史にあらわれる時代の転換にはさまざまな内容の転換が考えられますが、転換の時間的経過を規準にすると、二種類の転換を考えることができると思います。

一つはゆるやかに進行する転換です。同時代人の多くはすぐには転換の始まりとは気付かず、かなりの時間がたってから振り返ると気付くようなタイプで、産業革命がそのわかりやすい例でしょう。イギリスで始まった産業革命は、最初は一部の生産部門における技術改良にすぎませんでしたが、他の生産技術の改善を刺激し、やがて生産構造や社会編成の変容を促して、最後には人々の日常生活や心性・価値観・世界認識も転換させていきました。

これまで「現代」の枠内で考えられてきた経済基盤や社会の変容から、新たな時代への転換が進行しているのではないかという指摘が最近でもあります。ここ二〇～三〇年の間に起こった主要産業部門の交替、それと連動した経済構造や社会・文化領域の変容をみると、つい最近まで主要先進国の指導的基幹産業であった鉄鋼・造船・電機工業などのいわゆる重厚長大型工業は、消滅はしていませんが主導的地位を失っており、その生産現場は私たちの日常的視界から姿を消し、この部門で働いていた多数の同質的な工業労働者層も目にすることは少なくなりました。それらにかわって、現在では軽薄短小型の各種の電子機器を使いこなす多様なサービス・情報産業が先導役になり、それを担う従事者も雇用形態・勤務形態・職務内容が多様化した中間層のサラリーマン層に変化しています。しかもAI技術の導入によって、こうしたサラリーマン層も近い将来縮小すると予想されています。気が付けばつい最近まで、新聞・テレビなどのマスコミのニュースや論評に多く取り上げられた労働者・労働者階級・労働運動あるいはストライキといった用語自体も急速に死語・廃語化して歴史用語の領域に追いやられています。

こうした長期にわたる転換に対し、急速に進行する転換があります。それまでの政治・社会体制、それを支えてきた組織や基盤が急速に動揺、解体し、それとともに新しい創造力が解放され、それを原動力に比較的短期間で新しい時代への移行が進行していることを実感させる転換です。もちろんそれはすべてが一新されたということではなく、転換以前にあらわれながら、その発展を阻止されていた独創的思想や新しい社会運動、革新的技術改革なども多く含まれています。

急速に進行する転換は、同時代人の日常世界や世界観の崩壊が目の前で進行し、新しい世界の出現に期待や希望をいだかせる一方、他方では慣れ親しんだ世界が転換することへの不安や抵抗を呼び起こし、それらがせめぎ合い、複雑に交錯して先が見通せない混沌状況をもたらします。最近では、世界的規模ではないにせよ、一九九〇年初頭のソ連をはじめとする東欧社会主義圏の解体がそれに近い例でしょう。

第一次世界大戦の遺産

グローバルな規模で、社会全体を巻き込むトータルな激変は、歴史的には二十世紀になってはじめて出現したといってよいでしょう。第一一巻で取り上げる第一次世界大戦が引き起こした変動は、この意味での史上最初の大転換です。第一次世界大戦がもたらした社会への衝撃は、各国の政治・社会の指導層にとどまらず、多くの国民や地域社会の人々に新しい世界への転換を感得させ、それに対応する目標と方法を模索させました。他方で、こうした転換を阻止し、以前の世界に押し戻そうとする抵抗も呼び起こしました。第一一巻は、近代の終焉《しゅうえん》と「現代」の模索が交錯する状況のなかで、それぞれの未来を手探りで模索しながら進む状況を対象とします。

ところで歴史における転換期を考察する場合、転換前の世界や時代から別の新しく移行した世界、ないし時代を比較して考察することが多いものです。これは転換後の

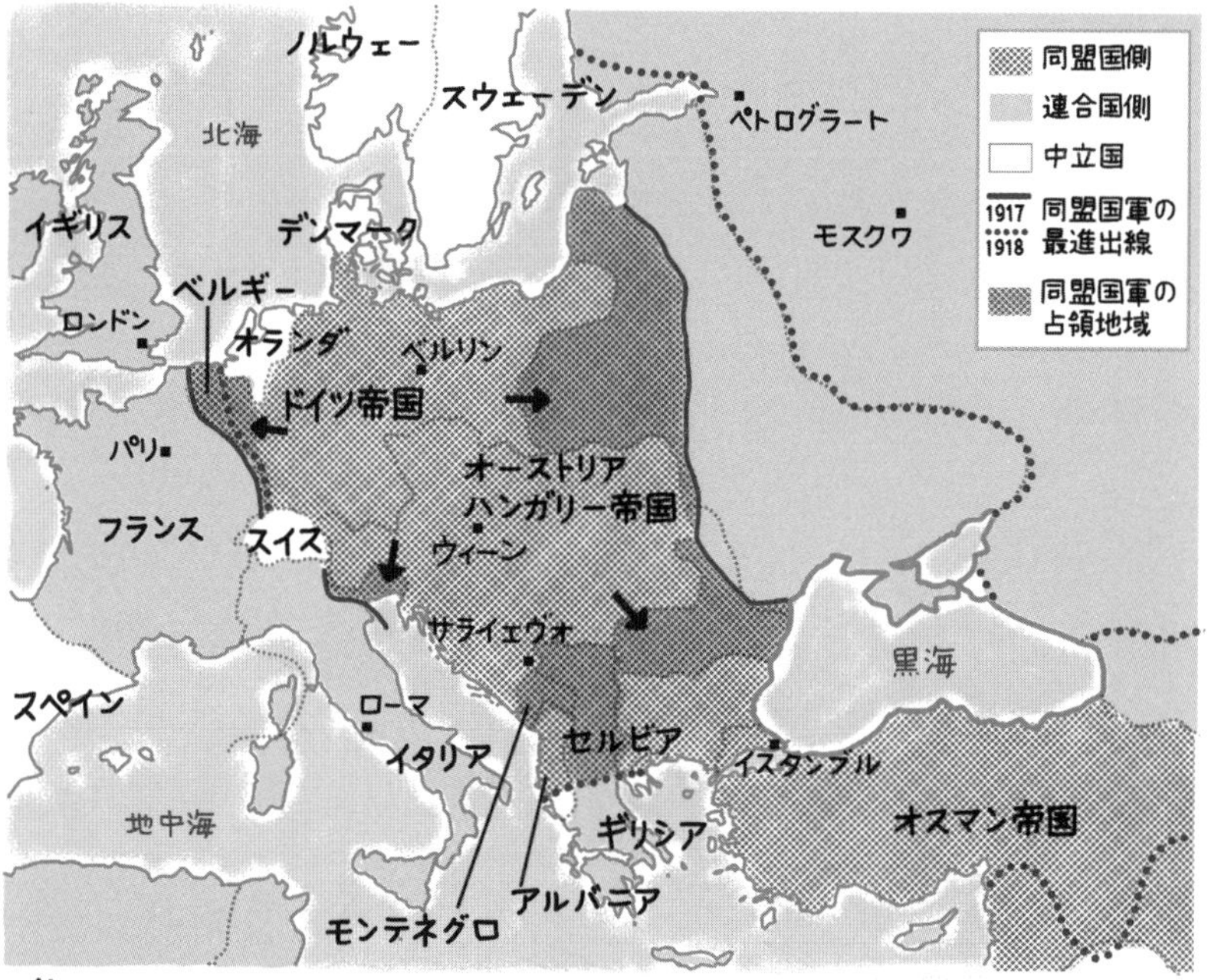

第一次世界大戦中のヨーロッパ

第一次世界大戦後のヨーロッパ

新しい世界(時代)の構造や特徴がすでにわかっている場合には適切な考察方法でしょう。しかし、第一次世界大戦以降は、この考察方法をとることは非常に困難です。というのは、時代としての近代が終わっているという認識は、大方の歴史研究者のあいだでも合意がありますが、現代の基本的構造や性格の特性は何かということは、なお明確になっていないからです。二十世紀が過ぎてすでにかなりの時間がたっているにもかかわらず、歴史学界はもとより、歴史に関心がある人々を納得させる二十世紀の概観や二十世紀史があらわれない理由の一つもそこにあります。したがって「現代」は多様な模索の連鎖にあるとするのが、現時点でもっとも適切な説明なのです。第一一巻でも、そうした模索のなかに「現代」を理解する手がかりを求める方法を選択しました。この巻で取り上げるロシア(レーニン*)・アメリカ・ドイツ・中国(孫文*)は、近代解体後最初に登場した「現代」の模索の先導者でした。

新しい国際体制の構築

まず、近代に終わりを告げた第一次世界大戦が引き起こし、その解決が求められた主要な諸課題(ここではそれを「大戦の遺産」と呼んでおきます)を確認しておきましょう。大戦の遺産は、それぞれ国家や社会、地域によって多様ですが、ここでは影響力が大きい主要参戦国を中心にみてみましょう。

第一次世界大戦が勃発した瞬間から、十九世紀ヨーロッパの国際体制、すなわち列

レーニン（一八七〇〜一九二四）ロシアの革命家で、ソ連の建国に大きな役割をはたした。

孫文（一八六六〜一九二五）中国の革命家。一八九四年にハワイで興中会《こうちゅうかい》を結成して以降、清朝打倒をめざす革命運動に従事する。亡命などで海外に滞在していた期間も長く、海外華人のあいだに革命思想を広めるとともに、日本や欧米で多くの支援者を獲得した。一九〇五年には東京で中国同盟会を結成した。

直隷省
奉天
内モンゴル
北京
天津
山西省
陝西省
甘粛省
黄
河
山東省
青島
黄海
1912年孫文は南京で
中華民国成立を宣言
河南省
江蘇省
1911年
四川暴動
安徽省
南京
上海
湖北省
長江
四川省
武漢
(武昌)
浙江省
辛亥革命
湖南省
江西省
東シナ海
貴州省
福建省
桂林
台湾
雲南省
広西省
広東省
広州
香港
フランス領
インドシナ連邦
南シナ海
清朝からの独立の動きがあった省
孫文

強体制は消滅しました。ヨーロッパの列強体制を重視する理由は、十九世紀に出現する近代がヨーロッパ近代にほかならず、それを発展・定着させた比較的平穏な国際環境は列強体制が支えていたからです。南北アメリカや中国などの東アジア世界も、たしかに自立的領域を維持しましたが、それぞれの領域を越えて国際社会全体に規定力をおよぼすことはありませんでした。

列強体制の成立は一八一四年のウィーン会議です。会議ではナポレオン支配の経験から、ヨーロッパでの単独覇権国家の再来阻止と、会議時点での諸国家の現状と国境の維持で各国が一致しました。それを保証するためイギリス・ロシア・オーストリア・プロイセン・フランスの五列強の同盟が成立しました。もっとも同盟関係は早くから動揺し、ウィーン体制も縮小して、最終的に＊一八四八年革命で消滅しましたが、列強体制はその後も実質的に継続しました。一八五三年のクリミア戦争で列強間の軍事衝突がありましたが、戦場は当時のヨーロッパの辺境であり、ヨーロッパ本土へは戦火はおよびませんでした。その後、イタリア・ドイツの国家統一が実現して、列強は六カ国に増えました。ドイツの＊ビスマルクはヨーロッパ外への列強の帝国主義的進出を促しながら、ヨーロッパでの現状維持と平穏を確保したのです。この拡大列強体制のもとで、ヨーロッパの主要列強内では近代化と市民社会の形成が定着しました。

この拡大列強体制を最終的に瓦解させたのが、ヨーロッパでの単独覇権掌握を狙った一九一四年のドイツの開戦です。協商・中欧同盟両陣営ともにそれぞれの同盟国を

一八四八年革命　一八四八年フランスの二月革命の影響によりヨーロッパ各地で起こった革命状況の総称。各地の革命で自由主義・ナショナリズム・社会主義の運動が拡大した。

ビスマルク（一八一五～九八）プロイセン首相・ドイツ帝国初代宰相。オーストリア・フランスとの戦いに勝利し、ドイツ統一を達成した。

巻き込んで戦域を広げ第一次世界大戦となりました。戦争の前半の基本的性格はヨーロッパの覇権をめぐる攻防でしたが、大戦後半にはその性格が総力戦へと変容し、ヨーロッパ外の従属地域・植民地・自治領などからの資源や人員を動員し始めると、覇権・領土をめぐる古典的列強間戦争は、その正当性を主張できなくなりました。参戦国の人々や国際世論が希求したのは、大戦の即時終結と恒久平和を保証できる新しい国際機構、具体的には全国家が参加する国際調停機関の設立でした。これにどう応えるか、国際調停機関は具体的にどのような内容であるべきかは、大戦が残した大きな課題の一つでした。

ナショナリズムの全開と民族自決権

　大戦はナショナリズムを一挙に拡大し、しかも急進化させました。多民族構成のロシア・オーストリア・オスマンの三帝国は、それぞれ帝国内の民族運動の拡大によって分解の兆しを示していました。国民国家としての統合がかなり進んでいたイギリス・フランス・ドイツは、総力戦が加速される過程で、国民国家の統合力をさらに強化しようとナショナリズムを動員しました。主要参戦国では開戦直後から国内の敵国人や敵国の言語や文化への敵視と排除の波が広がりました。ロシアの首都ペテルブルクが、ドイツ語に由来するブルグ(都市の意味)にかわってロシア語のグラードとして*ペトログラードに改称された例はよく知られています。ドイツでも「敵性外国語」で

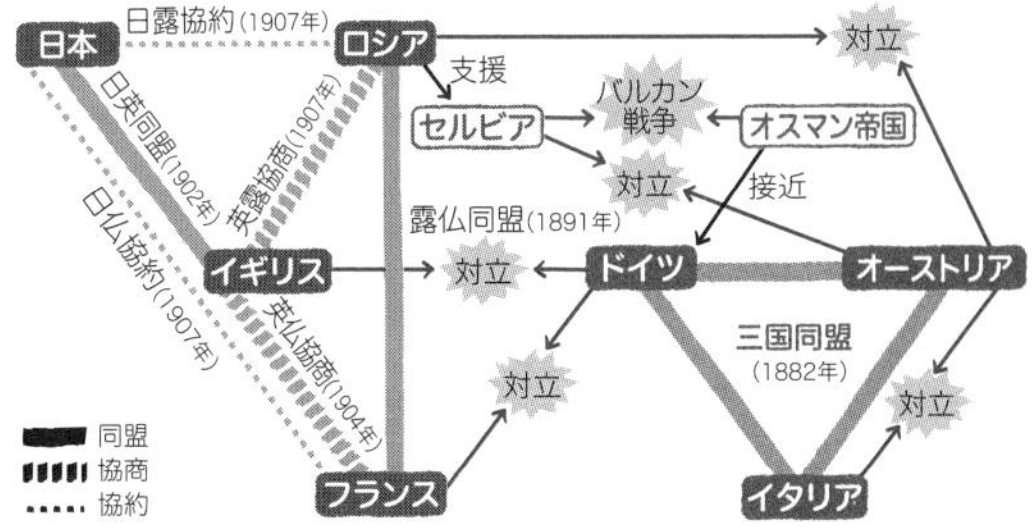

第一次世界大戦の同盟関係

ペトログラード　現在のサンクトペテルブルクで、当時のロシア帝国の首都。

あるフランス語・英語追放運動が広がりました。敵国民や敵の文化への憎悪にとどまらず、この動きは自国民のなかの「異分子」の摘発、ユダヤ人や在留外国人の追放や拘留を求める方向にも進みました。一九一七年から参戦したアメリカ合衆国でもドイツ系移民の登録制が実施されましたし、ロシアでは開戦直後からドイツ系住民やユダヤ人が奥地に追放されました。

イギリスでは、アイルランドで独立を求める勢力による武装蜂起が起こったり、イギリスの参戦でいわば自動的に参戦させられた自治領でも、本国イギリスとの対等の関係を要求する声が高まりました。これも新しいかたちのナショナリズムの台頭にほかなりません。

自立した国民国家建設をめざす東欧・南欧では、さらに強硬な手段が採用されました。バルカン地域やオスマン帝国では、すでに開戦以前から地域住民の自治や自立を掲げたナショナリズム運動が台頭していました。彼らが求める国民国家とは民族国家にほかならず、しかも多くの場合、それは多数派民族のみで構成される単一民族国家と読み替えられました。やがてそれは「一民族一国家」という単純化されたスローガンとなって急速に広まりました。第一次世界大戦の前哨戦となったバルカン戦争後、一部のバルカン諸国では、隣接国同士が相手の国内にいる自民族を相互に交換しあい、それぞれを単一民族構成国家に近づけようとしました。これはのちに「民族純化」と呼ばれるようになります。民族交換が困難な場合は、少数民族の強制的同化や国外追放が強行されました。その極端な例が第一次世界大戦下の戦時体制を利用して、国民のトルコ化を実現しようとした青年トルコ政府の政策で、国内のギリシア人の追放に加えて、アルメニア人を居住地域から砂漠地帯に追い立てて、多くの犠牲者を出しました。

なお、大戦中には協商・中欧両陣営とも各地域・民族のナショナリズム運動を戦略的に利用し、相手陣営を分裂させるために民族国家樹立をあおりました。イギリス・フランスはポーランド・チェコのナショナリズム運動の国家建設を支援して、ドイツ・オーストリアからの離脱を後押ししましたし、ドイツはアイルランド・インド・メキシコの自主・自立を支援して、協商(連合)国側の動揺を狙いました。

一九一八年初めにウィルソン*米大統領が提示した十四カ条にある自決権(自治権)とは、当該地域の住民だけが自己の政治的発展と政策を決定できる権利をもつという意味であって、民族自決権*とは語っていません。しかし、ウィルソンのいう住民自治権(自決権)は、新しい国家建設と結びつかない点で、ヨーロッパでは理解されませんでした。ヨーロッパやアジアでは、集団としての民族を核とする民族自決権が主流であり、それを基礎におくナショナリズムが発展しました。したがってナショナリズムの形態や内容、目的も複雑で、それぞれ異なる歴史過程で成立した国民国家と民族国家が並列する状況が問題を重層化させたのです。それらを整理し、共存する道を見出すことも講和会議の重い課題でした。

ウィルソン（一八五六〜一九二四）　民主党出身のアメリカ大統領(在任一九一三〜二一)。パリ講和会議などで重要な役割をはたした。

民族自決権　彼の考える自決権は、アメリカの独立やその後の州の成立を踏まえたもので、地域の自立が認められていない場合、住民から申請があるとまず準州となる条件（人口数がもっとも重要視された）を審査され、承認されると準州に、さらにつぎの要件を満たせば州への昇格を認められる、というものだった。ここでいう住民とは、当該地域に住む白人男性で（先住民や黒人、女性は除く）、民族や国籍、宗教は問われなかった。

国民主権(民主主義)国家の模索

総力戦体制とは国民と資源を戦争遂行に集中的に投入し、国民生活全般を統制し、国家の管理下におくことでした。それには国民の同意と協力が不可欠で、国家は一方で国民生活の深部にまで干渉しますが、他方では国民の生存と活動のための生活基盤を保障し、その要望に配慮する必要がありました。多くの参戦国で採用された食糧配給制は、この消費統制と生活保障の二つの課題を合体させたものです。そのため、これらの対策は総力戦の民主化効果(国民を対等とみなし、政治に参与させる)、国家の福祉国家化(国民生活の保障)といわれます。

大戦下の国民の対等化の進展は、少数の支配層が主権を独占する戦前の統治制度に戻ることを不可能にしました。ロシア革命はそれを明確に示し、諸国民の国民主権の実現を後押ししました。国民主権(民主主義)国家への転換こそ、戦前の政治体制との断絶がもっとも明瞭にあらわれた分野でした。しかし、国民主権あるいは民主主義が新しい統治原理として認められても、国民主権の行使者(公民)とはだれか(通常は普通選挙権を認められた国民ですが、その場合も性別・年齢・社会階層・所属民族などで差別がありました)、民主主義の政治制度は具体的にどのような制度を取るべきかも不明でした。スイスの直接民主主義は例外としても、アメリカやイギリス、フランスの議会制民主主義もそれぞれ違いがあり、また革命ロシアのように革命党による事実上一党制による指導型民主主義などもあります。国会も一院制や二院制、さらに政党の資格の規定などにも違いがありました。東欧・南欧の新興国などでは、国民が民主主義にどう慣れるか、民主主義が機能するまで国際的にどう支援するのかも不明でした。

この相互に関連する課題について、参戦諸国家間で合意を見出し、将来への道筋を見出すのも講和会議の任務の一つでした。

予期しなかった休戦

一九一八年十月初め、ドイツ政府はスイス政府を仲介にアメリカのウィルソン大統領に彼の十四カ条に基づく休戦協定締結を申し出ました。一カ月以上にわたる覚え書き交換の後、十一月十一日、コンピエーニュで休戦協定が調印されました。すでに中欧同盟側ではオーストリア・オスマン・ブルガリアがそれぞれ休戦協定を結んでいましたから、これによって四年以上も続いたドイツと連合国側の交戦は終結を迎えました。とはいえ、これはすべての戦争の終結ではありませんでした。連合国側はロシアの反革命派を支援するため一九一八年三月からロシアへの干渉戦争を始めていましたし、ロシア・オーストリア・オスマンの三帝国解体後、独立を宣言した新興諸国間では、国境紛争や国内の多数派民族と少数派民族間の対立・衝突も起こっていました。

ドイツの休戦申し出は、国内の軍需経済・食糧危機などで軍や国民が疲弊し、さらに連合国側へのアメリカの経済・軍事的援助の規模から、軍部が軍事的勝利は不可能と判断したからでした。しかし、連合国側にとって、この時点でのドイツの休戦申し出は予想外でした。一九一八年三月、ドイツはブレスト＝リトフスク条約で革命ロシアを屈服させて、広大な中欧圏を支配下におき、同月には西部戦線での大攻勢を開始しました。開戦直後のフランス侵攻の際に突破できなかったマルヌ川も今回は越えて、パリ目前にまで迫ったのです。七月初めの時点でドイツの占領地・支配圏は、パリ前面からウクライナまで、バルト海からアドリア海までの大戦中最大の版図に達しました。連合国側の反撃でドイツ軍が後退した八月でも、イギリスのロイド・ジョージ＊首相は「ドイツはまだ何年も戦えるだろう」と語っていました。彼ほど悲観的でなくても、連合国首脳の多くはドイツとの決着はアメリカのヨーロッパ派遣軍の配置が完了する一九一九年になってからとみていました。つまり、一九一八年秋でも、連合国側の最優先課題はドイツの軍事的打倒であったのです。

そうであれば、ドイツとの休戦協定はもとより講和条約や戦後復興体制全般について、連合国側の事前の準備や協議が進んでいなかったのも不思議ではありませんでした。休戦協定が現実的になってはじめて、主要参戦国で協議がおこなわれ、休戦協定成立直前の十一月初め、ウィルソンの十四カ条を講和会議の原則とし、会議の開催地をパリとすることが決定されました。十四カ条に関しては、イギリスは「海洋の自由」には反対で、「住民自決権」もアイルランド独立運動を活性化させることを恐れて消極的でした。フランスも強硬なドイツへの報復・懲罰方針から、ウィルソンの掲げる「勝者なき講和」には批判的でした。一方、アメリカも、会議開催地について、

ロイド・ジョージ（一八六三〜一九四五）　イギリス首相。第一次世界大戦中に挙国一致内閣を組織した。

反独感情がもっとも激しいフランスの首都が、冷静で公平な協議の場にふさわしいのか危ぶみました。

ウィルソン大統領は在任中アメリカ合衆国を離れた最初の大統領で、アメリカ・イギリス・フランス・イタリアの四大国首脳全員が顔を合わせたのも一八年末がはじめてでした。フランス首相クレマンソー*の懇願で会議開催地はパリに決まったものの、フランスの反独感情は会議中さまざまなかたちで噴出し、協議を長引かせました。

「会議は踊らず」——パリ講和会議

一九一九年一月十八日、パリのフランス外務省時計の間で、戦勝国二一カ国代表が参集して会議が開催されました。現在ではこれが講和会議の始まりとされていますが、この会合は最初は戦勝国の対ドイツ講和条約案作成準備会議(この場合の会議は英語のConference)で、イギリスも最初はそう呼んでいました。ここで案が作成された後、ドイツ側も参加する正式の講和会議(この場合はCongres)で、個々の条項が協議され、合意されれば講和条約調印となるはずでした。戦勝各国も講和条約の調印まで、会議が半年も長期化するとは予想していなかったに違いありません。

百年前の全ヨーロッパ支配者の国際会議、ウィーン会議と比較すると、この間の近代の過程で国際社会がいかに変容・拡大したかがよくわかります。ウィーン会議では、参加者は当時の主権者である皇帝・国王、あるいは上流貴族がほとんどで、その

クレマンソー（一八四一〜一九二九）フランス首相。パリ講和会議では、対独強硬策を主張した。

人数は少なく、例えばイギリスの外交団は一四人にすぎませんでした。それがパリ講和会議でのイギリス代表団は二〇七人、秘書や運転手など随員を加えると四〇〇人以上でしたし、アメリカ代表団にいたっては一〇〇〇人を超える大所帯でした。しかも、参加国の範囲も南アメリカ諸国、イギリスの自治領、アジアから日本と中国など文字どおりグローバルな広がりがあって、各国代表団と随員の総数は全体で一万人という史上最大規模でした。日本を除き、アメリカ・イギリス・フランス・イタリアの主要国首脳に王族・貴族出身者は皆無で、全員が選挙で選ばれ、国民の委任を受けた平民政治家でした。また、世界各国や地域からの五〇〇以上の新聞社の特派員などジャーナリストも多数集まりました。このようにパリ講和会議はウィルソン大統領が十四カ条で求めたように、「世界の公衆の見守るなかで」開催された最初の国際会議になりました。

大戦前のヨーロッパ列強体制下の国際会議では、アメリカ合衆国のようなヨーロッパ外の参加国は一種のゲスト扱いされることが多かったのですが、今回は合衆国は主役を務め、アジアからの参加国日本も新たな国際組織(国際連盟)規約に人種平等条項を要求してその存在感を示しました。中国は正式には一九一七年三月にドイツに国交断絶を通告し、八月に宣戦しましたが、すでに一六年八月にイギリス・フランスの要請で一四万人の労働者をヨーロッパに送り込み、経済面で協力していました。しかも講和会議で返還を期待していた旧ドイツ租借地が日本に与えられたことに抗議して、条約調印直前に会議を離脱し、自立的姿勢を示しました。

東欧・南欧で成立した新興国間の境界争いは、仲介要請があいついで講和会議を悩ましましたし、植民地の解放や自治を求める民族運動、新興国内のユダヤ人を含む少数民族の保護要求などの陳情も多くありました。大戦中ロンドンのホテルで働き、戦後パリに移ってベトナム解放の陳情書を会議に提出したホー・チ・ミン＊もその一人でした。

この大人数では総会での議論は不可能で、個別問題は五八の専門分科会で各国の委員（全体で一〇〇〇人になった）に委ねられました。アメリカ・イギリス・フランス・イタリア・日本の五大国の首相（大統領・全権代表）・外相からなる十人委員会が提案を議論し、総会に決定を求める体制がとられました。十人委員会はやがて首脳だけの五人委員会に、さらに日本が自国にかかわる問題が終わると委員会から離れ、イタリアも四月末、一時離脱したので、その後はアメリカ・イギリス・フランス首脳の三人委員会に縮小しました。事実上最高決定会議になった首脳会議は、三月以降の三カ月間で一四八回もの会合を開いています。百年前のウィーン会議では総会が一度も開かれず、大国間の協議で決定がなされたので、中小国代表は暇をもてあまし「会議は踊る」と揶揄されましたが、パリ講和会議の参加者は勤勉に仕事に取り組みました。

ホー・チ・ミン（一八九〇～一九六九）　ベトナム建国の父。ベトナム民主共和国の昭代大統領。

講和条約案の確定と調印

各大国首脳は国際世論や中小参戦国の多数の陳情団の要請に囲まれましたが、何よりも気を配らなければならなかったのは、それぞれの本国の議会と世論の圧力でした。そのなかで「大戦の遺産」がどう処理され、決定されたかをみてみましょう。

(1)国際連盟規約

会議が最初に取り扱った重要議題は、国際連盟規約の作成でした。ウィルソン大統領自ら主宰した委員会は彼の熱意もあって一カ月足らずでまとまりました。戦争を防止する国際機関設立は参戦国国民の願望であり、国際世論も全面的に支持していたからです。もっとも、国際連盟が具体的にどう活動するのかは不明で、イギリス・フランスもその役割に懐疑的でしたから、積極的に発言していません。ウィルソン自身もアメリカ議会の多数派であった共和党議員や世論を説得するため、規定案をもって二月末から一カ月間本国に戻りました。

(2)講和条約案の確定

つぎの課題はドイツとの講和条約本文の協議でした。ウィルソン不在のあいだに戦勝主要国間で協議が始まっていました。国際連盟のような将来の問題とは違って、大戦の後始末ともいうべき内容は、領土割譲や配分と新たな国境の確定、ドイツの民主的改革の徹底、賠償請求の総額と支払い方法、軍備制限、ドイツの旧植民地の処置などいずれも戦勝国の利害に直結するもので、対立も激しく、調整が難しいものでした。

とくにフランスのクレマンソーは世論の圧力を背景に、フランスの安全保障を前面に押し出し、ドイツの弱体化をはかる懲罰的条項を主張しました。一時はドイツの分割まで要求したため、会議は決裂寸前にまでなりました。しかし、イギリスはドイツの弱体化によってフランスがヨーロッパ大陸での覇権国家になることを警戒して、ウィルソンの支持にまわりました。ドイツを含め対等の国民国家こそ国際関係の安定要因と考えるウィルソンは、イギリスと組んでフランスに安全保障条約締結を約束し、クレマンソーに譲歩させました。さらに賠償支払い問題も難題でした。ドイツはすでに大戦初期にベルギーの中立侵犯を認め、賠償に応じることを明らかにしていました。しかし、フランスは通常の賠償金支払い額を超える弁償を請求し、巨額の戦費に苦しむイギリスもそれに賛成しました。総額は会議では決まらず、賠償委員会によって一九二一年にようやく確定*しました。

五月初め、ドイツ代表が招かれた講和会議では、ドイツ代表との実質的な交渉はなく、条約案を受諾するか否かの二者択一をドイツ代表に迫りました。拒否の場合は戦争の再開を意味したので、ドイツは抗議したものの受諾するほかありませんでした。

(3)少数民族保護条約(小ヴェルサイユ条約)

東欧・南欧の新興国家は、少数民族が複雑に入り交じり一民族一国家建設は不可能ということが明らかになりました。せいぜい国境線を修正して少数民族の数を減らす程度の対応しかできず、どの新興国も少数民族をかかえる複数民族構成となりまし

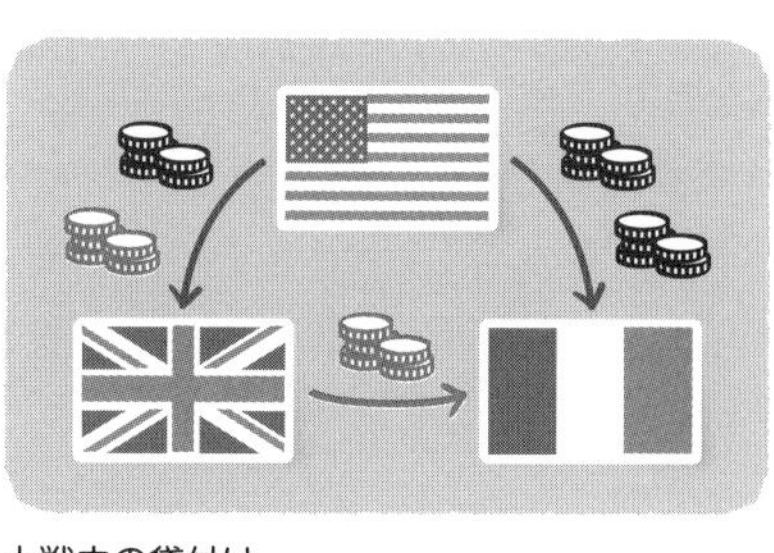

大戦中の貸付け

賠償請求　賠償請求には根拠条項が必要で、「連合国国民が受けた全被害はドイツとその同盟の侵略が引き起こした」と講和条約二三一条で断定された。戦争責任(戦責)条項は賠償請求と一体であり、その後長く論争の的になる。

た。そのため新興国内の少数民族集団を保護する枠組みが必要となり、会議は新興国にはヴェルサイユ講和条約と連動した少数民族保護条約を義務づけました。新興諸国は民族国家を掲げながら、実体は複数民族構成となったことに不満を示しましたが、不満をさらに高めたのは、戦勝大国がこの条約の適用対象外となったことです。戦勝大国は、国民統合能力と経験を身につけた先進国であったとされたからです。

旧ドイツ植民地やオスマン帝国の中東地域が国際連盟に移管されたのも同じ論理で、いずれも自治養成能力に欠けるので、住民保護と自治能力養成は連盟が戦勝国に委任するということになりました。委任された地域の住民も、自治能力によって四段階に分けられました。日本の委任に委ねられた南洋諸島の場合は最低段階に位置づけられ、自治すら要請されませんでした。この少数民族に関連する一連の諸条約や規定は、ウィルソンも承認していました。十九世紀近代の欧米優先主義の潮流はなお持続していたのです。

希望と幻滅

一九一九年六月二十八日、パリ郊外のヴェルサイユ宮殿鏡の間

で、三二国の連合国代表とドイツ代表とのあいだで講和条約が調印されました。この場所と調印の日付には意味があります。ヴェルサイユ宮殿鏡の間は一八七一年一月十八日フランス・ドイツ戦争の最中にここにドイツ軍の総司令部がおかれ、プロイセン国王がドイツ皇帝に推挙されてドイツ帝国が成立した場所であり、六月二十八日は第一次世界大戦の発端となったオーストリア皇位継承者夫妻がサライェヴォで暗殺された日でした。フランスにとっては屈辱を晴らす場所と日付でした。

以後ヴェルサイユ講和条約は、さまざまな批判を浴びてきました。参戦国・敗戦国ともに不満をもち、植民地や従属地域の人々にも幻滅を与えました。歴史家も「大戦の遺産」の処理を誤り、第二次世界大戦を導いたと非難し、第一次世界大戦と第二次世界大戦を連動させて二十世紀の「第二次三十年戦争」になったとする解釈すらありました。近年ではこうした批判は当時の時代の転換の大きさを軽視し、各国指導者のかかえた重荷を十分に考慮していないとの強い反論もあります。

最後に転換の基本要素を確認しておきましょう。まず、国際連盟創設で国際社会は基本的に国民国家の時代になりました。またほとんどの国民国家(民族国家)でその具体的な組織や方法に違いがあっても、国民(人民)主権が定着し、民主主義国家となりました。国民国家と民主主義という国際社会と国家の基本構造のあらわれこそ十九世紀的世界との離別にほかならないのです。その新しい、しかし同時に多様化し変転を続ける世界で、それぞれの位置づけと未来をどう模索し、どう見つけていくか、それを探るのが一九一九年の転換期の課題です。

一九一九年におけるターニングポイントとは

・伝統的な多民族構成帝国で、帝政・王制・貴族・特権市民支配制度を維持し、近代戦の能力を欠いたオスマン帝国・ハプスブルク帝国・ロシア帝国が、第一次世界大戦により分解した。

・国民総動員体制を強いた第一次世界大戦の主要参戦国は、自国の政治・社会体制を国民主権国家(民主国家)に移行、変容させ、大戦後の新興国家の多くもアメリカ合衆国にならった国民主権国家(民主国家)となった。

・しかし、国民主権国家の実現方法は各国様々で、国民も不慣れなため、大戦後は世界各地で不安定な状況が起こったが、民主国家原理の否定や大戦前の政治体制の復活の動きはみられなかった。

・新たな国際的安全保障機関として期待された国際連盟は、アメリカ合衆国が議会で共和党の反対でヴェルサイユ講和会議を批准できなかったため、その効力を十分発揮できなかったが、国際保障組織の原型として受け継がれた。

座談会　歴史の転換期を考える

南川高志　京都大学名誉教授　古代ローマ史　一・二巻編者
三浦　徹　お茶の水女子大学名誉教授　イスラーム史　三巻編者
千葉敏之　東京外国語大学大学院総合国際学研究院教授　ヨーロッパ中世史　四・五巻編者
岸本美緒　お茶の水女子大学名誉教授　中国明清史　六巻編者
島田竜登　東京大学大学院人文社会系研究科准教授　東南アジア貿易史・都市史　七・八巻編者
小松久男　東京大学名誉教授　中央アジア近現代史　九・一〇巻編者
木村靖二　東京大学名誉教授　ドイツ近現代史　一一巻編者

編集部　『歴史の転換期』シリーズ完結につき、本日は編者の先生方にお集まりいただきました。早速ですが、南川先生、第一巻『紀元前二二〇年　帝国と世界史の誕生』からお話を伺わせてください。

南川　古代は人類史の中で最も長い期間で、そこで何らかの転換期というものを考えようとしますと、古代史の持つ歴史的意義からそれを考えることになります。古代という時代が人類にとって大きな意義があるのは、国家というものを創出したことではないかと私は思いました。最初は都市国家から出発し、やがて領域国家となり、さらに帝国と呼ばれるものになっていきました。遡ればエジプト新王国あたりから見ることができるかもしれませんが、古代世界に生じたと帝国と呼ばれるもののうち、やはりローマ帝国と秦漢帝国とは、その領域の規模や整った統治体制だけ

座談会「歴史の転換期を考える」は、山川YouTubeチャンネルでごらんいただけます。

でなく、後代に与えた影響も含めて、抜きん出たものがあるのではないかという判断で、この両者の歴史的共時性を主として取り上げることにしました。

紀元前二二一年は非常に有名な中国史上の年ですが、紀元前二二〇年はあまり知られない年だろうと思います。この年に設定したのは、ローマの帝国化というものを考える上で誰もが知っている歴史書であるポリュビオスの史書に、前二二〇年からローマの制覇は始まり、わずか五三年の間に地中海の周辺地域を全部帝国の下に置いたとあることに拠りました。

歴史上重要な帝国とは、強圧的な武力だけの国家ではなくて、そこに暮らす人々がその国の中で生きていくことに何らかの希望を見出すことができて、帝国の民であるということに、ある種、共感を感じ、そうなりたいと願うような国家だと思います。そのような感覚を歴史上ある程度検出できるのはローマが最初ではなかったのかなと思っております。このような見方をした場合、中国の例えば前漢とか後漢なども、一定の期間、そのような見通しを人々が持つことによって体制は安定と繁栄に向かったと思います。そのことを長期間にわたって実現したローマというものの歴史的意義を考えることは非常に重要だと思っております。

編集部　中国史の岸本先生に伺いたいのですが、第一巻の時期は、始皇帝の統一事業による大帝国へ向かう一大転換点として描かれていますが始皇帝がこのときに諸国征服へのかじを切ったきっかけは何かあったのでしょうか。

岸本　第一巻の四章によれば、紀元前二三六年頃、つまり統一の一〇数年前から積極的に征服戦争を始めた秦の動機について『史記』からは秦王政の怒りを読み取れるといっています。盟約を結んだ多くの国が、それを破って敵対する、それは信義に反すると秦王政は非難しています。征服戦争の背景は冷徹な計算よりも、秦王政の生々しい怒りがあったのではないかと。

その生々しい怒りといったものを歴史学でどう扱うかということはなかなか問題で、相手が信義に反したといって怒りを表明すること自体が冷徹な計算に基づいていることもあるかと思います。一般論ですが、戦争を仕掛けて相手を征服していこうとするときに幾つか論理付けのタイプがあって、一つは自分たちは文明が高いので、野蛮人を支配下に入れて文明化してやろうという、いわば文明波及タイプのやり方、もう一つは相手が不正なことをして我々を圧迫するので反撃するんだという不満＝反撃タイプもあるかと思います。考えてみると戦国時代の秦も、誰もが認める大国ではありましたが、辺境出身ということで後進国コンプレックスがあったわけで、後進国であればこそ国内の改革にせよ、対外関係にせよ、既存のしがらみにとらわれないアグレッシブな態度が取れたのではないかと思います。もちろん秦の始皇帝という個人的な性格もあるかとは思いますが。

現代でも対外的に拡張政策を取る、つまり周りの国々から見て少し帝国的だと思われる国々の中には、いわば文明波及タイプや、不満＝反撃タイプなど幾つかのタイプがあるという気がしないでもないです。

司会　ありがとうございました。引き続きまして第二巻『三七八年　失われた古代帝国の秩序』の時代の転換期の特徴というのはどのように捉えたらいいか、南川先生、御解説いただけますでしょうか。

南川　ここで取り上げました二つの戦い、ローマがゲルマンと闘う三七八年と、中国の三八三年の淝水の戦いは、戦いの結果、古代的秩序に戻らずに分裂の時代へ進んだという点が共通しています。ローマの場合は移動してきた軍隊に帝国の側が破れ、中国の場合は移動してきた人々が新たな秩序を作ろうとしたけれどもうまくいかなかったという、負けた側がそれぞれ違うということはあるのですが、いずれにしても分裂のほうに進んでしまったのです。

ローマ帝国の場合、重視したのは帝国をめぐる意識の変化ということです。もうローマ帝国に属していなくても生きていけます、そういう確信を人々が持つようになったことが挙げられるのではないかなと思うのです。

いわゆる「ゲルマン民族の大移動」という現象が起こったときに、現在のフランスに当たるガリアなどでは、それまで都市を支配していたローマ人の都市名望家たちはいち早く逃亡してしまいました。残された住民にとっては、もうローマ帝国の秩序とか、そのようなものはもう関係なくなっていく、不要なものになっていったのです。移動してきたゲルマン系の人たちのほうが、ローマ的な秩序や法律の枠組みというのをむしろ統治するために必要としたので、これは長く続くことになるわけです。

南川高志先生

古代帝国の秩序が機能していた時代には、ローマ人としてのアイデンティティを持つことによって容易に暮らし、また有利に暮らすことができた人々が、そのアイデンティティが硬直化し、喪失しかけたことで、新しい自己認識を築いていかねばならなくなった。これは西洋中世史研究の重要な課題で、要するにゲルマン系の人たちの国家の中で、いわゆるエスニシティ、そしてやがてアイデンティティというものを構築していく過程が古代の終わりから中世にかけて生じていきます。

こうしたことを考えてみますと、外部から遊牧民がたくさん中華世界に入ってくるようになった東アジアでも、同じようにそれぞれの地域においてエスニシティの構築やその衝突などが起こったのではないかというような推測が立つわけです。紀元後四世紀以降の世界を単に分裂した世界というのではなくて、世界的な共時性というものを観察できる重要な時期というふうに考えることができるでしょう。

司会　この巻で上がっていた江南の開発と南朝中心の世界秩序の構築という章がありますが、これについて岸本先生、御説明いただけますか。

岸本　この時期、中国では華北で戦乱が続きますので人口が南のほうにかなり大量に移動してきます。江南の開発が進んで、それまでこの地域に住んでいた先住民、いわゆる漢語をしゃべらない人たちと混交していく、混ざっていくという問題が起こってきます。

南のほうの人口が華北よりも多くなったのが唐代の末から五代、宋代ぐらいにかけてです。そのあたりからさらに江南が穀倉地帯になっていき人口も増え、生産量も増え、経済の中心地となっていきます。

しかし、元代以降、政治の中心は明の初期の都が南京だったのを除き、それ以降は一貫して北京、つまり北方の遊牧地帯に近い北京に都があるんです。そして南方の経済中心地帯から軍事費として大量の富が北方に流出する構造が定着しました。このことは南方の知識人にとっては政府に対する反感の背景の一部をなしたのではないかと思います。その対処のために政府は減税をおこなうとか、あるいは皇帝が南方に巡幸します。南方の経済的繁栄というのは、特に沿海地帯の場合に対外交易と結びついているので、それが中央の集権的支配からの離脱につながるのではないかという危惧は清朝を通じて存在しました。

現在の中国でもいわゆる対外開放、特に華中・華南の沿海地帯で外国との関係が強くなるという、それによる経済発展と、それから中央の管理支配の貫徹と両立させるということは大きな課題になってきました。一九七〇年代末、文化大革命が終わり改革開放政策に転換しますが、その時期、外国資本を導入するために経済特区などを設けるわけで、それはやはり経済発展と中央管理を結びつけようという政策だと思うんです。一九九二年に鄧小平が深圳をはじめとする南方諸都市を訪問して、改革開放政策を続けるんだ、いよいよ加速するんだということを呼びかけましたが、これはやはり中央からの政治的締めつけに対して南方の経済の側が非常に不安感を持っている、その不安感を払拭しようとするものだったと思います。このときの鄧小平の演説が清朝皇帝の南方巡幸に引っかけて南巡講話というふうにいわれているんです。これなどは南北関係の歴史的な根を想起させるようで興味深い話だと思います。

司会　中国の江南に関する古代から現代に至るまでのお話をありがとうございました。つぎに第三巻『七五〇年　普遍世界の鼎立』につきまして三浦先生、よろしくお願いします。

三浦　第三巻ではイスラーム世界、西方キリスト教世界、ビザンツ世界、それから中国、そして日本の五つの地域を扱います。八世紀にこれらの地域では特定の部族や民族の出身者が君主権、統治権を世襲する体制を取るわけですけれども、同時にその地域の多様な人間集団を統治するための統一的な制度や法が作られました。その共通点を上げてみましょう。

第一に統治者の宗教的な権威で、宗教的な権威者から地上を統治することを委ねられるということが共通して見られます。第二に軍人、これは非常に重要な役割を果たすわけですが、当初は特定の部族や民族の出身者、イスラーム世界でいえばアラブが握っていたわけですけれども、やがて他の軍事能力にたけた者が軍人として、登用されます。行政についてはこの時期に既に法や文書に従って統治するという体制がつくられ、これは文官、文人が担っていくことになります。三番目に土地制度。これはイスラーム国家、中国、日本の律令国家では理念上は土地は全て国有ということになっていて、ただ実際には臣民に耕作権を授与し、そして地税を徴収する体制が取られていました。四番目に万民が等しく守るべき法が整備されていきます。五番目に全ての者が規範として尊重すべき宗教というのが定められていきます。これらの制度や法や宗教は民族や集団によらず、領域を越えて普遍的に適用されましたので、この巻のタイトルにある「普遍世界」と呼んで編集を進めました。

キリスト教、イスラーム、中国の三つの普遍世界は、お互いに接触して影響し合うわけです。七五〇年に樹立されたアッバース朝は翌七五一年にタラス川の河畔で中国の唐と会戦します。同じ七五一年にローマ教皇からフランクの王が国王として王位を認められます。ローマの教皇から認められるということに非常に意味がありました。そのフランク王国はヨーロッパ全域に領域を拡大していくわけですけれども、イスラームのアッバース朝とは使節や贈答を交わしていく。そういうお互いに関係を持っていたということは注意すべき点です。

他方で、普遍世界と呼んだものは単色、モノトーンではありません。法の下では様々な人間や人間集団が混じり合っており、むしろそういう制度があることで混じり合えるという世界だったということが特徴といえると思います。

司会　ありがとうございました。次に第四巻『一一八七年　巨大信仰圏の出現』について伺いたいと思います。千葉先生、よろしくお願いします。

千葉　一一八七年、すなわち第三回十字軍につながっていく動きというのは、イスラーム教とキリスト教の対決という構図で世界史的には説明されてきた年号です。これをあえて据えたのは、果たしてそういったイスラーム圏という均質な空間と、キリスト教圏という同質的な空間とが同じ価値観や認識を共有していて、同じテン

三浦　徹先生

ションで衝突した事件であったのかという、そこに最初の大きな問いがあったんです。

　キリスト教世界が巨大信仰圏として出現するその瞬間を生み出したのが一一八七年の出来事であって、ではイスラーム教の世界にとって同じようなものをこの出来事が生み出したかというとそうではありません。

　キリスト教世界は未知の地域に出ていって、そこで未知の勢力と戦闘を重ねながら日々国をつくっていくという第一回十字軍の経験がありましたから、その経験というのを手探りで進めていく中で、それを率いたローマ教皇権が普遍というものを体現する存在として改革を積み重ねた先に、十字軍という運動に加担しながら、それを一つの動力として自分たちの改革を遂げていって、教皇庁という内実のある普遍というのをつくり上げていく、そういった過程として捉えることができるのではないかと思っています。

三浦　イスラームの側は、十字軍についてキリスト教徒の軍というよりも単に隣の国（フランク）が来たというふうに考えていたました。ムスリムのいろいろな政権は、十二世紀の前半までは十字軍国家と和平を結んだり、場合には同盟して、同盟関係を結んでよそと戦うというようなことをやっていました。

　十二世紀の後半にサラディンの主人であるヌールッディーンという人物がジハードということをいい出した。その理由はシリアという地域に統一国家をつくるためにいろいろな勢力を糾合するという政治的な意図があったわけで、それをサラディンが受け継いで行った。そういう意味ではサラディンの場合も、十字軍に対してジハードすべきだというのは政治的、一時的な理由と理解されます。実際、サラディンの場合、イェルサレムを一一八七年にイスラームの政権下に取り戻すわけですけれども、そこでイェルサレムの中でキリストが昇天されたといわれる聖墳墓教会は残すわけです。それからキリスト教徒がイェルサレムに巡礼するということも認めます。

　その後も十字軍は続くわけですが、一二二九年の十字軍のときにはサラディンの後を継いだアイユーブ朝の君主カーミルという人物は、十字軍がエジプトに侵攻してくるのを避けるために神聖ローマ皇帝のフリードリッヒ2世にイェルサレムを割譲するという政策を取ります。ですから特にイスラームの政権の側はイェルサレムという場にこだわっていなかったといえるでしょう。

　聖地イェルサレムをめぐってヨーロッパとイスラーム圏が非常に対立を強めるのは十九世紀の末です。いわゆるシオニズム運動の中でパレスチナがユダヤ人国家建設の地とされるわけで、それまでの時期は通商・外交関係が続いていきます。

　この時期、ウラマーという知識人・法学者を育成するマドラサという学校やスーフィーといわれる神秘家・修行者が修行する修道場というのを君主たちは盛んに建設しています。宗教でなく信仰が民衆の間に広まった時期、これは確かにこの十二世紀から十三世紀以降のことになるかと思います。

千葉　ちょうどこの時期に、ヨーロッパは十二世紀ルネサンスの時代で、イベリア半島のトレドであるとか、もう少し後の時代になるとシチリアにおける宮廷を中心にして、翻訳を通してアラビア語からラテン語、あるいはギリシア語を経由してラテン語へという形でアリストテレス等の古代の文献が入ってきます。その翻訳運動に、聖地で生まれて、そして世代を経る中でそこで高位聖職者として自己形成を遂げた人物がヨーロッパの大学に通ったり、神学を学んでかかわってきます。聖地で育った人たちはイデオロギーというよりは現実の生活世界の中で、信仰の違いとか、相手に対する敬意とかを日々身につけているわけで、そういった世界観が彼らの言葉でヨーロッパに還元されるということも起こってくるわけです。ですから軍事衝突の裏側には、そういった知識人のレベルでの高度な交流というのが図られていて、共通の文献を探し求めて、共通の文献を読んで、同じ土台で、その舞台で議論をするといった、知的な交流が非常に高いレベルで深まっていった時代であるということがいえると思います。

司会　興味深いお話をありがとうございました。単なる対峙ではなく、接触のほうがもしかしたら多かった時代だったのですね。次の五巻に進みたいと思います。『一三四八年　気候不順と生存危機』、これに関しては、現在、コロナ禍で暮らしている私たちが環境問題を意識し始めているというようなところでも共感が持てる内容です。気候不順がどのように社会を変えて歴史の転換点となったのかというようなあたりのことを御説明いただけますでしょうか。

千葉敏之先生

千葉　一三四八年は、世界史的にはペストの大流行の年として了解されている年号だと思いますが、東アジア世界を含め、災害が複合した時代であり、各地域世界がそれに対してどういうふうに対応していたのかということを詳しく見ました。

環地中海世界（シリア、パレスチナ、中東世界）とアルプス以北のペストの感染経路と、それに対して為政者がどういうふうに対応したかということを示しています。あわせて当時の学識者がどういうふうに対応していったかということも紹介しています。

一方でこの時期はモンゴルの世界帝国が解体していく、そのちょうど解体のピークに当たる時期にありました。解体というとネガティヴなイメージが強いですが、じつはトータルとしては歴史的には評価できる社会状況にあったのではないかという見通しをもって、あえてモンゴルの専門家の方に解体ということの持つ内実について書いてもらいました。一国一国の栄枯盛衰を見るのではなくて、地域として気候変動とか複合する災害にどのように対処して、その結果としてどういう国家が勃興し、どういう国家が没落したか、どういう社会が新しく生まれたかということを考えて読んで頂けると有り難いです。

司会　ありがとうございました。小松先生、遊牧型にとって気候不順とはどういう意味を持つのでしょうか。

小松　一般論として遊牧民にとって最も大切なのは家畜で、生活は全てそれに依存しているわけです。天候不順によって家畜がいなくなれば自分たちの生存もそこで終わりを告げるという、そういう状況ですからとても大変な問題です。

最近、歴史学と古気候学という二つの学問が融合して、とても興味深い事実を次々と明らかにしています。いくつかの例を紹介しますと、遊牧民の国家として有名な突厥、特に東突厥ですが、東突厥は六三〇年に唐に降伏して以後、唐の支配下に入ります。ところが事実経過を見ていくと、その数年前まで突厥はとても強力で、唐の都の長安の近くまで攻め上がっていたのです。そういう強力な突厥がなぜいきなり降伏してしまったのか、それは何によるのか。文献史料によると、その間に大雪が降り、最大で見積もると三〇センチぐらい降ったというんです。その結果、家畜の大量死が発生したということです。最近の古気候学は、いろいろな古い年輪などから当時の気候を分析していくのですが、どうもその直前にどこかで大きな噴火が起こった結果、以後数年間にわたって寒冷化が生じたようです。冬はとても冷え込み、夏も冷害が起こって草がうまく育たなかったという事実が証明されています。

モンゴル帝国も最近の研究によって、チンギス・カンの勃興期、大征服をおこなう時期には気候は湿潤で、草はよく育っていたことが判明しています。だから軍馬は見事に育って、強力な軍事力にもつながったと推定されています。ところがその後、クビライの時代に入ると今度はモンゴル帝国の重心は中国に移ります。西方のイル・ハン国もイランの定住民社会を支配しています。遊牧型から定住型への国家に移行していくわけです。そうすると気候不順が遊牧民に影響を及ぼすという考え方は成り立たず、むしろそういう定住型の社会にどういう影響があったかということになってくると思います。

元朝の場合には確かに気候の不順によって社会不安が高まり、反乱が勃発したりしますが、より重要だったのはやはりモンゴル王家内の権力闘争とか、軍閥の割拠とか、あるいは元の生命線である華北と江南を結ぶ運河や海上の交易ルートが途絶したことであり、これらが元朝の衰退もたらしたということです。ですから、気候の不順は様々な衰退要因の中の一つとして考えるのが妥当だと思います。

司会　ありがとうございました。第六巻『一五七一年　銀の大流通と国家統合』は岸本先生に編集していただきました。ウォーラーステインなどによれば十六世紀というのが近代世界システムの誕生した転換期といっていたりしますが、この御本ではもっと広い視野で世界を把握して、銀の流通、交易による各地の繁栄、国王への権力集中などといったものの視点で扱っていただきました。改めてこの十六世紀の世界の転換の特徴というものを御説明いただけますでしょうか。

岸本　ウォーラーステインの近代世界システム論というのは、非常に単純化していうと、それまでの世界史のイメージというのは、世界の各国々がいわばかけっこしているようなもので、足が速くてどんどん先に行く国は先進国になり、足の遅い国は後進国であるというようなイメージだったわけですが、ウォーラーステインの場合は、遅れがちな国というのは自分の足が遅いからではなくて、中核諸地域に収奪されているから遅くなるんだ。だから世界史というものを考えるときに、一つ一つの国をバラバラにとらえるのではなくて、中核地域がいわば辺境を収奪しているという全体的システムで考えなければ意味がないと。これは世界史の見方としてかなりインパクトのあるものだったと思います。それでウォーラーステインの考え方では、十六世紀に環大西洋地域（ヨーロッパ、アメリカ大陸、そしてアフリカ）で形成された近代資本主義世界システム、つまり中核諸地域が辺境地域を収奪して発展していく、そのシステムという観点から見るとアジアの諸地域は十八世紀ぐらいまではこのシステムの外にあったと。アジアの大きな帝国というのは、確かに世界システムというものを持っていたんだけれども、それは経済的なものというよりは政治的単位としての世界帝国だったということで、ある意味ではアジアというのは十六世紀には近代世界システムの外にあったという考え方だと思います。

アジア史の実証的研究の領域では、近代世界システム論の影響はもちろん受けていましたが、ただ、やはり当初から大西洋経済とアジア諸地域との相当密接な関係に注目していたと思います。中国を例にとれば、生糸や茶の輸出の対価として流入

岸本美緒先生

するアメリカ銀が中国経済に大きな影響を与えたというのは、これはもうずっと昔からよく知られてきた話なわけです。また、東南アジアについてはウォーラーステインよりもむしろその発想の元となったブローデルの地中海世界論を踏まえて、十五世紀から十七世紀のいわゆる商業の時代における交易の発展とか、絶対主義的・中央集権的な国家の成立とか、普遍的規範を持つ宗教の広がりなど、西欧とパラレルな現象があるんだということも指摘されていました。特にアンソニー・リードの研究などです。

こういう議論というのは世界史の共時性に着目しつつ、同時に近代世界システムのような固い構造論ではなくて、より広いフレキシブルな関係性の中で世界諸地域を捉えようとするもので、今日ではほぼ主流の考え方となっているのではないかと思います。本巻の趣旨・構成というのも一応その流れに沿ったものだと思うんです。

ウォーラーステインの場合、この十六世紀を世界の一体化のシステムの始まりとして重視するわけですが、十三世紀のモンゴル帝国の時代を世界の一体化の始まりとするような議論というのも最近、結構強いです。やはりモンゴル時代におけるユーラシアの東西を結ぶ経済的文化的交流の急速な発展というのは確かにあるんです。ただ、十六世紀の銀の大流通に共時性の基礎を置く歴史の区切り方というのも幾つかの点でそれなりの有効性を持つだろうと思っていまして、一つには大西洋経済についてはウォーラーステイン流の近代世界システム論というのが一定の説得力を持つのではないかと私は思っています。

銀の流通に伴って一部の階層にとどまらない、かなり広範な人々が消費者あるいは生産者としてグローバルな商品流通に結びつけられていくこと、島田先生の七巻で論じられているような状況が進展していきます。やはり十六世紀というのは市場のショックみたいなものが、ある意味では初めて生まれてきた時代なのではないかと思います。

また、この時期に西欧と同様、アジアのかなり広範な地域においても商業ブームに伴う軍事的抗争とか、軍事技術の変化とか、財政の膨張とか、宗教と王権の結びつきなど様々な要素が絡み合いながら求心力の強い国家が生み出されてきます。

そして、そのような構造が十七世紀、十八世紀における変容を経ながらも長期に持続して、十九世紀の後期近代を迎えることなど考えてみますと、やはり十六世紀における世界史の転換ということはいえるのではないかなと思っています。

司会　ありがとうございました。次に島田先生に編集いただいた七巻『一六八三年近世世界の変容』を具体的に御説明いただけますでしょうか。

島田　十六、十七世紀は、貿易でも奢侈品貿易の時代でした。商品を見ると銀が貨幣材料としてあり、それとともに生糸とかコショウをはじめとした高級香辛料などが取引される時代でした。それが変化してくるのが十七世紀後半というふうに考えているわけです。

新たな商品として出てくるのは、例えば銅、あるいは錫といった金属の取引とか、あるいは生糸から綿布、アジアでは米の貿易などがあるわけですが、そうした、かさは張るけれど値段は高くない、そうした商品の貿易が増えていきます。国際的な一種の分業体制もできてくる時代であると思っています。そういう意味で十七世紀の後半に「バブルの時代から安定成長の時代へ」という転換があったと思っています。

司会　御本の中ではオランダ東インド会社が中心になって出てくる章もあります。実際、どのようなもので、東インド会社の独占を国家が認めるというようなことは、想像がしにくいものであるのですが、御説明いただけますか。

島田　まずオランダ東インド会社ですが、十七世紀の初めにできて、十八世紀末になくなる会社です。これまで史上初の株式会社であるかそうでないかという議論もありましたけれど、私としては史上初のグローバルカンパニーであるというふうに考えています。それは貿易の取引先がオランダ、あるいはヨーロッパからアジア各地ですね、日本もあればインド洋各地もあるということで、あつかう商品としてもアジアの産品もあれば、アメリカ大陸で作られた銀もあるので、そうした地理的な範囲から見てもグローバルカンパニーである。また、構成員つまり会社の従業員やその配下にある人たちも、オランダ人に限らずヨーロッパ各地の人々、あるいはアジア各地の人々もこの会社の構成員となっているわけです。例えば中国人の通訳であったり、インド出身のムスリムがオランダ船に乗っていたりするわけですが、そうした意味で史上初のグローバルカンパニーだと思っております。

オランダ東インド会社というのは一六〇二年にできたということですが、実際にはその前からオランダ各地にアジアのための貿易の会社というのがありました。オランダの商業的に代表的な都市、例えばアムステルダムとかロッテルダムとかデルフトとか、各地にアジア貿易の会社ができて、それで一種の過当競争を排除するために、オランダの国家に国王がいなかった時代ですので連邦議会が決定権を持つんですが、連邦議会が特許を与えて、アジア貿易、つまり南アフリカ経由でおこなうアジアとの貿易は連合東インド会社だけに限るとさせたことが独占という意味です。オランダ国内ではケープ経由でアジアとの貿易をおこなうのはこの会社にしか認めないというのが独占の意味です。

こうした独占を国家が認めるのはおかしいのではないか、現代的な感覚だと国家というのはできるだけ自由にするとか、経済的な活動の自由を保障するほうであって、国家がこうして経済に介入するのはおかしいのではないかという考えは確かにあろうかと思います。考えてみるとオランダに限らず、イギリスでも、あるいはフランスでもこうした独占的な勅許会社ないし特許会社があります。それがなぜできたのかということを簡単にいうと、当時、ヨーロッパ、オランダから考えてみるとアジアとの貿易はハイリスク・ハイリターンなちょっとやばい貿易であるということなんです。もちろんヨーロッパ経済において、特に西ヨーロッパ経済において、その経済の中心はオランダで、お金がアムステルダムにたくさん集まってくる。そうした経済の中心地の通常のビジネスはローリスク・ローリターンです。お金を持っている人々、商人がヨーロッパ各地から宗教的な理由や、経済的なチャンスを求めてアムステルダムに移住しますが、彼らは分散投資という形でリスクを避けます。いわゆるポートフォリオ型ということで、ローリスク・ローリターンなビジネスにも手を出し、ハイリスク・ハイリターンなビジネスにも手を出すということであります。

ハイリスク・ハイリターンがどのくらいのものかというと、現代的な感覚でいうとロケット事業に近いと思ったほうがいい。あるいは四〇年くらい前の航空産業、航空産業というか、航空会社ですね。四〇年、三〇年くらい前ですと一国に一社くらいしか置けないというような状況があったと思います。そうすると、そのくらいハイリスク・ハイリターンでやると国家が介入せざるを得ない。国家が介入して調整を行ったほうが合理的であるということであります。

そうしたハイリスク・ハイリターンのビジネスには国家の介入のようなものが必

要でした。そこに国家が調整の役割として市場に介入してくるというのは、ある意味、この時期の特徴、この時期に始まったのが特徴といえるかもしれません。それは現在まで続いていって、ロケットとか宇宙開発にはやはり国家が入ってくるということであります。

こうして見ると国家が介入してくるというと何か変な感じもしますけれど、基本的にはこの十七世紀、続く十八世紀の社会としては、基本的には自由を徐々に求めてきて、人々の生活も経済活動も市場志向型であろうかと思っています。そういう意味では、いわゆる国際ビジネスマンのみが活動する世界というよりは、庶民が経済的な合理性を持った行動をしていく社会であったというのは間違いないかと思っています。

司会　ありがとうございました。引き続き島田先生に編集していただいた八巻『一七八九年　自由を求める時代』に移りたいと思います。近世から近代への転換点としての一七八九年について御説明いただけますでしょうか。

島田　一七八九年は、多分、皆さん一番覚えている年ではないでしょうか。ある意味、つかみやすい年を転換期と捉えて、自由を求める時代ということで世界的な共時性を示しましたが、本書でいいたいのは何もフランス革命に自由を求める活動が始まったというわけではありません。一七八九年というのは一つの代表の年であって、やはりその前後の年で世界的に自由を求める人々の活動が盛んになり、世界的な共時性として自由を求める時代があったんだというふうに描いたわけです。目に見えぬ何かも追い求めていた時代だというのは事実なんだと思うんです。

どうして自由を求める活動が世界全体にあったのかという点については、一つは近世的なものから近代的なものへ世界が移行する過程にあったんだというふうに考えています。確かに近世の後半に世界各地の地域社会、一定の安定度と成熟を迎えたわけですが、そうした中でやはりフレームワークとしての新たな枠組みが求められていったのではないかと思っています。

司会　自由を求めるといっている西欧人によって他地域の人は不自由になるというようなパラドクサルな問題も抱えるようには思うのですが、そういったことは特に自由を求めた人たちは考えなかったのでしょうか。

島田　そうなんですね。自由を世界中で求めて五〇年あるいは一〇〇年かけて徐々に新しいフレームワーク、自由という新しい枠組みができるのですが、新しい枠組みができることによってかえって不自由になってくる人々も出てくるということで、この巻では奴隷制とか奴隷貿易の廃止の話にも触れています。確かに自由を求めた結果できた制度として例えば自由貿易があったり、あるいは基本的人権があったり、あるいはその派生で奴隷制の廃止とか奴隷貿易の廃止というのがあったわけです。実際に奴隷制度はなくなっても奴隷のような人というのが新しいフレームの中で作り出されたのは事実だということです。それは年季契約労働者という形で新たな一種の括弧つきの「奴隷制」ができてきました。

そうしたものに対して西洋人たちは何と考えていたか、なかなか分析は難しいのですが、簡単にいうと西ヨーロッパ社会は一枚岩ではないということです。例えば

島田竜登先生

イギリスは奴隷制廃止や奴隷貿易廃止というのはいち早く主張し、実行に移していきましたけれど、実際オランダやポルトガルは奴隷制を廃止するのは結構遅いんです。十八世紀の後半に入ってからです。オランダやポルトガルは世界中に植民地があるので、そうした植民地における奴隷制残ったのです。ポルトガル領のマカオ、あるいはインドのゴアとか、そうしたところが奴隷貿易の取引の一種の抜け穴になっているということがあります。

ただし新しいフレームワークが何か問題を起こしているというよりは、もともとのフレームワークを維持しようとしたのがオランダとか、あるいはポルトガルなのであって、新たな自由のフレームワークが問題を引き起こしていると感じるのは、むしろもうちょっと後かもしれません。十九世紀の後半、あるいは末になってから問題を引き起こしていることを知り、場合によってはアジア側から反抗を受ける、批判されるという形で明確になってくるのかもしれません。

司会　ありがとうございます。次に第九巻『一八六一年　改革と試練の時代』は小松先生に編集いただきました。御説明いただけますでしょうか。

小松　一八六一年、大きな転換が世界各地で共時的に起こっていました。具体的には旧来の三つの帝国、すなわち清朝とオスマン帝国とロシア帝国で大規模な改革がおこなわれ、そこで再編された帝国がその後の世界史の重要なプレイヤーとして世紀を超えて辛亥革命と第一次世界大戦まで存続することになったという、その事実に注目したわけです。

清朝は国内の太平天国軍の攻勢、他方では第二次アヘン戦争を仕掛けてきた英仏軍、この両方の攻撃に直面して二重の危機に直面していました。清朝の章では、これを乗り越えていく過程を曽国藩や李鴻章、あるいは太平天国のリーダーといった人々にスポットを当てながら描いています。ここで体制を立て直した清朝は、八〇年代に入ると朝鮮の政治にも介入して日本に対抗していくことになります。

オスマン帝国の章では、近世から近代に転換するタンズィマートの時代に頭角を現したミドハト・パシャに焦点を当てて、彼が実践した改革の実像を描いています。彼はオスマン帝国憲法の起草者として知られていますが、彼は自伝の中で、憲法制定の時期をまさに「国家が直面している転換期」と書いているのがとても興味深いところです。近代のオスマン帝国は、これまで「ヨーロッパの病人」といった言葉が象徴するように衰退したイメージで捉えられてきましたが、これに対しては一体誰が病人にしたのかという反論も可能ですし、一方では最近の研究はオスマン帝国がこの時代に再編に向けて行った挑戦を肯定的に評価する研究が進んでいるということに注目しておきたいと思います。

ロシア帝国の章では、その直前のクリミア戦争で敗北したロシアで始まったいわゆる大改革、これを主導した開明派官僚の代表格である陸軍大臣ミリューチンに焦点を当てています。彼の回想録を使って彼らが時代遅れの諸制度を改めて、西欧諸国に肩を並べる大国に再生しようとした様々な試みを、農奴解放をはじめとして明らかにしています。同時に当時のロシアが抱えていた深刻な課題、例えばポーランド蜂起をどう収めるか、あるいは改革自体がだんだん行き詰まっていくという、そういう内実が見事に描かれています。

じつはこの巻には一人隠れた主人公がいます。これはミリューチンの同僚で外交官にして軍人でもあったイグナチエフという人物です。彼はまさにこの大改革の時代に中央アジアや沿海州に領土を拡大し、その威信を高めていくロシアに貢献した人物です。自ら中央アジアに赴いて現地の状況を探り、間もなく始まる中央アジアの軍事的な征服の地ならしをします。その後は北京に派遣され、ちょうど第二次アヘン戦争で北京に攻め上がってきた英仏軍と、パニックに陥った清朝との仲介役を演じ、北京条約を締結して沿海州の獲得に成功します。その後、外務省のアジア局の局長を経てロシアの駐オスマン帝国大使としてコンスタンチノープル（イスタン

小松久男先生

ブル）に赴任して、ロシア帝国の権益の最大化を図るわけです。彼はそこで何と、先ほど名前が出ました大宰相のミドハト・パシャの解任も画策しており、三つの章に関わるキーパーソンともいえるような人物です。

この巻ではそういった帝国の立て直しという軸とは別に、新しい動きとしてイタリアに注目しました。イタリアという新しい統一国家、国民国家の誕生とともに、その後間もなく今度は大量のイタリア人が国外に移民として出ていく、こうした事実を検討しています。移住の背景には農村部の貧窮化がありましたが、この移民の問題についてはいろいろな議論がおこなわれていました。そこから生まれた「移民のための植民地」というスローガンは、イタリアの列強化を象徴しているように見えます。実際、イタリアは一九一一年にオスマン帝国領の北アフリカに進攻していくのですが、この一八六一年はこうしたイタリアの列強化の起点となったともいえるのではないかと思います。

司会　ありがとうございます。この時代はちょうど幕末の頃ですが、日本にはこうした世界の動きというのは何か入ってきていたんでしょうか。

小松　これは幕末の日本を扱う第四章を読むとよくわかります。ちょうど一八六一年にロシア軍艦のポサドニック号が対馬にやってきて、半年にわたって対馬に居着いて根拠地化を図るという事件がありました。対馬藩も、それから幕府もその対応に苦慮しました。ロシア側の艦長がいうには、第二次アヘン戦争に勝ったイギリスは必ず武力で脅しにきて対馬を借用するに違いない。しかしロシアと連携すれば対馬を守れるという論理で退去に応じる気配はない。幕府からは小栗上野介というエース級の幕閣も行きますが、うまくいかない。最終的にどうなったかといえば、幕府はイギリスに助言や支援を求めました。そこで第2次アヘン戦争でイギリス艦隊を率いていた司令官が自ら対馬に行ってロシアの艦長と談判しますが、そこでも折り合いがつかず、最終的に幕府は駐日イギリス公使オールコックの助言を受けて、ロシア外務省に対する抗議文を作成し、それをイギリス経由で送ることになります。つまり問題を国際化することによって、ようやくロシアの軍艦を退去させることに成功するという事件でした。

この当時、日本は世界の動きをどのように捉えていたかということですが、クリミア戦争のときにはじつは戦争の一部はカムチャツカ方面でも行われており、イギリスやフランスの艦隊は函館や長崎に軍艦の寄港を要請していましたし、有名なロシアのプチャーチンは日本との通交を求めてしきりに動いていました。ですから幕府としては英露の対抗関係を十分に把握していたでしょうし、第二次アヘン戦争の展開も注意深く見守っていたと思います。

司会　ありがとうございました。第一〇巻『一九〇五年　革命のうねりと連帯の夢』も引き続き小松先生に世界的転換点をご紹介頂ければと思います。

小松　一九〇五年にはイスラーム地域に一連の大変動が起こりました。かなり大胆な試みですが、この巻ではそこに集中することにしました。

まず起点となるのはロシアの革命です。日露戦争に行き詰ったロシアでは帝政の権威が一時的に揺らぎ、ついに国会を開く、あるいは国民に市民的な自由を与えるという対応をせざるを得なくなります。そういう中で、それまで政治的には全く発言をすることのなかったロシア帝国の中のムスリム、彼らが政治・社会運動を展開するようになるわけです。二十世紀初頭のロシア帝国はじつは二〇〇〇万人ぐらいのムスリム人口を抱えており、これはオスマン帝国のムスリム人口よりも多いんです。そういう意味ではイスラーム大国といってもよいわけですが、こういう流れの中で翌年にはロシア・ムスリム連盟という初めての全国組織が誕生します。

英領インドでは総督のカーゾンがベンガル地方の反英運動を抑えるためにベンガル分割令を出して、ヒンドゥーとムスリムの分断を図りました。それを機会にインドのムスリムの間にはインド・ムスリム連盟という、やはり政治組織が生まれ、こういう流れが最終的には第二次世界大戦後の印パ分離独立につながっていくわけです。

ロシアに隣接するイランではこの年にガージャール朝の専制に対する市民やウラマーの反対運動が起こり、立憲革命へと結びついていきます。紆余曲折はありますが、憲法の制定と議会の開設、これを実現するわけです。

そして隣のオスマン帝国では少し遅れて青年トルコ革命が起こり、アブデュルハミト２世の専制政治に終止符を打って立憲制が復活するという大転換が起こります。さらに興味深いのはロシアの一九〇五年革命を起点とするこういう立憲革命の波というのは、クレタやギリシアの事変にも及んでいたということです。これら一連の変革は世界史の文脈の中でももっと検討してしかるべきではないかというのがこの巻の出発点です。

こうした一連の変動に最初に着目したのは誰かと考えたときに思い当たったのが有名なトロツキーです。彼はロシアの一九〇五年革命でペトログラードのソビエトを率いていましたが、その後亡命します。そしてその頃に書いた著作の中でロシアの革命がイランやオスマン帝国、さらにほかの地域にも大きな影響を与えているということを熱っぽく語っています。実際、ロシアの革命とイランの立憲革命というのは、両国間を行き来する出稼ぎの労働者を通してかなりつながっていたということもあります。そしてこういう事態を見てトロツキーは書いているのですが、興味深いのは、彼は本当の世界史というのは二十世紀に始まると考えていたことです。そして二十世紀に始まった世界史の劈頭を飾るのが、こうした一連の革命であると認識するわけです。「日露戦争で日本人はアーリア人に過酷な教訓を与えたし、永遠にもうだめになったかのように見えていたインド人が活力を甦らせた。そして中国では満州人に対する共和制運動が成長している。」さらに「歴史的発展の重心はアジア大陸に移るかもしれない」とも書いています。

司会　ありがとうございました。最終巻の第一一巻『現代への模索』を編集頂いたのが木村先生です。このシリーズを最初に考えたとき、第一次世界大戦後、国家体制、国際体制といったものの価値観が見直され、それが見直し切れていないままに現代まで至るのではないかということで、一九一九年を最後にしましょうというようなお話があったかと思いますが、一九一九年の転換について御説明いただけますでしょうか。

木村　第一次世界大戦によって、参戦国であった主要国の多民族帝国（ハプスブルク帝国、ロシア帝国、オスマン帝国、さらにドイツ帝国など）は解体し、代わって特定民族主体の国民主権国家が、分散して成立しました。

また、それまでヨーロッパの主要国が支配した國際社会では先進的現代社会と見なされながらヨーロッパの諸帝国の移民先として重宝に扱われて、一種のゲスト扱いされてきたアメリカ合衆国は、民主主義・近代経済の発展から、一挙に国際社会の中心的大国とした遇されるようになったのです。アフリカ・イスラム地域、アジアの諸地域も日本・中国以外自立は認められなかったとはいえ、国際社会での発言力はもはや無視でない地位を確保しました。

ここで国民主権国家について説明しておきたいと思います。国民国家はフランス革命とともに成立しますが、その後の十九世紀においては、フランスという地域の住民にフランス人としての意識を涵養し、それを踏まえて国の文化・政治全般に参加させるという意味での国民国家でした。つまり国民とは、そうした思想や感情を持っている者をいうのであって、国民の同意を法的に認めている皇帝・国王・貴族・議会ならば国民国家なのです。十九世紀は、ヨーロッパ、とくに中心部での大戦争とか国民を総動員する長期戦などは少なく、その間、義務教育の発展や大衆新聞などによる国民文化の浸透が進んだので、国民国家としての実態が浸透できたのです。

しかし第一次大戦は、戦場が近く、しかも長期の総力戦となって、国民の日々の生活を巻き込みました。民族ごとに願望や要望を訴え、伝えるルートや方法を持たなかった多民族構成帝国は、大戦半ばから崩壊し始め、非主流民族が帝国からの分離と独立国家実現を求めはじめました。戦後、多くの新興国家が国民国家を超えて国民主権国家（民主国家）を求めたのもそのためです。

ところが国民主権国家（民主国家）は、国民国家から直ぐに国民主権国家に結集してまとまるものではありませんでした。同一民族といっても民族の同一性や習慣は長い分離のうちにそれぞれ違いが現れたため、民族的国民国家はまず国民（言語、文化や生活の共有などを最低限の共有体として）をまとめる必要に迫られました。しかも、それなりに時間のかかるこの課程をどうやって効率的に実行するのかは、実はかなり面倒であることが判ってきたのです。この問題解決は、現在も深刻な課題であり、どういう方法が効率的なのかはよく判っていません。簡単にいえば、同じ民族であっても、居住地域が違う住民は、それぞれ異なる長い歴史を背景にしているので、統合モデルがあっても部分的にしか通用しないのです。

第一次大戦後、調停国としてアメリカ合衆国が注目されたのは、アメリカの民主主義の分りやすい明確さ、近代社会・経済の発展の速さなどが期待されたからでした。しかし、ウィルソン大統領への、正確に言えば合衆国への期待は、やがて失望に変わりました。ウィルソン大統領の楽観的な国際社会観にも問題がありましたが、やはり国民国家観が民族的国民国家に圧倒されたのが大きな要因でした。

第二次大戦後、新たな国際連合の参加国は五〇カ国に満たない数であったのに、現在はで二〇〇を超える数になっています。つまり第一次世界大戦後の民族別国民国家こそが国民国家であるという理解は、その後二十一世紀になった現在でも通用しているということなのです。

一一巻のタイトルを『一九一九年　現代への模索』と題したのも、この点を重視したからです。なお誤解を招かないようにいっておけば、アメリカ合衆国モデルは、それにもかかわらず現在でも最も期待できる国家モデルの一つだと私は考えています。なお国民国家が実態として単一民族国家であるという点では現在受け入れられていますが、国民、つまり公民の資格をめぐっては最近あたらしい問題が出ています。さらに現在、いろいろな理由から自国から脱出し、難民となってさまよう

木村靖二先生

多数の人々には、公民権どころか生存権そのものすら保証されていない状況が蔓延しています。

一一巻を引き受けた時は、近代の転換期が新しい時代の方向を示してくれるだろうと多少は楽観的に考えていましたが、近代の転換期が、第一次大戦後一世紀以上もこのような混沌状態に留まっているのにはかなり驚いているところです。

司会　木村先生のお話にあったように、現代を考える上でいろいろなところの変わっていったことを振り返りつつ、私たちがまた現代を考えられればよろしいのではないかなと思います。どうもありがとうございました。

（二〇二三年七月十八日　山川出版社にて）

おわりに

近代を受け継いだ現代という時代区分はなお持続しているのでしょうか。

第一次世界大戦・第二次世界大戦は、近代国家を国民民主国家（その内容はさまざまですが）に移行させ、さらに第二次世界大戦後はアメリカ合衆国とソ連を指導国として、資本主義・社会主義の区別はあるものの、似たような大量生産様式の工業化を推進しました。

一九六〇年の「アフリカの年」によるアフリカ諸地域での多数の独立国出現は国際社会を複雑にしましたが、いわゆる東西対立は、基本的にはベトナム戦争、イラン・アフガニスタンなどでのアメリカ・ソ連の軍事的介入と撤退、さらに一九九〇年代のソ連邦解体、東欧圏の解体まで続きました。

東西対立が消滅しても、一九九〇年代には中国・インドなどが新たな強国の座に登場して、アメリカ合衆国の指導力はかつてのような規定力を発揮できなくなりました。しかも、この間に新興独立国の数は増え続け、たとえば国際連合参加国数をみるならば、設立時から現在では四倍以上に拡大し、国連の活動機能を低下させています。

こうしたことから一九九〇年から二〇〇〇年の時点で、現代はそれまでと異なった新しい別の時代に入ったのではないかという指摘もあります。しかし、強国の地位からロシアが後退しても、変わって中国・インドなどが人口・経済力・政治力を向上させアメリカ合衆国と肩を並べ、人口や経済力が停滞しているEU・日本などが辛うじて準大国の地位にとどまっている現状があります。こうした世界の変容は、なおこれまでの現代という時代の延長とみて良いのかを考えさせるものがあります。

確かに情報機能の拡大・発展は日常生活を劇的に変容させつつありますが、現時点ではその変容がこれまでの現代を変容させているのか確定できません。したがって「歴史の転換期」シリーズおよび本書では、なお現代は部分的に変容しつつも、基本的にはなお続いているという考えのもとで編集しました。

人類の歴史の中で、この年が転換期だ、というような決定的なものがあるわけではありません。しかし、歴史は必ず変化します。いままで人々が乗り越えてきた転換期を紹介したこのシリーズを参考に、これから迎えるつぎの歴史の転換期を考えていくことができればよいと考えます。

二〇二四年三月

木村　靖二

シリーズの内容

編　者

南川高志（みなみかわ　たかし）
1955年生まれ。京都大学大学院文学研究科博士後期課程研究指導認定退学、博士（文学）
専攻　古代ローマ史。京都大学名誉教授
〈主要著書〉
『ローマ皇帝とその時代——元首政期ローマ帝国政治史の研究』（創文社 1995）
『ローマ五賢帝——「輝ける世紀」の虚像と実像』（講談社現代新書 1998、同学術文庫 2014）
『海のかなたのローマ帝国——古代ローマとブリテン島』（岩波書店 2003）
『新・ローマ帝国衰亡史』（岩波書店 2013）

三浦　徹（みうら　とおる）
1953年生まれ。東京大学大学院人文科学研究科博士課程中退
専攻　イスラーム史。お茶の水女子大学名誉教授
〈主要著書〉
『イスラム都市研究』（共編著 東京大学出版会 1991）
『イスラーム研究ハンドブック』（共編著 栄光教育文化研究所 1995）
『世界史リブレット16 イスラームの都市世界』（山川出版社 1997）

千葉敏之（ちば　としゆき）
1967年生まれ。東京大学大学院人文科学研究科博士課程修了
専攻　ヨーロッパ中世史。東京外国語大学大学院総合国際学研究院教授
〈主要著書・訳書〉
『西洋中世奇譚集成 聖パトリックの煉獄』（翻訳 講談社 2010）
『信仰と他者——寛容と不寛容のヨーロッパ宗教社会史』（共著 東京大学出版会 2006）
『移動者の中世——史料の機能、日本とヨーロッパ』（共編著 東京大学出版会 2017）

島田竜登（しまだ　りゅうと）
1972年生まれ。早稲田大学大学院経済学研究科博士後期課程退学、Ph.D.（ライデン大学）
専攻　南・東南アジア史、アジア経済史、グローバル・ヒストリー。東京大学大学院人文社会系研究科准教授
〈主要著書〉
The Intra-Asian Trade in Japanese Copper by the Dutch East India Company during the Eighteenth Century (Leiden and Boston: Brill Academic Publishers, 2006.)
『アジア経済史研究入門』（共編著 名古屋大学出版会 2015）
『歴史に刻印されたメガシティ』（共編著 東京大学出版会 2016）
『グローバル経済史』（共著 放送大学教育振興会 2018）

監修者

木村靖二（きむら　せいじ）

1943年生まれ。東京大学大学院人文科学研究科博士課程中退

専攻　ドイツ近現代史。東京大学名誉教授

〈主要著書〉

『兵士の革命―― 1918年ドイツ』（東京大学出版会 1988）

『世界史リブレット47 二つの世界大戦』（山川出版社 1996）

『第一次世界大戦』（ちくま新書 2014）

『新版世界各国史13ドイツ史』（編著 山川出版社 2001）

『近現代ヨーロッパ史』（共著 放送大学教育振興会 2006）

『世界大戦と現代文化の開幕』（共著 中公文庫 2009）

岸本美緒（きしもと　みお）

1952年生まれ。東京大学大学院人文科学研究科博士課程中退

専攻　中国明清史。お茶の水女子大学名誉教授

〈主要著書〉

『清代中国の物価と経済変動』（研文出版 1997）

『世界史リブレット13 東アジアの「近世」』（山川出版社 1998）

『明清交替と江南社会―― 17世紀中国の秩序問題』（東京大学出版会 1999）

『風俗と時代観――明清史論集1』（研文出版 2012）

『地域社会論再考――明清史論集2』（研文出版 2012）

『中国の歴史』（筑摩書房 2015）

小松久男（こまつ　ひさお）

1951年生まれ。東京大学大学院人文科学研究科博士課程中退

専攻　中央アジア近現代史。東京大学名誉教授

〈主要著書〉

『革命の中央アジア――あるジャディードの肖像』（東京大学出版会 1996）

『新版世界各国史4 中央ユーラシア史』（編著 山川出版社 2000）

『イブラヒム、日本への旅――ロシア・オスマン帝国・日本』（刀水書房 2008）

『激動の中のイスラーム――中央アジア近現代史』（山川出版社 2014）

『中央ユーラシア史研究入門』（共編著 山川出版社 2018）

世界《せかい》の転換期《ターニングポイント》を知《し》る 11 章《しょう》

2024年4月10日　1版1刷　印刷
2024年4月20日　1版1刷　発行

編者――――――――――世界《せかい》の転換期《ターニングポイント》を知《し》る11章編集部《しょうへんしゅうぶ》
発行者―――――――――野澤武史
発行所―――――――――株式会社 山川出版社
〒101-0047　東京都千代田区内神田1-13-13
電話　03(3293)8131(営業)　8134(編集)
https://www.yamakawa.co.jp/
組版――――――――――株式会社 アイワード
本文イラスト・地図―――あくつじゅんこ
印刷・製本―――――――図書印刷 株式会社
装幀――――――――――マルプデザイン(宮崎萌美)

ISBN978-4-634-44512-3